NONES, DESFILIADOS, DESIGREJADOS
UM ESTUDO SOBRE OS SEM RELIGIÃO NO BRASIL E EUA À LUZ DAS TEORIAS DE SECULARIZAÇÃO

CB034632

Editora Appris Ltda.
1.ª Edição - Copyright© 2025 do autor
Direitos de Edição Reservados à Editora Appris Ltda.

Nenhuma parte desta obra poderá ser utilizada indevidamente, sem estar de acordo com a Lei nº 9.610/98. Se incorreções forem encontradas, serão de exclusiva responsabilidade de seus organizadores. Foi realizado o Depósito Legal na Fundação Biblioteca Nacional, de acordo com as Leis nos 10.994, de 14/12/2004, e 12.192, de 14/01/2010.

Catalogação na Fonte
Elaborado por: Josefina A. S. Guedes
Bibliotecária CRB 9/870

C512n
2025

Chaves, Jolivê Rodrigues
   Nones, desfiliados, desigrejados: um estudo sobre os sem religião no Brasil e EUA à luz das teorias de secularização / Jolivê Rodrigues Chaves. – 1. ed. – Curitiba: Appris: Artera, 2025.
   273 p. ; 23 cm. – (Ciências sociais).

   Inclui referências.
   ISBN 978-65-250-7533-4

   1. Religião e sociologia. 2. Nones. 3. Ateus. I. Título. II. Série.

CDD – 306.6

Livro de acordo com a normalização técnica da ABNT

Appris
editorial

Editora e Livraria Appris Ltda.
Av. Manoel Ribas, 2265 – Mercês
Curitiba/PR – CEP: 80810-002
Tel. (41) 3156 - 4731
www.editoraappris.com.br

Printed in Brazil
Impresso no Brasil

Jolivê Rodrigues Chaves

NONES, DESFILIADOS, DESIGREJADOS
UM ESTUDO SOBRE OS SEM RELIGIÃO NO BRASIL E EUA À LUZ DAS TEORIAS DE SECULARIZAÇÃO

Appris editora

Curitiba, PR
2025

FICHA TÉCNICA

EDITORIAL Augusto Coelho
Sara C. de Andrade Coelho

COMITÊ EDITORIAL
Ana El Achkar (Universo/RJ)
Andréa Barbosa Gouveia (UFPR)
Antonio Evangelista de Souza Netto (PUC-SP)
Belinda Cunha (UFPB)
Délton Winter de Carvalho (FMP)
Edson da Silva (UFVJM)
Eliete Correia dos Santos (UEPB)
Erineu Foerste (Ufes)
Fabiano Santos (UERJ-IESP)
Francinete Fernandes de Sousa (UEPB)
Francisco Carlos Duarte (PUCPR)
Francisco de Assis (Fiam-Faam-SP-Brasil)
Gláucia Figueiredo (UNIPAMPA/ UDELAR)
Jacques de Lima Ferreira (UNOESC)
Jean Carlos Gonçalves (UFPR)
José Wálter Nunes (UnB)
Junia de Vilhena (PUC-RIO)
Lucas Mesquita (UNILA)
Márcia Gonçalves (Unitau)
Maria Aparecida Barbosa (USP)
Maria Margarida de Andrade (Umack)
Marilda A. Behrens (PUCPR)
Marília Andrade Torales Campos (UFPR)
Marli Caetano
Patrícia L. Torres (PUCPR)
Paula Costa Mosca Macedo (UNIFESP)
Ramon Blanco (UNILA)
Roberta Ecleide Kelly (NEPE)
Roque Ismael da Costa Güllich (UFFS)
Sergio Gomes (UFRJ)
Tiago Gagliano Pinto Alberto (PUCPR)
Toni Reis (UP)
Valdomiro de Oliveira (UFPR)

SUPERVISORA EDITORIAL Renata C. Lopes
PRODUÇÃO EDITORIAL Bruna Holmen
REVISÃO Simone Ceré
DIAGRAMAÇÃO Andrezza Libel
CAPA Eneo Lage
REVISÃO DE PROVA Jibril Keddeh

COMITÊ CIENTÍFICO DA COLEÇÃO CIÊNCIAS SOCIAIS

DIREÇÃO CIENTÍFICA Fabiano Santos (UERJ-IESP)

CONSULTORES
Alícia Ferreira Gonçalves (UFPB)
Artur Perrusi (UFPB)
Carlos Xavier de Azevedo Netto (UFPB)
Charles Pessanha (UFRJ)
Flávio Munhoz Sofiati (UFG)
Elisandro Pires Frigo (UFPR-Palotina)
Gabriel Augusto Miranda Setti (UnB)
Helcimara de Souza Telles (UFMG)
Iraneide Soares da Silva (UFC-UFPI)
João Feres Junior (Uerj)
Jordão Horta Nunes (UFG)
José Henrique Artigas de Godoy (UFPB)
Josilene Pinheiro Mariz (UFCG)
Leticia Andrade (UEMS)
Luiz Gonzaga Teixeira (USP)
Marcelo Almeida Peloggio (UFC)
Maurício Novaes Souza (IF Sudeste-MG)
Michelle Sato Frigo (UFPR-Palotina)
Revalino Freitas (UFG)
Simone Wolff (UEL)

*À minha esposa, Érica, aos meus filhos, Gabrielle e Matheus,
e ao meu genro, Éder, por serem a minha motivação de vida e
pela paciência nos tempos difíceis da pesquisa.*

AGRADECIMENTOS

Agradeço a Deus pelo privilégio da missão, e espero que este texto dê uma singela contribuição para a missão entre os Nones.

À Divisão Sul-Americana (DSA), à União Leste Brasileira (ULB), ao Centro Universitário Adventista de Ensino do Nordeste (UNIAENE) e ao Seminário Adventista Latino-Americano de Teologia (SALT) pela autorização e patrocínio durante este estudo.

Ao Dr. Gorden R. Doss, que me orientou tão bondosamente durante esta pesquisa; ao Dr. Petr Cincala por conduzir-me ao tema do secularismo; e ao Dr. Warger Kuhn pelo suporte emocional e espiritual durante os árduos anos dos meus estudos doutorais.

APRESENTAÇÃO

O crescimento daqueles que se declaram Nones, ou sem filiação religiosa, no Brasil e nos EUA tem sido continuamente superior ao da população em geral. No Brasil, eles são o terceiro maior grupo no campo religioso, atrás apenas de católicos e evangélicos pentecostais. Nos EUA, eles são o segundo maior grupo, depois dos protestantes como um todo. Os Nones, em seus diversos grupos, são mais representados entre os jovens de ambas as culturas, e refletem as influências modernas e pós-modernas do secularismo contemporâneo, sendo produto do processo de mudança do pensamento humano.

Este trabalho estuda os Nones, nos dois países, a partir de elementos selecionados que caracterizam as teorias da secularização utilizadas na sociologia da religião. Na ausência de um texto bíblico direto relacionado aos Nones, por serem um fenômeno muito posterior ao período bíblico, este trabalho selecionou quatro narrativas bíblicas, que descrevem a *missio Dei* com estrangeiros, para servir de base para a missão com o grupo.

No quinto capítulo, o estudo propõe oito áreas consideradas sensíveis para a relação missionária com os Nones no Brasil e na América: Identidade de Deus, Bíblia como Fonte da Verdade, Religião Institucionalizada, Necessidade de Relacionamento e Comunidade, Papel Social de Religião, Barreiras Transculturais, Pluralidade Cultural e Religiosa, e Comunicação de Massa/Tecnologia. Algumas delas podem ser consideradas críticas e outras como uma oportunidade de missão. Em cada uma das áreas, as características dos Nones foram apresentadas e, em seguida, foram sugeridos princípios missiológicos e sociológicos para preencher as lacunas nas respectivas áreas, formando uma ponte de contato com o grupo.

SUMÁRIO

CAPÍTULO I
INTRODUÇÃO 15
    Desafio missiológico 18
    Abrangência e estrutura conceitual do estudo 19
    Divisões dos capítulos 20

CAPÍTULO II
SELECIONADOS ELEMENTOS QUE CARACTERIZAM AS TEORIAS DE SECULARIZAÇÃO 23
    Introdução 23
    Sociologia da religião 26
    Elementos da secularização nas teorias de Weber e alguns de seus discípulos.... 27
        Max Weber (1864-1920) 27
        Bryan R. Wilson (1926-2004) 32
        Thomas Luckmann (1927-2016) 36
        Roy Wallis (1945-1990) 40
    Resumo de Weber e seguidores 44
    Elementos das teorias da secularização de Durkheim e seguidores 44
        Émile Durkheim (1858-1917) 44
        Rodney Stark (1934-) e William Bainbridge (1940-) 50
        Grace Davie (1946-) 54
        Laurence Iannaccone (1954-) 57
    Resumo de Durkheim e seguidores 62
    Elementos das teorias da secularização de acadêmicos independentes 63
        Peter Berger (1929-2017) 63
        Charles Taylor (1931-) 67
        Talal Asad (1932-) 70
    Resumo dos estudiosos independentes selecionados 74
    Resumo 74

CAPÍTULO III
OS NONES NO BRASIL E NOS ESTADOS UNIDOS À LUZ DAS TEORIAS DE SECULARIZAÇÃO 77
    Introdução 77

 Resumo do cenário religioso e perfil dos Nones no Brasil........................ 78
 Resumo do cenário religioso e perfil dos Nones nos Estados Unidos 81
 Categoria 1: Desencantamento religioso.. 83
  Resumo do tópico 83
  Relacionando o tópico com os Nones no Brasil e nos Estados Unidos.......... 84
  Resumo da Categoria 1 88
 Categoria 2: Enfraquecimento da influência pública da religião 89
  Resumo do tópico 89
  Relacionando o tópico com os Nones no Brasil e Estados Unidos 89
  Resumo da Categoria 2 98
 Categoria 3: Pluralismo religioso em um ambiente de mercado.................... 99
  Resumo do tópico 99
  Relacionando o tópico com os Nones no Brasil e nos Estados Unidos.......... 100
  Os fundamentos do pluralismo religioso.....................................101
  Efeitos do pluralismo religioso 104
  Mercado religioso 105
  Ênfase na espiritualização da religião.....................................116
  Resumo da Categoria 3 125
 Categoria 4: A natureza permanente e mutável da religião 127
  Resumo do tópico 127
  Relacionando o tópico com os Nones do Brasil e nos Estados Unidos 128
  Resumo da Categoria 4 133
 Categoria 5: O secular contemporâneo 134
  Resumo do tópico 134
  Relacionando o tópico com os Nones do Brasil e nos Estados Unidos.........135
  Resumo da Categoria 5 136
 Categoria 6: Influência dos avanços tecnológicos e da comunicação de massa....137
  Resumo do tópico 137
  Relacionando o tópico com os Nones no Brasil e nos Estados Unidos......... 138
  Resumo da Categoria 6 144
 Resumo 145

CAPÍTULO IV
UM SUPORTE BÍBLICO PARA A MISSÃO ENTRE OS NONES............... 149
 Introdução.. 149
 Princípio 1: Missão baseada em relacionamentos — uma ação de ḥesed.......... 150
 Ḥesed na narrativa de Rute..152
 Uma Teologia da Missão sobre o uso de ḥesed em Rute 154

Implicações missiológicas da ação ḥesed entre os Nones 156
Resumo do Princípio 1 157
Princípio 2: Missão baseada no poder salvador de Deus 157
O encontro de poder 157
Espíritos territoriais 159
Guerra espiritual.. 162
Missão baseada no poder salvífico de Deus 163
II Reis 5:1–19 164
A Manifestação de Deus na Experiência de Naamã............................... 164
A Manifestação do poder salvador de Deus...................................... 169
O poder salvador de Deus aplicado aos Nones................................... 170
Resumo do Princípio 2 171
Princípio 3: Missão baseada na instrução bíblica 172
Tementes a Deus...172
Atos 10:1–48 175
O poder salvador de Deus.. 176
Missão baseada na instrução bíblica 178
Implicações missiológicas da instrução bíblica para os Nones 181
Resumo do Princípio 3 182
Princípio 4: Missão baseada na contextualização 183
Atos 17: 16–34 185
Ao Deus desconhecido... 186
Idolatria 186
Estoicismo e epicurismo... 187
Missão baseada na contextualização 188
Implicações missiológicas da contextualização para os Nones 193
Resumo do Princípio 4 194
Resumo 195

CAPÍTULO V
IMPLICAÇÕES CULTURAIS E MISSIOLÓGICAS 197
A identidade de Deus 199
Manifestação do poder salvador de Deus....................................... 199
Manifestação da "Energia de Deus" 200
Jesus como a revelação perfeita de Deus....................................... 202
A Bíblia como a fonte da verdade 204
Religião institucionalizada 207
Necessidade de relacionamento e comunidade..................................213

O papel social da religião 216
Barreiras transculturais 217
Pluralidade cultural e religiosa 218
Comunicação de massa/tecnologia 220
Resumo 221

CAPÍTULO VI
RESUMO, CONCLUSÃO E RECOMENDAÇÕES 225
Resumo 225
Conclusão 226
Recomendações 232

REFERÊNCIAS 235

CAPÍTULO I

INTRODUÇÃO

Este material é um estudo dos "Nones" no Brasil e nos Estados Unidos, à luz das teorias da secularização, a partir de elementos selecionados que as caracterizam. Ao buscar entender o fenômeno dos Nones nos dois países, a pesquisa teve como objetivo facilitar uma estratégia de missão mais eficaz entre esse grupo.

O termo "Nones", neste estudo, será usado de forma intercambiável com o termo "não religioso" para se referir àqueles que não têm filiação religiosa institucional. O grupo é composto por ateus, agnósticos e sem identificação religiosa.[1] Os Nones são um grupo global de pessoas com grande significado para a missão cristã, sendo um pouco menor do que as maiores religiões do mundo – cristianismo e islamismo.[2] A ascensão dos Nones nos Estados Unidos é um fenômeno crescente. Em 1940, os Nones eram 5% da população,[3] eles permaneceram abaixo de 10% da década de 1970 até o início da década de 1990, e então começaram a aumentar visivelmente na década de 1990, chegando a 18% em 2010,[4] 19,6% em

---

[1] Essa definição é coerente com a posição de estudiosos americanos e brasileiros sobre o tema. Ver PEW RESEARCH CENTER. *Why America's 'Nones' Don't Identify with a Religion.* August 8, 2018b. Disponível em: https://www.pewresearch.org/fact-tank/2018/08/08/why-americas-nones-dont-identify-with-a-religion/. Acesso: 29 dez. 2024. Ver também INSTITUTO BRASILEIRO DE GEOGRAFIA E ESTATÍSTICA. *Censo demográfico 2010: Características gerais da população, religião e pessoas com deficiência.* Rio de Janeiro: IBGE, 2012. Disponível em: https://biblioteca.ibge.gov.br/visualizacao/periodicos/94/cd_2010_religiao_deficiencia.pdf, table 1.4.1. Acesso: 29 dez. 2024.

[2] Uma em cada seis pessoas no mundo se identifica como não religiosa. Elas são 16% da população do planeta, cerca de 1,2 bilhão de pessoas. Os cristãos são o maior grupo religioso, com 2,3 bilhões de adeptos e 31,2% da população mundial. O segundo maior grupo é o dos muçulmanos, com 1,8 bilhão de seguidores, representando 24,1% da população. Ver PEW RESEARCH CENTER. *Christians Remain World`s Largest Religious Group, but They Are Declining in Europe.* April 5, 2017a. Disponível em: https://www.pewresearch.org/fact-tank/2017/04/05/christians- remain-worlds-largest-religious-group-but-they-are-declining-in-europe/. Acesso: 29 dez. 2024. Dividindo o mundo em seis grandes áreas, os não religiosos representam os seguintes percentuais das respectivas populações: Ásia-Pacífico 21,2%; Europa 18,2%; América do Norte 17,1%; América Latina-Caribe 7,7%; África Subsaariana 3,2%; e Oriente Médio–África do Norte 0,6%. Ver PEW RESEARCH CENTER. *Religiously Unaffiliated.* 18 dez. 2012e. Disponível em: http://www.pewforum.org/2012/12/18/global-religious-landscape-unaffiliated/. Acesso: 29 dez. 2024.

[3] WHITE, James Emery. *The Rise of the Nones*: Understanding and Reaching the Religiously Unaffiliated. Grand Rapids, MI: Baker Books, 2014, p. 17.

[4] HOUT, Michael; FISCHER, Claude S. Explaining Why More Americans Have No Religious Preference: Political Backlash and Generational Succession, 1987-2012. *Sociological Science*, n. 1, p. 423-447, 2014. Disponível em: https://www.sociologicalscience.com/download/volume%201/october/SocSci_v1_423to447.pdf.

2012[5] e 23% em 2014.[6] Embora os Nones nos Estados Unidos estejam presentes e crescendo em todas as gerações, a geração milênio é a que apresenta o maior percentual de Nones, com 36%.[7]

Em relação à identidade dos Nones e seu relacionamento com Deus, cerca de 29% deles se declaram ateus ou agnósticos, enquanto 71% não têm filiação religiosa específica. Embora 68% afirmem acreditar em Deus, apenas 17% acreditam em Deus conforme descrito na Bíblia, enquanto 53% acreditam em um poder superior ou força espiritual, e 27% não acreditam em Deus ou em um poder superior. Uma questão importante para os Nones é a relação entre religião e espiritualidade. Enquanto 37% dizem que são "espirituais, mas não religiosos" (EMNR), 42% afirmam não ser nem espirituais nem religiosos.[8]

Os EMNR refletem uma formulação espiritual particular, construindo conjuntos personalizados de crenças e práticas em vez de seguir dogmas estabelecidos e defendendo uma cosmovisão espiritual não racional.[9] Eles veem religião e espiritualidade como coisas diferentes. Para eles, a religião é um sistema de crenças, práticas e rituais que estabelece uma relação entre os seres humanos e o transcendente e divino; a espiritualidade é vista como uma experiência pessoal e individualizada com o sagrado, livre da religião como fator mediador.[10] Em outras palavras, o aspecto institucional da religião foi desacreditado para esse grupo.

Assim como nos Estados Unidos, os Nones no Brasil são um fenômeno significativo. O país tem a quarta maior porcentagem de Nones na América do Sul,[11] e a ascensão desse grupo foi dramática, especialmente após a década de

---

[5] PEW RESEARCH CENTER. *Nones on the Rise*. October 9, 2012c. Disponível em: http://www.pewforum.org/2012/10/09/nones-on-the-rise/.

[6] PEW RESEARCH CENTER. *Religious Nones Are Not Only Growing, They're Becoming More Secular*. November 11, 2015h. Disponível em: http://www.pewresearch.org/fact-tank/2015/11/11/religious-nones-are-not-only-growing- theyre-becoming-more-secular/.

[7] PEW RESEARCH CENTER. *Millennials Increasingly Are Driving Growth of 'Nones'*. May 12, 2015c. Disponível em: http://www.pewresearch.org/fact-tank/2015/05/12/millennials-increasingly-are-driving-growth-of-nones/.

[8] Ver PEW RESEARCH CENTER, 2012c; PEW RESEARCH CENTER. *When Americans Say They Believe in God, What Do They Mean?* April 25, 2018a. Disponível em: http://www.pewforum.org/2018/04/25/when-americans- say-they-believe-in-god-what-do-they-mean/.

[9] MILLER, Courtney. Spiritual but Not Religious: Rethinking the Legal Definition of Religion. *Virginia Law Review*, v. 102, n. 3, p. 833-894, 2016. Disponível em: http://www.jstor.org/stable/43923324.

[10] RUSSO-NETZER, Pninit; MAYSELESS, Ofra. Spiritual Identity outside Institutional Religion: A Phenomenological Exploration. *Identity*, v. 14, n. 1, p. 19-42, 2014. DOI: https://doi.org/10.1080/15283488.2013.858224.

[11] Uruguai, Chile e Argentina ocuparam as três primeiras posições em percentual de não religiosos, enquanto o Paraguai é o país mais religioso da região. No Uruguai, 37% da população se declara sem religião, seguido pelo Chile com 16%, Argentina com 11% e Brasil com 8,04%. No Paraguai, apenas 1% da população se declara não religiosa. Veja a lista completa no PEW RESEARCH CENTER. *Religion in Latin America*. November 13, 2014d. Disponível em: http://www.pewforum.org/2014/11/13/religion-in-latin-america/.

1990. Em 1940, 0,2% da população brasileira se declarava não religiosa; isso aumentou para 0,5% em 1950 e 0,8% em 1970. Em 1980, a porcentagem de cidadãos não religiosos dobrou para 1,6%. O crescimento recente desse grupo foi surpreendente: atingiu 4,8% em 1990, 7,4% em 2000 e 8,04% em 2010.[12]

A maioria das pessoas não religiosas no Brasil está entre as gerações mais jovens. No ano 2000, 60,1% delas tinham idades entre 0 e 29 anos, aumentando em 2010 para 65,5 por cento,[13] e elas têm a idade média mais baixa dos grupos religiosos no país (26 anos).[14] No entanto, as pessoas não religiosas estão presentes em todas as faixas etárias, tendendo a diminuir apenas entre aqueles com 80 anos ou mais.[15]

Em relação à identidade, os não religiosos no Brasil estão divididos em três grupos principais: agnósticos (0,8%), ateus (4%) e sem religião (95,2%).[16] Os estudiosos da religião no Brasil interpretam esse terceiro grupo como pessoas sem filiação religiosa, ou desigrejados; muitos deles acreditam em Deus ou em um poder superior, mas cultivam uma experiência religiosa particular, separada das instituições tradicionais, declarando-se "espirituais, mas não religiosos".[17]

Em ambos os países, os Nones criticam as organizações religiosas e procuram manter distância delas. Eles defendem o direito de criar sistemas de crenças individuais e fazem separação entre espiritualidade e religião. Alguns deles têm uma visão sincrética da religião e são a favor do relativismo e do pluralismo religioso. O crescimento de Nones no Brasil e nos EUA representa um grande desafio para uma aproximação missionária do ponto de vista bíblico cristão.

Como a religião surge por meio de trocas sociais primárias,[18] há sempre uma relação estreita entre religião e sociedade. Assim, o objetivo da sociologia da religião é examinar a religião em seu contexto históri-

---

[12] INSTITUTO BRASILEIRO DE GEOGRAFIA E ESTATÍSTICA. *Religião*: Séries históricas e estatísticas, população por religião; população presente e residente. Disponível em: https://seriesestatisticas.ibge.gov.br/series.aspx?vcodigo=POP60. Acesso em: 13 fev. 2018.

[13] INSTITUTO BRASILEIRO DE GEOGRAFIA E ESTATÍSTICA. Censo demográfico 2010: Características gerais da população, religião e pessoas com deficiência. Tabela 14. Rio de Janeiro: IBGE, 2012. Disponível em: https://biblioteca.ibge.gov.br/visualizacao/periodicos/94/cd_2010_religiao_deficiencia.pdf.

[14] INSTITUTO BRASILEIRO DE GEOGRAFIA E ESTATÍSTICA, 2012, Figura 38.

[15] INSTITUTO BRASILEIRO DE GEOGRAFIA E ESTATÍSTICA, 2012, Tabela 14.

[16] INSTITUTO BRASILEIRO DE GEOGRAFIA E ESTATÍSTICA, 2012, Tabela 1.4.1.

[17] RODRIGUES, Denise S. Religiosos sem igreja: um mergulho na categoria censitária dos sem religião. *Rever*, p. 31-56, Dezembro 2007. Disponível em: http://www.pucsp.br/rever/rv4_2007/t_rodrigues.pdf; VIEIRA, José Alves C. Os sem religião: dados para estimular a reflexão sobre o fenômeno. *Horizonte*, v.13, n. 37, p. 610-612, 2015. DOI: http://dx.doi.org/10.5752/P.2175-5841.2015v13n37p605.

[18] STARK, Rodney; BAINBRIDGE, William Sims. *The Future of Religion*. Los Angeles, CA: University of California Press, 1985, p.16-17.

co-social.[19] As teorias da secularização são um exemplo concreto de uma perspectiva das ciências sociais sobre a religião. São um conjunto de ideias sobre como a religião começou a perder sua influência nas sociedades no período do Iluminismo, começando na Europa Ocidental e se espalhando por todo o mundo.[20]

Em geral, os sociólogos da religião viram o processo de secularização como inevitável. Mas há desacordo quanto ao resultado dessa influência na religião. Alguns argumentaram que, com o tempo, a religião desapareceria, resultando em uma sociedade sem religião. Outros teorizaram que a religião não desapareceria, mas mudaria sua forma de expressão. Historicamente, as previsões do enfraquecimento da religião foram cumpridas em três aspectos. Primeiro, a religião institucional deslocou-se do centro para a periferia das sociedades modernas, enquanto os governos se tornaram seculares, sem identificação religiosa oficial. Segundo, a perda do monopólio da religião sobre a visão de mundo pública, que passou das instituições religiosas para a ciência. Terceiro, os símbolos e signos das instituições religiosas continuam a perder relevância.[21]

No entanto, a previsão do desaparecimento da religião não se cumpriu. A religião não apenas persistiu, mas, em muitos casos, cresceu e assumiu um papel de liderança nas sociedades dinâmicas e globalizadas de hoje. Mas, como predito, houve uma mudança significativa na forma de expressão religiosa hoje.[22] Os Nones dos Estados Unidos e do Brasil, abertos à espiritualidade, mas que não querem se relacionar com instituições religiosas, são um exemplo dessa forma diversa de expressar a religião. Assim, as ideias e os elementos fornecidos pelas teorias da secularização podem nos ajudar a entender os Nones contemporâneos e fornecer *insights* sobre como trabalhar com eles.

Desafio missiológico

Os Nones atualmente constituem um grupo de pessoas globais em evolução, com uma importância crescente, representando um novo desafio para as formas tradicionais de olhar para a missão. Desenvolver

---

[19] WILSON, Bryan. *Religion in Secular Society*. Oxford: Oxford University, 2016, p.14.

[20] FOX, Judith. Secularization. *In*: HINNELLS, John R. (ed.). *Routledge Companion to the Study of Religion*. New York: Routledge, 2010, p. 306.

[21] ZEPEDA, José de Jesús Legorreta. Secularização ou ressacralização? O debate sociológico contemporâneo sobre a teoria da secularização. *Revista Brasileira de Ciências Sociais*, v. 25, n. 73, p. 129-141, 2010.

[22] TAYLOR, Charles. *A Secular Age*. Cambridge, MA: Belknap Press, 2007, p. 437.

estratégias de missão eficazes para os Nones é um grande desafio porque as abordagens convencionais não funcionam com eles. Portanto, o desenvolvimento de uma base teórica sobre a qual possam ser criadas estratégias de missão eficazes é uma grande necessidade.

O objetivo desta obra foi estudar os Nones nos Estados Unidos e no Brasil à luz das teorias da secularização, visando estabelecer implicações missiológicas. Uma análise da perspectiva da sociologia da religião forneceu uma base conceitual para *insights* e princípios missiológicos para trabalhar com o referido grupo. Algumas das perguntas que nortearam o estudo foram: quais as cosmovisões,[23] características culturais e causas do fenômeno Nones nos Estados Unidos e no Brasil? Como as teorias da secularização lançam luz sobre as causas e características dos Nones? Que princípios missiológicos podem ser extraídos de selecionadas passagens bíblicas para a missão entre os Nones? E quais são as implicações missiológicas das descobertas deste estudo para o trabalho missionário entre os Nones?

Abrangência e estrutura conceitual do estudo

A pesquisa incluiu um estudo das teorias da secularização, tal como formuladas pela sociologia da religião – o ramo da sociologia que analisa a religião como um fenômeno social e sua influência sobre o indivíduo e a comunidade –, e se limitou a examinar os Nones nos contextos dos Estados Unidos e do Brasil.[24] Este estudo não envolveu pesquisa de campo sobre a visão de mundo dos Nones, mas incluiu uma meta-análise e resumo de relatórios de pesquisa publicados. O estudo não forneceu as comparações e contrastes de Nones na ampla gama de subgrupos culturais no Brasil e nos EUA.

---

[23] Cosmovisão é a maneira como as pessoas leem e entendem o mundo, ou como a cultura conceitua a realidade. Também se refere aos pressupostos sobre os quais as pessoas agem e dão sentido à vida. Ver GONÇALVES, Kleber de Oliveira. *A Critique of the Urban Mission of the Church in the Light of an Emerging Postmodern Condition*. PhD diss., Andrews University, Berrien Springs, MI, 2005, p. 17. De acordo com Kraft, cosmovisão é "a sistematização central de concepções de realidades com as quais os membros da cultura concordam". KRAFT, Charles H. *Christianity in Culture*: A Study in Dynamic Biblical Theologizing in Cross-Cultural Perspective. Maryknoll, NY: Orbis, 1979, p. 53.

[24] Há duas razões principais pelas quais o pesquisador deste trabalho escolheu estudar os Nones nos Estados Unidos e no Brasil. Primeiro, porque seu doutorado foi feito nos Estados Unidos, onde ele teve acesso a uma ampla gama de informações sobre o assunto, e ao mesmo tempo trabalha no Brasil, para onde retornou após a conclusão dos estudos. Portanto, foi conveniente incluir os dois países no estudo. Em segundo lugar, porque estudar os Nones no contexto de ambos os países permitiu informações mais amplas, sendo possível explorar semelhanças e contrastes que caracterizam o grupo em ambas as culturas.

A estrutura conceitual deste estudo seguiu três parâmetros. Em primeiro lugar, a *Missio Dei*, ou a ideia de que a missão se origina em Deus. Nessa perspectiva, este trabalho apresentou conceitos bíblicos que apontam para o mandato da missão divina entre os Nones. O segundo parâmetro foi o papel social da religião. Émile Durkheim disse que a religião nunca perderia seu significado social, porque a sociedade é a alma da religião, e a religião tem causas sociais.[25] Assim, as teorias da secularização foram estudadas pelo prisma da sociologia da religião, tomando como fontes primárias os escritos de Max Weber (1864-1920) e Émile Durkheim (1858-1917). Ambos os autores são considerados os pais desse ramo da sociologia, e viveram no mesmo período em que se estabeleceram as principais teorias que pregavam a morte virtual de Deus.

O estudo considerou o trabalho de alguns discípulos de Weber, como Bryan Wilson (1926-2004), Thomas Luckmann (1927-2016) e Roy Wallis (1945-1990), e de Durkheim, como Rodney Stark (1934-), William Bainbridge (1940-), Grace Davie (1946-) e Laurence Iannaccone (1954-), além de três sociólogos da religião independentes: Peter Berger (1929-2017), Charles Taylor (1931-), e Talal Asad (1932-).

O terceiro parâmetro foi a interação entre os principais elementos que caracterizam as teorias da secularização e os Nones nos Estados Unidos e no Brasil; o estudo teve como objetivo compreender esse grupo à luz dessas teorias.

Divisões dos capítulos

Este estudo é apresentado em seis capítulos. O Capítulo I introduziu o tópico de estudo, dando uma visão geral do tema, o contexto envolvido, bem como o propósito da pesquisa. Os detalhes do escopo, delimitações e arcabouço conceitual que nortearam o estudo também foram apresentados.

O Capítulo II começa com um resumo do pensamento de estudiosos influentes no período em que a ideologia moderna atingiu seu ápice – a chegada do Iluminismo (a partir da segunda metade do século XVIII). Eles previam o progresso cognitivo e o abandono da fé, e atribuíam à ciência e à tecnologia a capacidade de transformar o mundo e controlar o destino da humanidade. Nesse cenário, a sociologia da religião estabeleceu as chamadas teorias da secularização, prevendo o futuro da religião sob

---

[25] DURKHEIM, Émile. *The Elementary Forms of the Religious Life*. New York: The Free Press, 1912, p. 421, 426.

a influência secular. O estudo abrange as obras de Max Weber e Émile Durkheim, considerados os pais da sociologia da religião, e sete de seus discípulos, além de três estudiosos independentes desse ramo da sociologia: Peter Berger, Charles Taylor e Talal Asad. Foram identificados doze elementos que caracterizam as teorias da secularização desses autores.

O Capítulo III examinou os Nones no Brasil e nos Estados Unidos à luz desses doze elementos das teorias da secularização. O capítulo inicia-se com um resumo do cenário religioso e dos perfis dos Nones nas culturas em estudo; em seguida, os Nones são analisados a partir de seis categorias que agrupam os doze elementos mencionados.

O Capítulo IV apresenta uma estrutura bíblica para a missão com os Nones. Descreve a obra de Deus e seus representantes para a salvação de pessoas estrangeiras, conforme relatado em quatro narrativas bíblicas, duas no Antigo Testamento (AT) e duas no Novo Testamento (NT). Os princípios missiológicos encontrados nessas narrativas lançam luz sobre os esforços missionários transculturais, para alcançar grupos contemporâneos de Nones em ambas as culturas em estudo.

O Capítulo V apresenta as implicações culturais e missiológicas do estudo, propondo, com base nos tópicos anteriores, uma série de princípios missiológicos para o trabalho transcultural entre os Nones. Oito áreas são consideradas críticas ou vistas como uma oportunidade para um relacionamento missiológico com o grupo: a identidade de Deus, a Bíblia como fonte da verdade, religião institucional, relacionamento e comunidade, o papel social da religião, barreiras transculturais, pluralismo cultural e religioso, e comunicação de massa. Para cada uma dessas áreas, são sugeridos princípios que sirvam de ponte para uma aproximação com os Nones.

Uma conclusão é oferecida no Capítulo VI. O capítulo também fornece recomendações sobre o que pode e deve ser feito no esforço cristão para alcançar os Nones, especialmente nas culturas brasileira e americana em estudo.

CAPÍTULO II

SELECIONADOS ELEMENTOS QUE CARACTERIZAM AS TEORIAS DE SECULARIZAÇÃO

Introdução

As teorias da secularização são um conjunto de ideias sobre como a religião[26] perdeu sua influência nas sociedades com a disseminação da "modernidade",[27] começando na Europa Ocidental e se estendendo por todo o mundo.[28] De acordo com o Oxford English Dictionary, o termo "secular" tem dois significados principais. Primeiro, etimologicamente, o termo vem da raiz latina *saeculum*, que significa "século" ou "era". Em segundo lugar, a secularização é "o processo de remoção da influência ou poder que a religião tem sobre algo". Este segundo conceito é usado pela sociologia da religião para desenvolver as teorias da secularização.

A culminação do pensamento moderno ocorreu no século XVIII com o projeto iluminista, em que os intelectuais defendiam a razão em oposição ao que chamavam de fanatismo e superstição.[29] Este capítulo

---

[26] De acordo com Wallis e Bruce, existem definições funcionais e substantivas de religião. A definição funcional identifica a religião em termos do que ela faz. Por exemplo, a religião é o instrumento que responde a questões fundamentais da condição existencial humana ou fornece soluções para problemas humanos fundamentais. Nesse caso, a religião não inclui apenas a relação com o sagrado, mas também atividades seculares como ideologias políticas e terapias psicológicas. A definição substantiva identifica a religião em termos do que ela é. Por exemplo, a religião pode ser um conjunto de crenças e ações do ponto de vista da existência de seres ou poderes sobrenaturais. Ver WALLIS, Roy; BRUCE, Steve. Secularization: The Orthodox Model. *In*: BRUCE, Steve. (ed.). *Religion and Modernization*. Oxford: Clarence Press, 1992, p. 9-10. A presente pesquisa considerou a definição substantiva de religião, por parecer mais adequada à natureza do trabalho.

[27] A modernidade costuma ser entendida como a ruptura com o pensamento medieval, centrado na religiosidade, e o estabelecimento da autonomia da razão que moldou a filosofia, a cultura e as sociedades ocidentais a partir do século XVI. Ver SOLSONA, Mayos Gonçal. El problema sujeto-objeto en Descartes, prisma de la modernidad. *Pensamiento*: Revista de investigación e información filosófica, v. 49, n. 193/195, p. 371-390, jul./sept. 1993. Disponível em: https://philpapers.org/rec/SOLEPS. Ver também SAMPSON, Philip; SAMUEL, Vinay; SUGDEN, Chris. Introduction. *In*: SAMPSON, Philip; SAMUEL, Vinay; SUGDEN, Chris. (ed.). *Faith and Modernity*. Oxford: Regnum, 1994, p. 7.

[28] Ver FOX, 2010, p. 306.

[29] FOX, 2010, p. 306.

examina as teorias da secularização sob a ótica da sociologia da religião, mas começa descrevendo o pensamento de alguns filósofos do período para contextualizar a questão.

Em seu ensaio "A religião dentro dos limites da mera razão", o filósofo prussiano Immanuel Kant (1724-1804) propôs uma reinterpretação das doutrinas cristãs tradicionais, como pecado, expiação, graça e o reino de Deus, por meio da filosofia. Nessa perspectiva ele defendeu uma possível união entre a fé cristã e a religião da razão – a crença de que os seres humanos têm uma disposição original para o bem em sua natureza, de tal forma que podem e devem criar uma reforma moral por meio da racionalidade e do exercício do livre-arbítrio, sem necessidade de Bíblia para regenerar o caráter.[30]

Voltaire (1694-1778), cujo nome verdadeiro era François-Marie d'Arouet, tornou-se a voz do Iluminismo francês. Em seu ensaio sobre tolerância, publicado em 1763, ele se posicionou em defesa da liberdade humana de pensamento e crença.[31] Segundo ele, o poder civil não pode exercer competência em relação a questões teológicas, e os cidadãos individuais não têm o direito de interferir na crença religiosa alheia. Assim, Voltaire propôs e defendeu a nova teoria de que os seres humanos são naturalmente livres e iguais, e possuem direitos fundamentais que devem ser respeitados na sociedade civil pelos governantes, cujo papel não é intervir nesses direitos civis, mas protegê-los. Inspirado pelo filósofo inglês John Locke (1632-1704), que escreveu uma carta radical sobre a tolerância,[32] Voltaire começava a formular a teoria da separação entre Igreja e Estado, considerando um governo civil e eclesiástico um insulto à razão. Em defesa da filosofia da religião, que ele chamava de "irmã da religião", Voltaire escreveu que a razão é gentil e humana, e incentiva a tolerância, sendo mais eficaz em persuadir as pessoas a obedecerem à lei. Assim, ele proclamou a razão como fundamental para evitar o fanatismo e a superstição que levaram à perseguição religiosa.[33]

O intelectual Thomas Paine (1737-1809) era um deísta de uma família Quaker. Em defesa da razão, ele argumentou que sua mente era sua própria igreja, que a razão era a arma mais formidável contra todo tipo

---

[30] Ver KANT, Immanuel. *Religion within the Bounds of Bare Reason*. Indianapolis, IN: Hackett, 2009.
[31] Ver VOLTAIRE. *Treatise on Toleration*. London: Penguin, 2016.
[32] Ver LOCKE, John. *Two Treatises of Government and A Letter Concerning Toleration*. New Haven, CT: Yale University Press, 2003.
[33] VOLTAIRE, 2016, p. 6-15, 24-35, 108-114, 137.

de erro e que os seres humanos poderiam descobrir Deus pelo exercício da razão. Ele acreditava que a Bíblia deveria estar sujeita ao escrutínio da razão, porque as Escrituras não eram a Palavra de Deus, e a revelação bíblica com seus mistérios, milagres e profecias era apenas uma fraude ou uma invenção humana.[34]

Paine classificou as histórias bíblicas da criação, queda, dilúvio, encarnação e expiação por meio de Cristo, bem como o conceito bíblico do Deus trino, como fábulas e mitos. Ele escreveu que a revelação bíblica era irreconciliável com o dom divino da razão e o conhecimento do poder e da sabedoria de Deus que a humanidade adquiriu pelas ciências[35] e pelo estudo da estrutura do universo. Paine defendia que a verdadeira Palavra de Deus era a natureza – "a Bíblia da criação", um "texto exaustivo", por meio do qual era possível conhecer Deus pela união entre a ciência e a maquinaria do universo. Ele via Deus como o Todo-Poderoso, "o grande mecânico da criação; o primeiro filósofo e professor original de toda a ciência".[36]

Finalmente, Paine denunciou todos os sistemas de religião e instituições religiosas como invenções humanas, criadas com o objetivo de aterrorizar e escravizar os seres humanos e monopolizar o poder e o lucro. Ele também criticou a união entre Igreja e Estado, chamando-a de conexão adúltera. Paine proclamou uma revolução no sistema de religião através da razão, segundo a qual todo pregador deveria ser um filósofo e toda casa de devoção uma escola de ciência.[37]

Em suma, sob a influência do movimento iluminista, os filósofos escreveram que o progresso cognitivo seria alcançado por meio do abandono da fé, dos "impulsos instintivos" e dos "pensamentos irracionais;" e que pelo uso da razão, sem revelação divina, era possível descobrir verdades fundamentais sobre a natureza da realidade. Para eles, por meio da ciência e do uso da razão, as pessoas poderiam compreender as leis que regem a natureza e focalizar os fatos objetivos da vida, tornando-se capazes de controlar não apenas os fatores naturais, mas também o seu destino.[38]

---

[34] Ver PAINE, Thomas. *Age of Reason*. Grand Rapids, MI: Michigan Legal, 2014, p. 44-49, 138-142.

[35] É importante observar que, embora o avanço científico e tecnológico seja um dos fatores causadores dos Nones, pois fortalecem o secularismo e o pluralismo, como esta pesquisa demonstra, a ciência em si não é incompatível com a fé e tem muitas características positivas para a fé cristã e a missão. A literatura impressa, a comunicação de massa, os equipamentos que facilitam a pregação, os cultos coletivos e os meios de transporte são alguns dos muitos benefícios da ciência para o exercício da fé e da missão cristã.

[36] PAINE, 2014, 89-93, 122-24.

[37] PAINE, 2014, 42-43, 281-82.

[38] Ver FOX, 2010, p. 308.

No século XIX e início do século XX, os intelectuais criaram diferentes teorias baseadas no movimento iluminista, todas elas sem fundamento religioso. De Augusto Comte (1798-1857) veio a teoria positivista, defendendo uma filosofia positiva com uma nova doutrina social baseada nas ciências.[39] Charles Darwin (1809-1882) produziu a teoria da evolução por seleção natural.[40] Herbert Spencer (1820-1903) propôs o princípio do progresso evolutivo para o mundo físico, organismos biológicos, mente humana, cultura e sociedades humanas.[41] Karl Marx (1818-1883) estabeleceu a ideologia comunista, também conhecida como marxismo, na qual previa a abolição do capitalismo em favor de um sistema de propriedade comum dos meios de produção, que, por meio de uma dinâmica de emancipação, resultaria em uma sociedade igualitária, sem religião.[42] Friedrich Nietzsche (1844-1900) propôs a morte de Deus,[43] e a teoria psicanalítica de Sigmund Freud (1856-1939) tratou a religião como uma ilusão.[44]

Sociologia da religião

Nesse ambiente de progressiva desconsideração da religião propagado pelo movimento iluminista, nasceu a sociologia da religião, propondo-se a interpretar o fenômeno da secularização, considerando a religião como um fato social. Em geral, os sociólogos da religião têm visto o processo de secularização como inevitável, que toma diferentes formas nas diversas sociedades de acordo com suas características institucionais ou religiosas. No entanto, há divergências quanto ao resultado desse processo.

Alguns sociólogos argumentaram que, com o tempo, a religião desapareceria, resultando em uma sociedade sem religião. A maioria, no entanto, teorizou que a religião não desapareceria, mas mudaria sua forma de expressão e ganharia um espaço legítimo na esfera privada. Além disso, muitos previam que haveria um processo de secularização interna nas instituições, que, embora mantendo seu simbolismo religioso, buscariam

---

[39] Ver COMTE, Augusto. *Discurso preliminar sobre o Espírito Positivo*. São Paulo, SP: Ridendo Castigate Mores, 2002.

[40] Ver DARWIN, Charles. *The Origin of Species: By Means of Natural Selection*. New York: Cambridge University Press, 2009.

[41] Ver SPENCER, Herbert. *The Study of Sociology*. London: Henry S. King, 1873.

[42] Ver MARX, Karl. *Capital: A Critique of Political Economy*, Das Kapital 1. London: Penguin, 2004; MARX, Karl; ENGELS, Friedrich. *Manifesto of the Communist Party*. Peking: Foreign Languages Press, 1970.

[43] Ver NIETZSCHE, Friedrich. *Beyond Good and Evil*. New York: Vintage Books, 1966; FRITZSCHE, Peter (ed.). *Nietzsche and the Death of God*. Long Grove, IL: Waveland Press, 2007.

[44] Ver FREUD, Sigmund. *The Future of an Illusion*. New York: W. W. Norton, 1961; FREUD, Sigmund. *Moses and Monotheism*. Great Britain: The Hogarth Press and The Institute of Psycho-Analysis, 1939.

se adequar às exigências modernas. Porém, o dramático ressurgimento da religião nas últimas três décadas foi uma surpresa para aqueles que trabalham com a sociologia da religião. Ninguém havia previsto tal fenômeno.[45]

Como explicam Cox e Ikeda, foi uma surpresa para muitos estudiosos que as mudanças sociais causadas pelos avanços tecnológicos e científicos, bem como a urbanização e o marketing econômico, em vez de marginalizarem ou mesmo fazerem a religião desaparecer, como esperado, tenham testemunhado um renascimento da espiritualidade, ou um tipo inexplicável de renascimento da religião.[46]

O presente estudo analisou selecionados elementos que caracterizam as teorias da secularização, tomando como base os escritos de Max Weber (1864-1920) e Émile Durkheim (1858-1917), os pais desse ramo da sociologia,[47] que viveram no mesmo período em que as principais teorias da morte virtual de Deus, descritas antes, foram estabelecidas. O estudo também considerou o trabalho de alguns seguidores de Weber, incluindo Bryan Wilson (1926-2004), Thomas Luckmann (1927-2016) e Roy Wallis (1945-1990); alguns seguidores de Durkheim, incluindo Rodney Stark (1934-), William Bainbridge (1940-), Grace Davie (1946-) e Laurence Iannaccone (1954-); e três estudiosos independentes: Peter Berger (1929-2017), Charles Taylor (1931-), e Talal Asad (1932-). Não é objetivo deste estudo analisar criticamente os elementos selecionados das teorias de secularização, mas revisá-los como base para o estudo dos Nones nos Estados Unidos e no Brasil.

Elementos da secularização nas teorias de Weber e alguns de seus discípulos

Max Weber (1864-1920)

O intelectual alemão Max Weber entendia o desencanto religioso e a transferência da religião da esfera pública para a privada como duas características principais da secularização. Ele foi crítico do Iluminismo e argumentou que havia algumas esferas de existência em que a ciência não operava, mas entendia que a modernização com a especialização do trabalho,

---

[45] Ver RIESEBRODT, Martin; KONIECZNY, Mary Ellen. Sociology of Religion. *In*: HINNELLS, John (ed.). *The Routledge Companion to the Study of Religion*. New York: Routledge, 2010, p.145.

[46] COX, Harvey; IKEDA, Daisaku. *The Persistence of Religion*: Comparative Perspectives on Modern Spirituality. New York: I. B. Taurus, 2009, p. 34.

[47] FOX, 2010, p. 307.

a urbanização e a industrialização teriam um impacto profundo na religião. Ele teorizou que o protestantismo trouxe em si as sementes do secularismo.[48] A primeira razão para isso foi a disseminação de uma versão objetiva e impessoal do amor fraterno, que se manifestava por meio da organização racional do meio social. Nessa perspectiva, a sociedade se estruturou através de setores especializados responsáveis por cuidar das pessoas, delegando responsabilidades até então vinculadas ao convívio familiar. Para Weber, essa visão objetiva e impessoal do amor trouxe como consequência a racionalização e o enfraquecimento do encantamento religioso, na medida em que diluiu a sacralidade do dever religioso no fraterno amor familiar.[49]

Além disso, para o autor, o protestantismo trouxe uma espécie de sanção psicológica e até certo ponto "teológica" para o acúmulo de riquezas. Weber explica que, contestando o conceito católico de que espiritualidade e riqueza são incompatíveis, e que, como disse Tomás de Aquino, a forma mais elevada de produtividade é a vida monástica com oração e canto, resultando na formação de um tesouro eclesial, os protestantes relacionaram a produtividade com a manifestação da graça. Com base no texto Paulino de I TS 3:10 que diz: "Se alguém não quiser trabalhar, não coma também", os puritanos desenvolveram o conceito do trabalho como um "chamado", e muitas vezes como o único meio de alcançar a graça. Nessa perspectiva, diz Weber, a busca pelo reino foi dando lugar à busca pelas virtudes econômicas, de forma que as raízes religiosas morreram lentamente, dando lugar ao mundanismo utilitário.[50]

Em sua pesquisa sobre o impacto social e econômico da religião, Weber fez um amplo estudo das religiões na China e na Índia, além do cristianismo e do judaísmo ocidentais. Ele concluiu que a religião não era exclusiva da razão por que as religiões ocidentais e orientais se desenvolveram de maneiras diferentes, e apontou que o protestantismo levou ao nascimento do capitalismo, da burocracia e do Estado racional e legal dos países ocidentais.[51]

O ascetismo protestante na visão de Weber é uma referência à ética defendida especialmente pelo calvinismo, metodismo, pietismo e batistas, que caracterizava a relação de seus membros com o mundo externo.

---

[48] Ver WEBER, Max. *The Protestant Ethic, and the Spirit of Capitalism*. New York: Routledge, 2001, p. 7, 107, 109.
[49] Ver WEBER, 2001, p. 41, 109, 111.
[50] Ver WEBER, 2001, XII, 64, 104, 105, 108, 118, 119, 121, 232.
[51] Ver WEBER, 2001; WEBER, Max. *The Religion of China: Confucianism and Taoism*. Glencoe, IL: The Free Press, 1951; WEBER, Max. *The Religion of India: The Sociology of Hinduism and Buddhism*. Glencoe, IL: The Free Press, 1958.

Segundo ele, esses movimentos desenvolveram o conceito de "chamado", ou a ideia de que a maior obrigação moral dos crentes é cumprir seu dever nos assuntos mundanos. Nesse ponto de vista, há uma estreita ligação entre religião e atividades cotidianas, em contraste com o monasticismo católico, em que o objetivo era transcender a existência mundana. No conceito monástico, os religiosos virtuosos eram aqueles que "fugiam do mundo", enquanto no ascetismo protestante a obrigação moral-ética dos crentes os levava "ao mundo", mostrando a primazia da ética sobre o mundo através da influência da religião sobre o comportamento prático.[52] Assim, o dever bem cumprido em meio à sociedade por parte do religioso, era uma evidência de sua vocação, um exercício de virtude ascética, uma prova do estado de graça, enquanto a falta de vontade de trabalhar era sintomática de falta de graça. O trabalho e a operosidade eram deveres dos crentes para com Deus.[53]

De acordo com Weber, a doutrina calvinista da predestinação é um exemplo claro da ética protestante que afeta a relação entre religião e as obrigações da vida cotidiana. No calvinismo, Deus, em sua soberania e propósito imutável, predestinou alguns humanos e anjos para a vida eterna e outros para a morte eterna. Além disso, como os decretos de Deus são imutáveis, os escolhidos nunca perderiam a graça, e os rejeitados nunca a teriam. Em outras palavras, uma vez salvo, sempre salvo, e uma vez perdido, sempre perdido. Era dever dos crentes considerarem-se escolhidos e salvos, e combater todas as dúvidas como tentações do diabo, mantendo a confiança em Cristo, que era fruto de uma fé mais profunda. Ao mesmo tempo, eles deveriam dar evidência da salvação por meio de boas obras, que não eram um meio de alcançar a graça, mas apenas os sinais externos subjetivos da fé. Ao contrário do sistema católico com seu ciclo de pecado, arrependimento, expiação e libertação, seguido de pecado renovado e o equilíbrio de mérito que poderia ser ajustado por punições temporais ou pelos meios de graça da igreja, Calvino propôs uma nova perspectiva. Segundo Calvino, Deus não exige boas obras singulares dos crentes, mas uma vida de boas obras introduzidas em um sistema unificado, de progresso contínuo que só pode ser alcançado pela influência sobrenatural da graça de Deus.[54]

---

[52] Ver WEBER, 2001, p. 53-55, 71-75.
[53] Ver WEBER, 2001, p.105, 122.
[54] WEBER, 2001, p. 65-66, 71, 150.

Para Weber, a essência do espírito do capitalismo moderno é a ideia de que a aquisição econômica não é mais apenas um meio para a satisfação de necessidades materiais; a vida humana é dominada por ganhar dinheiro, com a aquisição como o objetivo final da vida. Ele também afirmou que a sanção psicológica para a riqueza, o trabalho como o único meio de alcançar a certeza da graça, e ver a atividade empresarial como um chamado, são princípios essenciais do capitalismo moderno.[55] Nesse sentido, tornou-se viável ficar rico sem uma vida de luxo ocioso ou autoindulgência.[56] Weber diz que o ímpeto para a acumulação de riqueza, sem prazeres mundanos, é ascetismo protestante, que além de elevar os valores morais também promove o empreendedorismo por meio do capitalismo racional. O capitalismo racional, explicou Weber, implica duas coisas: uma força de trabalho disciplinada e a regularidade do investimento de capital.[57]

Weber também afirmou que, na medida em que a ética protestante contribuiu para o capitalismo moderno, criou uma base para o processo de secularização. O trabalho como vocação forneceu uma justificativa ética da moderna divisão especializada do trabalho e do desenvolvimento da habilidade, com uma melhoria quantitativa e qualitativa da produção.[58]

Em suma, Weber teorizou que a ética protestante, especialmente dos ramos calvinista, metodista, pietista e batista, contribuiu para o estabelecimento do capitalismo moderno de várias maneiras. Primeiro, defendendo uma teologia bíblica, que encorajasse o envolvimento dos membros com os assuntos do mundo, para difundir o reino de Deus, através de uma ética cristã que testificasse positivamente a favor do Evangelho.

---

[55] WEBER, 2001, p. 107, 121.

[56] Wesley reconheceu que, embora o protestantismo encorajasse o trabalho que produzia riqueza, com o tempo a riqueza poderia afetar a espiritualidade. Ele disse: "Temo que, onde quer que as riquezas tenham aumentado, a essência da religião tenha diminuído na mesma proporção. Portanto, não vejo como é possível, na natureza das coisas, que qualquer reavivamento da verdadeira religião continue por muito tempo. Pois a religião deve necessariamente produzir tanto a operosidade quanto a economia, e estas só podem produzir riquezas. Mas à medida que as riquezas aumentam, também aumentam o orgulho, a disputa e o amor do mundo em todos os seus ramos. Como então é possível que o Metodismo, isto é, uma religião do coração, embora floresça agora como um louro verde, continue neste estado? Pois os metodistas em todos os lugares se tornam diligentes e com hábitos econômicos; consequentemente, eles aumentam em bens. Portanto, eles aumentam proporcionalmente no orgulho, na disputa, no desejo da carne, no desejo dos olhos e no orgulho da vida. Assim, embora a forma de religião permaneça, o espírito está desaparecendo rapidamente. Não há como impedir isso — essa decadência contínua da religião pura? Não devemos impedir que as pessoas sejam diligentes e econômicas; devemos exortar todos os cristãos a ganhar tudo o que puderem e guardar tudo o que puderem; isto é, com efeito, enriquecer." SOUTHEY, Robert. *The Life of Wesley: and the Rise and Progress of Methodism*, vols. 1-2. New York: J. Seymour Print, 1820, p. 379-380.

[57] WEBER, 2001, p. 55, 104-105.

[58] WEBER, 2001, p.107-9.

Segundo, por considerar o trabalho árduo, juntamente com um espírito de frugalidade ou economia, como um chamado de Deus. Nesse caso, a operosidade, a especialização, a economia e a produção passaram a ser consideradas manifestações da graça de Deus. Como a salvação e a eleição eram obra da graça de Deus, o desempenho profissional e econômico eram manifestações externas dessa graça e da fé genuína, como evidência da eleição. Esse processo foi o que Weber chamou de espírito do capitalismo.

Weber ainda observou que os líderes protestantes chegaram a prever que, embora a ética protestante restringisse o uso excessivo e mundano do dinheiro, ao longo do tempo, o crescimento da riqueza promovido por esse conceito de trabalho, como vocação, necessariamente produziria orgulho, amor ao mundo e decadência da verdadeira religião. As instituições baseariam seus critérios avaliativos nos princípios da democracia, da meritocracia e da virtude econômica, deixando a religiosidade apenas como princípio subjacente, o que levaria ao lento processo de morte das raízes religiosas. Assim, Weber propôs que o ascetismo protestante contribuiu não apenas para o desenvolvimento do capitalismo, mas também para o estabelecimento da democracia, especialização, burocracia e organização social racional, lançando as sementes do secularismo.

Um dos elementos mais críticos da análise da secularização de Weber foi o que ele chamou de "desencantamento do mundo", expressão emprestada de Friedrich Schiller,[59] para descrever uma espécie de enfraquecimento dos elementos mágicos do pensamento humano, através do Iluminismo, em que a compreensão científica era mais valorizada do que a crença, e os processos eram orientados para objetivos racionais. Para Weber, os ideais iluministas de enriquecimento moral, avanço tecnológico cumulativo por meio da racionalização, e aprimoramento científico, resultaram no desencanto do mundo.[60]

Weber parece ter tido duas posições sobre desencanto. Primeiro, um aspecto secular: na medida em que as ideias se tornam sistemáticas e consistentes, e os avanços científicos e tecnológicos são feitos, a visão de mundo guiada por elementos místicos ou mágicos mudaria para uma visão mecanicista do mundo guiada por elementos causais. Assim, o mundo é visto como um cosmos ordenado por Deus e, portanto, de alguma forma, significativo e eticamente orientado. Todas as coisas são consideradas

---

[59] JENKINS, Richard. Disenchantment, Enchantment and Re-Enchantment: Max Weber at the Millennium. *Max Weber Studies*, n. 1, p. 11-32, 2000. Disponível em: http://www.jstor.org/stable/24579711.
[60] Ver RIESEBRODT; KONIECZNY, 2010, p. 149.

explicáveis em termos racionais e científicos, e a compreensão religiosa e mágica é vista como ignorante e atrasada. Segundo Weber, esse processo de desencantamento e secularização promovido pelo princípio racionalista acabaria por eliminar a ética religiosa e o controle religioso das instituições econômicas, políticas e culturais.[61]

O segundo aspecto do desencanto de Weber é a ruptura da unidade moral, cognitiva e interpretativa que caracterizava a visão de mundo no período pré-moderno encantado, deslocando os valores transcendentais e espirituais da esfera pública para a esfera particular. Weber reconheceu que, nessa nova perspectiva, quem optasse por levar uma vida baseada em princípios religiosos iria contra a lógica burocrática institucional que não valorizava mais a moral religiosa, mas a eficiência, o desempenho e a utilidade. Ele teorizou que seria possível manter um *éthos* religioso apenas em pequenas associações voluntárias nas margens sociais e, embora uma reviravolta carismática pudesse mudar as atitudes internas das pessoas, seria improvável que tivesse sucesso no Ocidente moderno, por causa da rigidez e eficiência dos sistemas burocráticos.[62]

Nessa perspectiva, Weber via o processo de secularização como inevitável, dadas as forças sociais em curso, resultando no desencanto religioso e na transferência da religião da esfera pública para a privada. Em sua concepção, a religião não desapareceria, mas se enfraqueceria como parte desse processo.

Bryan R. Wilson (1926-2004)

De orientação weberiana e considerado o principal sociólogo britânico da religião de sua época,[63] Wilson destacou dois elementos relacionados à teoria da secularização: o enfraquecimento das instituições religiosas e a multiplicação dos movimentos sectários. Segundo ele, o processo de secularização resultou no enfraquecimento das instituições religiosas, que perderam seu poder de moldar a sociedade.[64] Ele discordou daqueles que viram mudança ao invés de declínio da religião na sociedade ocidental. Para ele, o que estava ocorrendo em sua época era uma substituição de ideias religiosas por ideias seculares.[65] A sociedade

---

[61] Ver WEBER, Max. *Essays in Sociology*. New York: Oxford University Press, 1958a; RIESEBRODT; KONIECZNY, 2010, p. 148-149.
[62] WEBER, 1958a.
[63] FOX, 2010, p. 309.
[64] WILSON, 2016, p. 14.
[65] WILSON, 2016, p. 7.

moderna estava levando as pessoas a serem altamente individualizadas e, consequentemente, não havia comunidade de sentimentos à qual as igrejas pudessem ministrar, explicou ele.[66]

Ao descrever o contexto social da secularização, Wilson descobriu que a religião estava perdendo seu monopólio como agência de apoio aos seres humanos para a realização de seus desejos. Segundo ele, novos e alternativos canais para a expressão das emoções humanas tomaram o lugar que antes era exclusivo da religião. O sistema de comunidade religiosa foi substituído pelo sistema de sociedade secular.[67] Nesse sistema alterado e controlado não por princípios morais, mas por técnicas e rotinas impessoais e amorais,[68] as ações seriam "calculadas, sistêmicas, reguladas e rotinizadas".[69]

Em uma sociedade secular, as pessoas não dependem mais de conceitos sobrenaturais e pressupostos morais, mas de imperativos técnicos. Supõe-se que as pessoas podem resolver problemas pessoais e sociais com ciência e planejamento racional, sem ajuda sobrenatural.[70] Assim, "as igrejas estão perdendo influência direta sobre as ideias e atividades dos homens,"[71] observava Wilson. Como exemplo, ele citou políticas sociais baseadas em princípios democráticos. Nesse caso, em vez de buscar a intervenção sobrenatural em seus assuntos cotidianos, as pessoas passaram a usar a ação instrumental e a tomada de decisão por maioria de votos.[72]

Segundo Wilson, essa nova maneira de administrar a vida afetou diretamente questões cruciais para os seres humanos, como distribuição de poder, riqueza, prestígio, escolhas e o padrão geral das circunstâncias da vida.[73] Explicou também que a ideia de que o ser humano deve aceitar sua sorte, ou esperar que Deus entre no ambiente humano para guiar seus destinos, estava perdendo força, dando lugar a políticas sensatas baseadas em ações concretas.[74] Foi "a eliminação de elementos místicos e

---

[66] WILSON, 2016, p. 42.

[67] Wilson destacou: "O conceito de comunidade deve ser colocado em oposição ao conceito de sociedade... Se considerarmos a comunidade como o grupo local contínuo, e a sociedade como o sistema autônomo e estruturado internamente de relações segmentadas de um grande número de pessoas, nós podemos afirmar ainda mais: a comunidade é essencialmente religiosa; a sociedade é essencialmente secular." WILSON, Bryan. Aspects of Secularization in the West. *Japanese Journal of Religious Studies* 3, n. 4, p. 261-262, Dec. 1976a.

[68] WILSON, Bryan. *Contemporary Transformation of Religion*. Oxford: Oxford University Press, 1976b, p. 20.

[69] WILSON, Bryan. Secularization: The Inherited Model. *In*: HAMMOND. Phillip E. (ed.). *The Sacred in a Secular Age*: Toward Revision in the Scientific Study of Religion. Los Angeles, CA: University of California Press, 1985, p. 19.

[70] WILSON, 1976a, p. 266-67.

[71] WILSON, 2016, p. 22.

[72] WILSON, 2016, p. 45.

[73] WILSON, 2016, p. 45.

[74] WILSON, 2016, p. 45.

sacerdotais do sistema religioso,"[75] levando a igreja a perder a autoridade e a capacidade de definir o que as pessoas deveriam acreditar, aceitar e praticar em relação aos princípios morais.

Wilson também enfatizou o papel da tecnologia na secularização das instituições religiosas, especialmente nos países ocidentais. Primeiro, a tecnologia deu vida à indústria do entretenimento, que não apenas competia pelo tempo, atenção e dinheiro das pessoas, mas também oferecia um conjunto de normas e valores alternativos. A tecnologia também minou o quase monopólio da comunicação de propriedade da igreja. A igreja, que antes representava uma voz poderosa na comunidade local, tornou-se apenas mais uma voz entre muitas mensagens religiosas divergentes, e mais tarde competiu com vozes cada vez mais eficientes, que através das tecnologias de comunicação de massa começaram a oferecer distrações não religiosas ao povo.[76]

Segundo Wilson, outro fator que enfraqueceu a influência das igrejas como voz determinante nas sociedades ocidentais foi o avanço da ciência. Com a aplicação da ciência em diversas áreas do conhecimento e seus resultados positivos e tangíveis, veio o respeito e a aprovação para o estudo experimental. Como resultado, as vozes religiosas passaram a ser vistas como representando apenas os estágios iniciais do desenvolvimento social.[77] Portanto, segundo Wilson, a individualização humana, novas agências e novos canais de orientação humana, e o advento da tecnologia e da ciência experimental, no contexto da secularização, foram fatores que promoveram o processo societário e contribuíram para o enfraquecimento das instituições religiosas e seu poder de moldar a sociedade.

O segundo elemento principal enfatizado por Wilson relacionado à secularização foi o surgimento de muitas seitas como resposta religiosa ao secularismo.[78] Para ele, as seitas surgiriam como uma reação à tradição

---

[75] WILSON, 1976a, p. 261.
[76] WILSON, 2016, p. 49.
[77] WILSON, 2016, p. 51, 54.
[78] Segundo a concepção de Wilson, uma seita possui as seguintes características: "é uma associação voluntária; a adesão é uma prova, para as autoridades da seita, de alguma reivindicação de mérito pessoal — como conhecimento da doutrina, afirmação de uma experiência de conversão, ou recomendação de membros em situação regular; enfatiza-se a exclusividade e exerce-se a expulsão contra aqueles que contrariam preceitos doutrinários, morais ou organizacionais; sua auto concepção é a de um eleito, um remanescente reunido, possuidor de iluminação especial; a perfeição pessoal é o padrão de aspiração esperado, quaisquer que sejam os termos em que isso seja julgado; aceita, pelo menos como ideal, o sacerdócio de todos os crentes; existe um elevado nível de participação leiga; há oportunidade para o membro expressar espontaneamente o seu compromisso; a seita é hostil ou indiferente à sociedade secular e ao Estado" (WILSON, Bryan. An Analysis of Sect Development. *American Sociological Review*, v. 24, n. 1, Feb. 1959, p. 4).

religiosa dominante que se conformava com a ordem secular das coisas. No entanto, ele discordava da opinião predominante em sua época de que as seitas durariam apenas uma geração e que, quando uma seita se tornasse uma denominação,[79] seus membros perderiam seu entusiasmo inicial e se conformariam com o mundo que seus pais rejeitaram. De acordo com Wilson, o sectarismo poderia permanecer mesmo na fase denominacional, e o secularismo poderia inadvertidamente encorajar isso.[80] Ele apontou que as seitas apareceram pela primeira vez como uma resposta crítica aos compromissos feitos pela igreja dominante e podem persistir como respostas críticas ao próprio mundo secular.[81] Por outro lado, Wilson apontou que a multiplicação de novas denominações levaria ao processo de ecumenismo. Para ele, o ecumenismo era um sinal da fragilidade das organizações, porque, na medida em que se fundem, os compromissos religiosos se aculturam.[82]

Wilson argumentou que, embora a secularização do sistema social não tenha deslocado imediatamente os atributos da religiosidade, nem feito desaparecer o conceito de sobrenatural nas esferas privada e pública, a religião não seria mais um determinante para a ação social. O sistema se tornaria tão ineficiente e superficial que nem as instituições nem as pessoas funcionariam primariamente com base em valores espirituais. A observância da religião persistiria, mas haveria mudanças fundamentais em termos ideológicos e procedimentais rumo à secularização, de modo que a religião se tornaria mais uma expressão cultural e costumeira do que uma força espiritual capaz de modificar valores. No entanto, Wilson concluiu que a herança do modelo secular não previu um eventual eclipse

---

[79] Ao contrário de uma seita, uma denominação, segundo Wilson, tem as seguintes características: "é formalmente uma associação voluntária; aceita adeptos sem imposição de pré-requisitos tradicionais de ingresso, e emprega procedimentos de admissão puramente formalizados; a amplitude e a tolerância são enfatizadas; como a adesão é vagamente registrada, a expulsão não é um artifício comum para lidar com os apáticos e os rebeldes; a sua autoimagem não é clara e a sua posição doutrinária não é sublinhada; contenta-se em ser um movimento entre outros, todos considerados aceitáveis à vista de Deus; aceita os padrões e valores da cultura predominante e da moralidade convencional; existe um ministério profissional treinado; a participação leiga ocorre, mas é normalmente restrita a setores específicos dos leigos e a áreas específicas de atividade; os serviços são formalizados e a espontaneidade está ausente; a educação dos jovens é de maior preocupação do que o evangelismo dos estrangeiros; as atividades adicionais são em grande parte de caráter não religioso; o comprometimento individual não é muito intenso; a denominação aceita os valores da sociedade secular e do Estado; os membros provêm de qualquer secção da comunidade, mas dentro de uma igreja, ou de qualquer região, a membresia tenderá a limitar-se àqueles que são socialmente compatíveis" (WILSON, 1959, p. 4-5).

[80] WILSON, Bryan. *The Social Dimensions of Sectarianism*. Oxford: Oxford University Press, 1990.

[81] WILSON, Bryan. The Persistence of Sects. *Diskus*, v. 2, 1993, p. 1-2.

[82] WILSON, 2016, p. 122.

total da religião. Ele achava que a religião continuaria na esfera privada e até adquiriria novas formas de expressão, algumas dissociadas da cultura em que apareceriam.[83]

Thomas Luckmann (1927-2016)

O sociólogo esloveno Luckmann concordava com a posição weberiana sobre a transferência da religião da esfera pública para a esfera privada como efeito da secularização. Ele também concordou com a posição de Wilson sobre o enfraquecimento das instituições religiosas no mesmo contexto. Com base nessas posições, ele propôs que a principal característica da secularização era a individualização da religião.[84] Ele apontou que a sociologia da religião, na época em que escreveu, estava preocupada exclusivamente com a religiosidade orientada para a igreja. Considerava que a igreja e a religião eram essencialmente idênticas,[85] e propunha que a religião se tornasse marginal na sociedade moderna por causa da urbanização e da industrialização.[86] Para ele, a sociologia geral via a industrialização e a urbanização como processos sócio-históricos que levaram ao desinteresse religioso e afetaram as pessoas tanto nas áreas urbanas quanto nas rurais. Três fatores nessa diminuição foram o crescente fosso econômico entre a cidade e o campo, a crescente racionalização da agricultura e a difusão da cultura urbana para o campo através dos meios de comunicação de massa.[87]

Esse fenômeno marginal da religião ficou mais claro na Europa, onde a população de classe média, mais afetada pela modernidade, perdeu o interesse religioso, deixando a religião para a população culturalmente mais simples, periférica à estrutura da sociedade moderna.[88] Segundo Luckmann, nos Estados Unidos, as igrejas tiveram ampla participação da classe média, mas isso não representou uma reversão da tendência de secularização. Representava como os americanos viam as funções culturais, sociais e psicológicas que as igrejas desempenhavam na forma-

---

[83] WILSON, 1985, p. 19-20.
[84] LUCKMANN, Thomas. *The Invisible Religion*: The Problem of Religion in Modern Society. New York: Macmillan, 1967.
[85] LUCKMANN, 1967, p. 26.
[86] LUCKMANN, 1967, p. 38.
[87] LUCKMANN, 1967, p. 29-30.
[88] LUCKMANN, 1967, p. 36.

ção do Sonho Americano.[89] Nesse sentido, as ideias seculares do sonho americano permearam a religião da igreja por meio da adoção do *éthos* protestante secular.[90]

Luckmann teorizou que existem dois tipos de fontes religiosas dependendo da sociedade. Nas sociedades em que há uma especialização institucional completa da religião, é dado como certo que a igreja é a mediadora da religião. Nesse caso, a religiosidade individual aparece na forma de religiosidade voltada para a igreja. No entanto, nas sociedades em que a religião é idêntica à forma social em que aparece, a religiosidade é reforçada por instituições não especializadas em assuntos religiosos. Nesse caso, normas dotadas de significado sagrado, como caridade, ética e patriotismo, são reforçadas em um contexto institucional diferente. Em ambos os casos, o cosmo sagrado é extraído do contexto social e internalizado na camada distinta da consciência do indivíduo, formando a religiosidade.[91]

Luckmann via a religião institucional como prejudicial à necessidade de um cosmos sagrado cotidiano.[92] Defendeu a existência de uma religião não institucionalizada, que ele chamou de processo transcendente, e se propôs a explicar como a religiosidade se estabelece na esfera privada, dando origem à religião invisível.[93] Segundo ele, devido às raízes antropológicas da religião, o ser humano tipicamente transcende sua natureza biológica ao interiorizar valores histórico-sociais. Para Luckmann, esse processo de socialização pelo qual se recebe um sistema de significado ou um universo moral de significado é fundamentalmente um fato religioso, por meio do qual o ser humano forma sua cosmovisão transcendente e dá sentido à sua existência individual.[94]

Luckmann afirmou que a cosmovisão (visão de mundo), como realidade histórica e social dentro da qual os seres humanos formam identidades, transcende a natureza biológica e cumpre uma função essencialmente religiosa com dimensões pragmáticas e morais, frutos da matriz subjetiva da consciência humana.[95] Além disso, a visão de mundo é universal na

---

[89] LUCKMANN, 1967.
[90] Conforme discutido na seção sobre Weber, o capitalismo racional, que inclui trabalho, indústria, meritocracia, especialização, liberdade e a ideia de que a riqueza é um sinal da graça de Deus, é uma herança protestante. WEBER, 2001, p. 53-55, 71-75, 107, 121.
[91] LUCKMANN, 1967, p. 72.
[92] LUCKMANN, 1967, p. 85-86.
[93] LUCKMANN, 1967, p. 50-51.
[94] LUCKMANN, 1967, p. 52.
[95] LUCKMANN, 1967, p. 53, 69.

sociedade humana, sem uma forma social específica de religião, e não tem uma base institucional, mas uma relação dialética com a estrutura social como um todo. Também leva as pessoas a administrar o cotidiano em submissão ao cotidiano transcendente.[96] Luckmann explicava que a configuração da religião, representada pela visão de mundo da pessoa, formaria o universo sagrado ou o cosmo sagrado do indivíduo e permearia as diversas áreas institucionais da vida, como parentesco, trabalho e vida social. Nesse processo, os indivíduos formam suas consciências com modelos de conduta e esquemas interpretativos, bem como um padrão hierárquico de prioridades, que determina quais ações são mais urgentes do que outras.[97]

No entanto, Luckmann afirmou que um cosmo sagrado não requer uma base institucional distinta e especializada, e que é transmitido de geração em geração através de um processo geral, não um processo institucional especializado.[98]

Portanto, Luckmann sustentava que uma sociedade poderia ter uma visão de mundo com um cosmos mais ou menos sagrado, sem necessariamente ter uma base institucional especializada que sustentasse esse cosmos. Para ele, quanto mais a religião especializada cresce, mais encolhe o papel e a participação dos leigos no cosmo sagrado, levando à formação de um corpo de especialistas e, finalmente, a algum tipo de organização eclesiástica, bem como à transferência de controles sociais sobre o comportamento religioso das representações religiosas sociais para instituições específicas.[99]

Além disso, ele apontou que quando a igreja mede a religião por meio de um modelo oficial, a instituição e suas tradições moldam a religião individual, transformando o cosmo sagrado em um conjunto de doutrinas interpretadas por um corpo oficial de especialistas. Em geral, esses especialistas estão envolvidos principalmente com questões do cosmo sagrado, e apenas teoricamente com a vida cotidiana das pessoas. Como resultado, a relação dos indivíduos com o cosmos sagrado e com questões de significado último não é determinada por eles, mas por uma instituição, havendo um divórcio das rotinas e crises típicas dos leigos.[100]

---

[96] LUCKMANN, 1967, p. 56, 58.
[97] LUCKMANN, 1967, p. 70.
[98] LUCKMANN, 1967, p. 61-62.
[99] LUCKMANN, 1967, p. 66.
[100] LUCKMANN, 1967, p. 72-73, 76.

Luckmann chama isso de processo de segregação do cosmos sagrado do mundo, tornando a religião um cumprimento rotineiro de exigências particulares, divorciado de valor real.[101]

A partir dessa perspectiva, Luckmann identificou um novo cenário religioso na sociedade industrial moderna: o surgimento de uma forma social de religião baseada em um cosmo sagrado desencarnado, e não mais em instituições especializadas.[102] Segundo ele, a separação entre igreja e Estado – este tornando-se uma instituição secular e aquela tornando-se uma instituição simbolizada por poder e riqueza menos relevante para a vida cotidiana real – levou a religião a se tornar um assunto privado.[103] Além disso, a identidade pessoal tornou-se essencialmente um fenômeno privado, que é talvez o atributo mais revolucionário da sociedade moderna.[104]

Luckmann explicou que a liberação da consciência individual da estrutura social, bem como a liberdade na esfera privada, construiu o senso de autonomia que caracteriza a pessoa típica na sociedade moderna.[105] Essa autonomia está intimamente ligada à ideia de orientação para o consumidor.[106] Isso significa que os indivíduos são deixados à própria sorte para construir a identidade pessoal, escolhendo entre toda a cultura, incluindo questões relacionadas aos significados últimos.[107] Nesse processo de orientação consumista, o indivíduo autônomo se relaciona com o cosmos sagrado como comprador. Uma vez que a religião é vista como um assunto privado, é a pessoa que define como se relacionar com o sagrado, selecionando determinados temas religiosos, guiados apenas por preferências pessoais de consumo. Uma variedade de modelos está disponível socialmente e não existe um modelo oficial. Além disso, a formação religiosa do indivíduo é determinada por um certo nível de reflexão subjetiva e escolha, levando a um sistema de significado último que é sincrético e vago, baseado principalmente em emoções e sentimentos.[108]

Em suma, Luckmann não via o cosmos sagrado moderno no contexto secularizado como baseado nas igrejas, no Estado ou no sistema econômico, mas na acessibilidade direta ao indivíduo. No exercício da

---

[101] LUCKMANN, 1967, p. 75, 76.
[102] LUCKMANN, 1967, p. 91-92, 103.
[103] LUCKMANN, 1967, p. 94.
[104] LUCKMANN, 1967, p. 97.
[105] LUCKMANN, 1967, p. 97.
[106] LUCKMANN, 1967, p. 98.
[107] LUCKMANN, 1967, p. 98.
[108] LUCKMANN, 1967, p. 100–103.

autonomia e preferências pessoais, o indivíduo escolhe entre uma variedade de temas religiosos, tornando a religião um fenômeno da esfera privada e uma questão invisível.[109] Luckmann sugeriu três formas de apoio ao exercício da religiosidade neste contexto privado. Primeiro, a religiosidade individual pode ser sustentada por outra pessoa na esfera privada. Em segundo lugar, o apoio pode vir da família nuclear, que "continua sendo o catalisador mais importante de universos privados de significado".[110] Por fim, amigos, vizinhos, colegas e companheiros de passatempo são sugeridos por Luckmann como essenciais para a sustentação do universo privado da religião.[111]

Alguns anos depois, em seu livro em parceria com Peter Berger, *A construção social da realidade*, Luckmann parecia ter mudado seu pensamento de que a igreja é uma instituição que impede a experiência espiritual mais profunda do indivíduo com o sagrado. Neste livro, os autores escreveram que o processo de conversão, bem como o crescimento e amadurecimento espiritual, só pode ocorrer dentro de uma comunidade religiosa. "É somente dentro da comunidade religiosa, a ecclesia, que a conversão pode ser efetivamente mantida como plausível".[112] Essa nova perspectiva ficou ainda mais clara em outro livro que os mesmos autores publicaram quase trinta anos depois, no qual propuseram que o remédio para o pluralismo moderno, e a consequente instabilidade e crises de sentido, é recuperar a ideia de comunidade.[113] Para efeito deste estudo, a individualização da religião será considerada como característica de Luckmann do processo moderno de secularização.

Roy Wallis (1945-1990)

Segundo Wallis, o primeiro elemento que caracteriza a secularização é o surgimento de novos movimentos religiosos, sendo, por um lado, uma manifestação da secularização e, por outro, uma resposta à

---

[109] LUCKMANN, 1967, p. 103.
[110] LUCKMANN, 1967, p. 106.
[111] LUCKMANN, 1967, p. 106.
[112] BERGER, Peter L.; LUCKMANN, Thomas. *The Social Construction of Reality: A Treatise in the Sociology of Knowledge*. London: Penguin Books, 1966, p. 177-78. *The Invisible Religion*, de 1967, foi publicado pela primeira vez em 1963, em alemão. Ver LUCKMANN, Thomas. *Das Problem der Religion in der modernen Gesellschaft*: *Institution, Person und Weltanschauung*. Freiburg: Rombach, 1963.
[113] BERGER, Peter; LUCKMANN, Thomas. *Modernity, Pluralism and the Crisis of Meaning: The Orientation of Modern Man*. Gütersloh: Bertelsmann Foundation, 1995.

secularização.[114] Ele ainda defende que os movimentos religiosos são estabelecidos intencionalmente e são capazes de reverter a tendência de secularização.[115]

Para Wallis, a compreensão dos novos movimentos religiosos como manifestação da secularização foi baseada na posição de Durkheim de que a religião é um reflexo da estrutura social vigente, sendo fonte de identidade coletiva e solidariedade.[116] Significa que se há uma mudança na estrutura social, deve necessariamente haver uma mudança correspondente na expressão religiosa predominante.[117] Nesse caso, se a sociedade se tornou mais racional, individualista e centrada no existencialismo humano no contexto da modernidade, a forma de religião adequada a esse cenário deve estar associada a um culto que celebra a idealização do indivíduo, uma espécie de "culto dos homens".[118] Além disso, se esse individualismo da sociedade moderna é altamente diferenciado, é natural esperar uma multiplicidade de formas religiosas, inclusive aquelas que favorecem a realização plena do ego.[119]

Outro fator que Wallis levantou no contexto dos movimentos religiosos como manifestação da secularização são as características "espirituais e místicas", bem como "tolerantes e sincréticas" de muitos desses novos movimentos.[120] Ele explicou que esta forma de expressar a religião é bem adaptada a uma sociedade industrial moderna caracterizada pelos valores democráticos de abertura, liberdade de expressão e respeito pelo indivíduo.[121]

Wallis afirmou que, por outro lado, a posição de que as novas religiões são uma resposta à secularização se baseia em dois argumentos. Primeiro, que os movimentos sectários são estimulados pela secularização; neste caso, quando uma tradição da igreja é relativamente estável, mas ao mesmo tempo afetada pela secularização, o renascimento ocorre através do surgimento de cismas sectários dentro da tradição. É uma ação intencional para reverter a tendência de secularização.[122] O

---

[114] WALLIS, Roy. *The Elementary Forms of the New Religious Life*. London: Routledge & Kegan Paul, 1984, p. 57.
[115] WALLIS, 1984, p. 57.
[116] WALLIS, 1984, p. 57.
[117] WALLIS, 1984, p. 57.
[118] WALLIS, 1984, p. 58.
[119] WALLIS, 1984, p. 58.
[120] WALLIS, 1984, p. 58.
[121] WALLIS, 1984, p. 58.
[122] WALLIS, 1984, p. 60.

segundo argumento para novos movimentos religiosos como resposta à secularização é o surgimento de novas fés ou "cultos" fora das tradições predominantes. A ideia é que "taxas mais baixas de envolvimento da igreja tendem a estar associadas a taxas mais altas de formação e crescimento de cultos".[123] Assim, se o processo de secularização produz um declínio no envolvimento da igreja tradicional, em resposta, o reavivamento e as inovações religiosas ou "cultos" aumentam, recrutando pessoas para novas fés.[124]

Embora Wallis não tenha defendido abertamente nenhuma das posições, o contexto geral de seus argumentos parece sugerir que até certo ponto ele concordava com ambas as posições, mas mantinha algumas reservas. Para ele, em algumas situações, os novos movimentos religiosos podem ser tanto uma manifestação do secularismo quanto uma resposta a ele. No entanto, independentemente de a associação entre secularização e os novos movimentos religiosos ser reflexiva ou responsiva, ele discordou daqueles que pensavam que a secularização não era um fenômeno "autolimitante" e daqueles que pensavam que as novas religiões eram uma negação da teoria secularista. Wallis apontou que a perda significativa de membros e a queda na frequência à igreja na Grã-Bretanha nos séculos XIX e XX não foram revertidas o suficiente por um movimento de reavivamento em resposta. Em outras palavras, o processo de modernização de certa forma enfraqueceu a religião e, ao mesmo tempo, mudou a forma de manifestação religiosa.[125] Ele enxergou que os novos movimentos religiosos amenizariam os efeitos da secularização, mas não reverteriam a queda na taxa de frequência total à igreja ou outros efeitos:

> Onde a religião tradicional permanece forte, como no sul da Europa católica ou na Irlanda, as novas religiões têm pouco impacto. Mas mesmo onde existe uma religiosidade de mercado, como no mundo secularizado da Europa ocidental protestante e da América do Norte, é apenas uma proporção muito pequena da população que está disponível para os novos movimentos mais claramente religiosos e, mesmo assim, muitas vezes para apenas períodos muito breves durante a transição para a idade adulta.[126]

---

[123] WALLIS, 1984, p. 60.
[124] WALLIS, 1984, p. 60.
[125] WALLIS, 1984, p. 59-61.
[126] WALLIS, 1984, p. 72.

Se, por um lado, Wallis não tinha uma visão otimista da reversibilidade do secularismo pelos novos movimentos religiosos, por outro, reconhecia sua importância, seja como manifestação, seja como resposta ao fenômeno.

Um segundo elemento da visão de secularização que Wallis desenvolveu junto com Bruce é a "diminuição do significado social da religião", por meio de três características da modernização: diferenciação social, societalização e racionalização.[127] A diferenciação social é o processo pelo qual características ou funções específicas anteriormente incorporadas ou desempenhadas por instituições religiosas são transferidas para instituições especializadas seculares. Inclui instituições particulares em áreas sociais cruciais, como educação, saúde, assistência social e controle social. Além disso, o crescimento econômico moderno trouxe uma gama plural de ocupações e diferentes situações de vida que implicam especialização, treinamento e avaliação como parte de uma meritocracia em vez de uma ordem moral.[128]

Sobre a societalização, Wallis e Bruce explicaram que este é um elemento identificado por Wilson,[129] por meio do qual a vida se organiza não localmente, mas socialmente. A comunidade de pequena escala dá lugar ao Estado moderno industrial e comercial de grande escala, coordenado por burocracias massivas e impessoais e pelo desenvolvimento de aglomerações urbanas anônimas. Nesse contexto, o sistema moral e religioso único declina, pois sem comunidades de base, naturalmente, a religião perde sua força, sendo privatizada e empurrada à margem da ordem social.[130]

A racionalização, segundo Wallis e Bruce, é uma mudança na forma de pensar e agir das pessoas sob a influência da modernidade, estimulada especialmente por duas sementes judaico-cristãs: a transcendência de Deus e o monoteísmo. Com base em Weber e Berger, eles apontaram que a transcendência de Deus permitia que as pessoas vissem o mundo como secular e permitissem sua exploração racional e empírica. Por outro lado, o monoteísmo encorajava a racionalização ética, ou seja, a redução da teologia e da ética a um sistema racional de ideias, com a eliminação dos meios mágicos de salvação.[131]

---
[127] WALLIS; BRUCE, 1992, p. 11.
[128] WALLIS; BRUCE, 1992, p. 12.
[129] Ver WILSON, Bryan. *Religion in Sociological Perspective*. Oxford: Oxford University Press, 1984, p. 154-59.
[130] WALLIS; BRUCE, 1992, p. 13.
[131] WALLIS; BRUCE, 1992, p. 14.

Portanto, o surgimento de novos movimentos religiosos e a diminuição do significado social da religião são características vitais da secularização na visão de Wallis.

Resumo de Weber e seguidores

Segundo Weber e alguns de seus seguidores, os elementos que caracterizam a secularização no período contemporâneo incluem o desencanto religioso e a transferência da religião da esfera pública para a esfera privada, tornando a religião uma questão individual. Além disso, as instituições religiosas perdem a sua influência, e o papel social da religião é enfraquecido, tornando-se ineficiente para moldar a sociedade. Eles também ressaltam o surgimento de novos movimentos religiosos, seja como uma manifestação ou como uma resposta à secularização, incluindo a multiplicação de novas seitas. Finalmente, o grupo menciona o avanço tecnológico, especialmente na área de comunicação de massa, como um elemento preponderante na caracterização do secularismo contemporâneo.

Elementos das teorias da secularização de Durkheim e seguidores

Émile Durkheim (1858-1917)

Um elemento principal que caracteriza o pensamento de Durkheim sobre a secularização é "a natureza eterna e mutável da religião".[132] Sobre o aspecto permanente ou eterno da religião, Durkheim teorizou que ela nunca poderia ser obsoleta, nem poderia haver uma sociedade sem religião, porque a humanidade tem uma natureza religiosa e precisa da religião para enfrentar o mundo com coragem e como fonte de vida.[133] Ele afirmou que a função exata da religião é fazer as pessoas agirem e ajudá-las a viver.[134] Além disso, ele disse que, como disciplina espiritual, toda religião é um conjunto de técnicas que ajuda as pessoas a enfrentar o mundo com confiança.[135]

---

[132] DURKHEIM, 1912, p. 429, 432.
[133] DURKHEIM, 1912, p. 423.
[134] DURKHEIM, 1912, p. 419.
[135] DURKHEIM, 1912, p. 192-193.

Em segundo lugar, a religião é permanente, na visão de Durkheim, por causa de seu valor social. Para ele, a sociedade é a alma da religião, e a religião tem causas sociais.[136] Nesse sentido, afirmou que a religião persistiria não por ser necessariamente verdadeira, mas porque tem uma função social a cumprir, por meio de seus dois elementos eternos: o culto e a fé.[137] Ele argumentou que a religião é o mais primitivo de todos os fenômenos sociais, de onde vêm ideias coletivas como lei, moralidade, arte, ciência e política, de tal forma que "em princípio tudo é religioso".[138] Além disso, ele escreveu que a religião é a forma primitiva pela qual as sociedades se tornam conscientes de si mesmas e de sua história.[139]

Assim, de acordo com Durkheim, a religião é fundamentalmente social porque a sociedade é estabelecida quase inteiramente por meio de crenças e práticas compartilhadas. A aceitação dessas crenças une as pessoas em torno de obrigações morais que dominam as consciências, levando-as a se submeterem a uma vida de abnegação para cumprir as exigências religiosas.[140] Apontou que o ser social é mais abundante, complexo e permanente do que o ser individual, e a compreensão desse fato leva o indivíduo a sentir apego, respeito e submissão às demandas sociais e religiosas.[141]

O terceiro argumento de Durkheim para a permanência da religião é a afirmação de que a ciência não pode substituir a religião ou negá-la. Segundo ele, a ciência não pode tomar o lugar da religião, porque a religião é ação e faz as pessoas viverem, e enquanto a ciência expressa a vida, ela não pode criar a vida. A ciência também não pode, em princípio, negar a religião, porque a religião é uma realidade, e a ciência não pode negar uma realidade.[142]

Sobre a natureza mutável da religião, Durkheim previu que, sob a influência da secularização, dos avanços científicos e da religiosidade racional, a religião tomaria novas formas de expressão na sociedade, não se extinguindo, mas mudando de acordo com novas demandas e novos contextos.[143] Ele escreveu: "A religião parece destinada a se transformar

---

[136] DURKHEIM, 1912, p. 421, 424, 426.
[137] DURKHEIM, 1912, p. 429.
[138] DURKHEIM, Émile. *The Rules of Sociological Method*. New York: The Free Press, 1982, p. 173.
[139] DURKHEIM, Émile. *Professional Ethics and Civic Morals*. London: Routledge, 1992, p. 160.
[140] DURKHEIM, Émile. *The Division of Labor in Society*. New York: The Free Press, 1984, p. 49, 130.
[141] DURKHEIM, 1982, p. 144.
[142] DURKHEIM, 1912, p. 432.
[143] DURKHEIM, 1912, p. 432.

em vez de desaparecer".[144] Em outras palavras, de acordo com Durkheim, uma sociedade não pode sobreviver sem sistemas de significado e valores, ou sem uma moralidade global. Assim, conforme a sociedade muda, as formas de religião também mudam; as velhas estruturas são substituídas por novas e, portanto, ocorre um ciclo de declínio e ressurreição da religião, mas nunca sua extinção.[145]

Um benefício prático da religião para os indivíduos e a sociedade na perspectiva de Durkheim é sua capacidade de manter a coesão social e fortalecer sentimentos e ideias mútuos,[146] o que contribui para a resiliência e promove a diminuição dos índices de suicídio. Em sua pesquisa sobre o suicídio, Durkheim descobriu que "o suicídio varia inversamente com o grau de integração da sociedade religiosa".[147] Ele descobriu também que algumas religiões afetavam o suicídio mais do que outras. Numa comparação entre protestantes, católicos e judeus, assinalou que, sem exceção, "os protestantes apresentam muito mais suicídios do que os seguidores de outras confissões",[148] seguidos pelos católicos; o judaísmo foi a religião com menos suicídios.[149]

Para ele, os números mais altos de suicídio no protestantismo eram resultado de "ser uma igreja menos fortemente integrada do que a igreja católica".[150] Em suma, o catolicismo é uma religião idealista que atribui ênfase ao pensamento e à reflexão, procurando controlar a consciência e exigindo a submissão cega da razão. Além disso, os católicos aceitam sua fé como pronta, sem escrutínio. Esse idealismo forma um credo coletivo essencial para uma sociedade religiosa e produz um ambiente de coesão social e sentimento geral que estimula a vida e desencoraja o suicídio.[151] Por outro lado, o protestantismo estimula o individualismo religioso, na medida em que os indivíduos podem acreditar que são os autores de sua fé, por meio da interpretação bíblica pessoal. Essa concessão promove o julgamento individual, resultando em menos coesão, vitalidade e integração. Quanto menos integrada a religião e mais individualista a sociedade,

---

[144] DURKHEIM, 1912, p. 432.
[145] DURKHEIM, 1912, p. 432.
[146] DURKHEIM, 1912, p. 429.
[147] DURKHEIM, Émile. *Suicide: A Study in Sociology*. New York: The Free Press, 1951, p. 167.
[148] DURKHEIM, 1951, p. 109.
[149] DURKHEIM, 1951, p. 110.
[150] DURKHEIM, 1951, p. 114.
[151] DURKHEIM, 1951, p. 112

maior a taxa de suicídio.[152] No caso dos judeus, ocorre a mesma lógica. O alto grau de hostilidade a que foram expostos ao longo dos séculos provoca entre eles uma solidariedade inusitada. Cada comunidade torna-se uma sociedade compacta e coerente, com um forte sentido de unidade na defesa das suas tradições e valores. Nesta sociedade religiosa coesa, o suicídio é minimizado em comparação com outras sociedades religiosas.[153]

Ao argumentar que a incidência de suicídio está diretamente ligada ao papel que a sociedade desempenha na vida dos indivíduos e para destacar a influência que a religião pode ter nas taxas de suicídio, Durkheim discutiu quatro tipos principais de suicídio. O primeiro é o "suicídio egoísta", no qual o individualismo excessivo[154] produz depressão e melancolia, levando ao suicídio. Durkheim acreditava que o propósito da existência era ser um ser humano civilizado, ou um ser social que mantém relacionamentos e laços de serviço com os outros. Como ser social, o indivíduo depende necessariamente de uma sociedade para se expressar e servir, que é a base objetiva da vida. Ele apontou que sem esse fundamento objetivo, a pessoa viverá artificialmente, iludida, sem um objetivo para suas ações e sem qualquer razão para existir. Esse tipo de vida é tão egoísta, ou excessivamente individualista, que levará ao suicídio na medida em que afrouxa os laços do indivíduo com a sociedade – o fim do qual depende o melhor de si e, portanto, os laços que prendem o ser humano a vida.[155] Assim, "o suicídio egoísta resulta de o homem não mais encontrar uma base para a existência na vida".[156]

O segundo tipo de suicídio que Durkheim descreveu foi o "suicídio altruísta", que se manifesta exatamente em oposição ao primeiro. Se o individualismo excessivo gera suicídio, também o faz o excesso de integração social. Como exemplo, ele mostrou que nas sociedades primitivas

---

[152] DURKHEIM, 1951, p. 113. Por mais contraditório que pareça, Durkheim constatou que a taxa de suicídio era muito menor no ambiente católico do que no protestante, mas a taxa de homicídios nos países católicos (32 homicídios por mil) era muito maior do que nos países protestantes (menos de 4 homicídios por mil). Para ele, os mesmos motivos que influenciaram a queda de um provocaram o aumento do outro. O catolicismo encoraja a não racionalidade da fé e a aceitação inquestionável, e produz um senso de comunidade de fé, o domínio público da consciência e a paixão coletiva que encoraja uma diminuição no suicídio (Durkheim, 1992, p. 118-20). No entanto, Durkheim concluiu que essa combinação de uma paixão pública pela consciência, falta de reflexão e falta de racionalidade para conter os instintos e impulsos resultou no aumento dos homicídios. "Tudo o que aumenta a temperatura das paixões na vida pública aumenta o nível de homicídio" (Durkheim, 1992, p. 119). Como o protestantismo encoraja a fé racional e a individualização das crenças, ele tem menos paixão coletiva. Além disso, o foco no indivíduo aumenta a taxa de suicídio, mas, ao mesmo tempo, diminui a incidência de homicídios. Ver DURKHEIM, 1951, p. 110-114.
[153] DURKHEIM, 1951, p. 114.
[154] DURKHEIM, 1951, p. 168.
[155] DURKHEIM, 1951, p. 172.
[156] DURKHEIM, 1951, p. 219.

havia três tipos comuns de suicídio: "suicídios de homens no limiar da velhice ou acometidos de doença", "suicídios de mulheres pela morte de seus maridos" e "suicídios de seguidores ou servos após a morte de seus chefes".[157] Em todos esses casos, as pessoas cometeram suicídio porque acreditaram que era seu dever fazê-lo. Deixar de fazer isso levaria à desonra, punição e, geralmente, sanções religiosas. Em outras palavras, o peso da sociedade levou os indivíduos a tirar a própria vida. No suicídio altruísta, os valores sociais e coletivos submergem a individuação.[158]

O terceiro tipo de suicídio classificado por Durkheim foi o "suicídio anômico", que resultava da falta de regulação das atividades humanas e do consequente sofrimento. Para ele, a sociedade exerce um poder controlador sobre as pessoas, e sua ação reguladora tem influência direta na taxa de suicídio. O suicídio anômico ocorre quando a sociedade falha em controlar as paixões individuais, deixando as pessoas dessa sociedade sem controle.[159] A sociedade torna-se temporariamente incapaz de exercer essa influência de controle quando é perturbada por uma crise dolorosa ou quando sofre uma mudança repentina, embora benéfica.[160]

Finalmente, o quarto tipo de suicídio que Durkheim descreveu foi o "suicídio fatalista", que, ao contrário do suicídio anômico, é devido à regulamentação excessiva. Ocorre quando as pessoas têm seus futuros bloqueados e suas paixões sufocadas pelo excesso de disciplina. Tais suicídios são típicos em contextos em que as regras são inescapáveis e inflexíveis. Citou como exemplos os suicídios de mulheres casadas e sem filhos, escravos e outros submetidos ao despotismo físico ou moral.[161]

---

[157] DURKHEIM, 1951, p. 177.
[158] DURKHEIM, 1951, p. 177-178.
[159] DURKHEIM, 1951, p. 201-203.
[160] DURKHEIM, 1951, p. 213. Durkheim ilustra dois tipos de crise social que resultam no aumento do suicídio. Primeiro, quando ocorre um desastre econômico em uma sociedade ou país, forçando as pessoas a restringir suas necessidades, padrão de vida e nível de consumo. Essa nova realidade exige maior autocontrole e a retomada da educação moral com ênfase na autorrepressão. O segundo exemplo, ao contrário, é o crescimento abrupto do poder e da riqueza. Se as condições forem alteradas, as normas que regem as condições de vida anteriores devem ser alteradas. Em ambos os casos, as mudanças são tão repentinas que a sociedade precisa de tempo para reequilibrar a balança e reorganizar a escala de valores. A sociedade não consegue encontrar o ponto de equilíbrio instantaneamente para ensinar às pessoas os parâmetros do novo estilo de vida. Toda regulamentação está momentaneamente ausente até que os limites entre o justo e o injusto, o possível e o impossível sejam atingidos. No entanto, esse período de incerteza leva ao sofrimento e à insegurança. As vítimas do desastre econômico sofrem não apenas pela angústia da perda, mas também pela falta de parâmetros que regulem sua nova realidade. Quem se depara com poder ou riqueza abrupta tem seus apetites estimulados, torna-se mais exigente e menos sujeito a controles, aumentando ainda mais a anomia ou o estado de descontrole. O resultado é um aumento no suicídio anômico (Durkheim, 1951, p. 214).
[161] DURKHEIM, 1951, p. 239.

Durkheim via uma tendência a diminuir a capacidade da religião de prevenir o suicídio, pois o processo de secularização estava removendo as condições necessárias para a influência positiva da religião na preservação da vida. A primeira condição removida foi a capacidade da religião de exercer controle substancial sobre os indivíduos nas questões práticas da vida. O vasto sistema de dogmas e práticas do catolicismo, com preceitos imperativos capazes de penetrar em todos os detalhes da vida terrena, passou a ser questionado com o advento de uma religião mais racional. Durkheim explicava que o catolicismo não dá lugar à reflexão, mas incita os fiéis à aceitação passiva ao mostrar a igreja como o corpo e canal visível de Deus, sem o qual não há salvação.[162] Segundo ele, essa forma de religião, que impede as pessoas de pensar livremente, mantendo um profundo domínio sobre a consciência, é o que modifica a inclinação ao suicídio.[163] No entanto, o incentivo do movimento iluminista ao uso da razão e a ênfase protestante na fé racional capaz de escrutinar as Escrituras e construir um sistema de crença individual mudaram o quadro. Para Durkheim, essa nova forma de religião "não poderia ter o forte efeito sobre seus membros necessário para constituir um obstáculo ao suicídio".[164]

A segunda condição afastada da religião, segundo Durkheim, era a visão de Deus como um ser imanente, capaz de influenciar e dar sentido à vida. Ele apontou que quando Deus é visto apenas como um ser transcendente e atemporal, desprovido de atividades temporais e abandonando o mundo para nós, "os homens não podem ser impedidos de tirar suas vidas".[165] Para ele, a religião poderia impedir o suicídio não porque estimulasse um sentimento vago, mas pela "disciplina poderosa e escrupulosa a que sujeitava o pensamento e a conduta".[166]

Durkheim afirmou que o judaísmo tinha taxas de suicídio mais baixas do que o catolicismo e o protestantismo justamente por preservar as condições expostas acima. No caso do judaísmo, ele destacou que, além de seu papel histórico na luta contra a extinção, a manutenção de suas formas religiosas mais primitivas em muitos aspectos é uma forte aliada

[162] DURKHEIM, 1951, p. 342.
[163] DURKHEIM, 1951, p. 342.
[164] DURKHEIM, 1951, p. 343.
[165] DURKHEIM, 1951, p. 343.
[166] DURKHEIM, 1951, p. 343.

contra o suicídio.[167] Durkheim concluiu que não havia uma visão adequada da prevenção do suicídio pela religião porque, na nova sociedade secular, as religiões não teriam um efeito forte o suficiente sobre seus membros para evitar o suicídio.[168]

Nesse cenário de mudanças nas formas de religião no contexto da secularização, com a religião da razão e o avanço científico em pauta, Durkheim vislumbrou duas perspectivas interessantes. Primeiro, ele previu que haveria uma forte ênfase na individualização da fé e que as formas religiosas viáveis seriam "aquelas que permitem mais liberdade ao direito de crítica, à iniciativa individual".[169] Citando Spencer, ele escreveu que chegaria o momento em que cada pessoa poderia adorar e praticar sua religião livremente e de acordo com sua perspectiva.[170] Para ele, como a religião nasceu da consciência individual das pessoas, ela deve responder primeiro às aspirações individuais e só secundariamente às aspirações coletivas.[171]

Em segundo lugar, Durkheim imaginou que, apesar da forte ênfase na individualização da religiosidade, a ideia de igreja permaneceria. Para ele, a ideia de religião era indissociável da ideia de igreja, pois embora o elemento individual da fé seja evidente, a religião é coletiva. Ele entendeu que nessa nova perspectiva, a ideia de igreja e culto coletivo permaneceria, mas com menos interferência e controle sobre os adeptos, por meio da relativização do sistema de crenças.

Portanto, em suma, a natureza eterna e mutável da religião foi o principal elemento que caracterizou o pensamento de Durkheim sobre a secularização.

Rodney Stark (1934-) e William Bainbridge (1940-)

Aliados à posição de Durkheim de que a religião é intrínseca e socialmente necessária e, portanto, não sujeita à extinção, mas à transformação através do processo de secularização,[172] Stark e Bainbridge trabalharam

---

[167] DURKHEIM, 1951, p. 344.
[168] DURKHEIM, 1951, p. 343.
[169] DURKHEIM, 1912, p. 158.
[170] DURKHEIM, 1912, p. 43. Ver também SPENCER, Herbert. Ecclesiastical Institutions. *In*: SPENCER, Herbert. *The Principles of Sociology*. New York: D. Appleton, 1886, chap. 16.
[171] DURKHEIM, 1912, p. 175.
[172] DURKHEIM, 1912, p. 421, 424, 426, 429, 432. Ver também STARK, Rodney; BAINBRIDGE, William Sims. *A Theory of Religion*. New York: Peter Lang, 1987, p. 279.

juntos para estabelecer uma teoria da religião segundo a qual os humanos em suas ações e comportamentos buscam "recompensas" e evitam "custos".[173] Segundo os autores, aplicada à religião, essa busca por recompensas precipita o surgimento de "grupos sectários", bem como de "movimentos de culto", que juntos constituem um elemento proeminente que caracteriza a secularização na visão deles.[174] Para entender melhor a teoria de recompensa dos dois autores, é preciso analisar o contexto de suas ideias. Defendendo a natureza permanente da religião, Stark afirmou que a secularização falhou em superar a crença no sobrenatural ou substituir a religião pela ciência como base do julgamento moral.[175] Stark contradiz o sentido mais básico da teoria da secularização, de que, na medida em que "a industrialização, a urbanização e a racionalização aumentam, a religiosidade deve diminuir".[176]

Para Stark, a teoria da secularização estava correta ao profetizar a separação entre igreja e estado, e o enfraquecimento da influência da religião em outras instituições, como a política e a educação. Outra profecia correta foi o enfraquecimento das próprias instituições religiosas e de seus líderes. Mas, em sua opinião, a previsão de que a crença no sobrenatural iria desaparecer em todo o mundo estava incorreta.[177]

Ele também discordou da suposição de que a secularização seria um processo tão absorvente que, uma vez alcançado, produziria uma imunidade mística irreversível aplicável não apenas ao cristianismo, mas também a qualquer crença sobrenatural.[178] Da mesma forma, Stark discordava que a era do "ateísmo científico" tivesse chegado à Europa, pois, para ele, o nível de religiosidade subjetiva permanecia alto no continente.[179]

Na visão de Stark, o fato de a maioria ainda acreditar em Deus, mas não sentir a necessidade de participar de instituições religiosas, era explicado por dois fatores. Primeiro, mesmo na Idade Média, a maioria da população europeia era apenas nominalmente convertida. O processo

---

[173] STARK; BAINBRIDGE, 1985, p. 5, 285, 323-24.
[174] STARK; BAINBRIDGE, 1987, p. 132-42, 161-68.
[175] STARK, Rodney. Secularization, RIP. *ASR Association for the Sociology of Religion: Oxford Academic* n. 60, p. 250, 269, 1999. Disponível em: https://academic.oup.com/socrel/article/60/3/249/1658084.
[176] STARK, 1999, p. 251.
[177] STARK, 1999, p. 251-252.
[178] STARK, 1999, p. 253.
[179] STARK, 1999, p. 254.

missionário foi realizado pela conversão do Rei ao invés da evangelização da população. Imediatamente após a conversão do rei, a nação por ele governada era canonizada como santa. No processo de se tornarem cristãos por decreto, as pessoas eram batizadas, mas continuavam a sacrificar a seus deuses pagãos em particular. Portanto, escreveu ele, a Idade de Ouro da religiosidade medieval era altamente subjetiva, na qual as pessoas abraçavam não apenas a fé cristã, mas também crenças animistas. As massas nunca foram realmente ativas como membros de suas igrejas, mas, como cristãos ou animistas, continuaram a acreditar e, portanto, as sociedades permaneceram religiosas.[180]

Em segundo lugar, as instituições religiosas perderam sua influência com o processo de industrialização, urbanização e racionalismo, de modo que a maioria da população passou a praticar suas crenças de forma privada, independente das instituições religiosas. Stark chamou isso de "acreditar, sem pertencer".[181] Por exemplo, ele citou a Islândia, considerada a primeira nação totalmente secularizada do mundo, com base em suas igrejas vazias, com apenas 2% da população frequentando os cultos semanais. No entanto, ele mostrou que há um alto nível de religião doméstica, assim como de batismos no país, e quase todos os casamentos são nas igrejas. Além disso, 82% da população disse que orava às vezes e 25% disseram que oravam com frequência. Apenas 2,4 por cento disseram que eram ateus convictos.[182] "Talvez a religião nunca seja tão robusta como quando é uma igreja clandestina", concluiu Stark.[183]

A teoria da recompensa de Stark e Bainbridge afirma que "os humanos buscam o que percebem como recompensas e evitam o que percebem como custos".[184] Ou seja, passam a receber benefícios ou recompensas geralmente tangíveis, como boa qualidade de vida e boa saúde. Dentro da economia da religião, as recompensas geralmente são menos tangíveis, como perdão, paz e vida eterna, entre outras.[185] Para Stark e Bainbridge,

---

[180] STARK, 1999, p. 260-261.
[181] STARK, 1999, p. 263.
[182] STARK, 1999, p. 264.
[183] STARK, Rodney. Must All Religions Be Supernatural? In: WILSON, Bryan (ed.). The Social Impact of New Religious Movements. New York: Rose of Sharon Press, 1981, p. 175.
[184] STARK; BAINBRIDGE, 1987, p. 161.
[185] STARK, Rodney; BAINBRIDGE, William Sims. Of Churches, Sects, and Cults: Preliminary Concepts for a Theory of Religious Movements. Journal for the Scientific Study of Religion, v. 18, n. 2, June 1979, p. 121. Disponível em: https://www.jstor.org/stable/1385935?seq=1&cid=pdf-reference#references_tab_contents.

a religião é sustentada pelo fato de que os humanos "desejam muito recompensas que não podem ser encontradas neste mundo material de escassez, frustração e morte".[186]

Os autores explicaram que, quando as recompensas são raras ou indisponíveis, há uma tensão entre os dominantes e os periféricos na estrutura social ou religiosa. Nessas circunstâncias, as pessoas buscam compensadores, "uma promessa intangível que substitui a recompensa desejada".[187] Ou seja, os compensadores são valores subjetivos aceitos pela fé, como céu, vida eterna, ressurreição, entre outros. Para os autores, "soluções para questões de significado último parecem disponíveis apenas na forma de compensadores", na "suposição da existência do sobrenatural".[188]

Stark e Bainbridge viram uma relação entre o processo de secularização e o surgimento de seitas e cultos, baseados na necessidade humana de recompensas. Quando as igrejas permanecem fortes como tradição, mas têm sua credibilidade corroída pela secularização, elas enfraquecem seu sistema de crenças e se tornam sincréticas com a cultura, levando as pessoas a não percebê-las como fontes de recompensas espirituais. Nesse caso, as pessoas promovem o avivamento e estabelecem seitas em busca de compensadores na tentativa de retornar aos seus compromissos espirituais originais ou recuperar uma forma mais pura da tradição vigente.[189]

A segunda forma de compensador são os cultos com inovação religiosa mais radical, e ocorrem quando a secularização inviabiliza a tradição religiosa predominante. Nesse caso, quando a fé na tradição religiosa se atenua drasticamente e as igrejas tradicionais se enfraquecem, surgirão cultos para atender à demanda contínua. Com o tempo, esses novos cultos podem se tornar novas tradições religiosas predominantes.[190]

Stark e Bainbridge apontaram que, embora as seitas e os cultos sejam grupos religiosos desviantes que causam alta tensão em seu ambiente sociocultural, eles diferem em como se originam. As seitas são separadas de um corpo religioso existente com a intenção de reformar e recuperar a

---
[186] STARK; BAINBRIDGE, 1987, p. 312.
[187] STARK; BAINBRIDGE, 1987, p. 120.
[188] STARK; BAINBRIDGE, 1987, p. 121.
[189] STARK; BAINBRIDGE, 1987, p. 143-49.
[190] STARK; BAINBRIDGE, 1987, p. 155-68.

velha tradição que foi perdida e geralmente afirmam ser a versão autêntica da fé. "As seitas são raças de uma espécie comum... sendo cismáticos, estão incorporados em uma organização religiosa".[191] Os cultos não têm ligação com nenhum grupo religioso existente na sociedade em questão. São movimentos inovadores que podem vir de outra sociedade ou de dentro de uma sociedade, mas sempre apresentam à cultura atual uma nova revelação ou *insight* que justifique sua pretensão de ser diferente. "Os cultos são uma espécie diferente e ocorrem por mutação ou migração."[192] Para Stark e Bainbridge, a Europa fornece evidências de que a busca por compensadores, no domínio espiritual, permanece confiavelmente constante, apesar do declínio das igrejas.[193]

Em seus estudos sobre teorias de recrutamento, Stark e Bainbridge concluíram que as redes são a ferramenta número um para recrutamento eficaz para cultos, seitas e religiões convencionais, bem como para prevenir deserções. Para eles, os laços interpessoais são muito mais eficazes do que as próprias ideologias na sustentação de compromissos. Eles também enfatizaram que o sistema de recompensa é fundamental para o processo de recrutamento por meio do *networking*. As pessoas são atraídas quando suas necessidades são satisfeitas e suas privações diminuídas, seja no âmbito afetivo, físico, emocional ou espiritual.[194] Eles concluíram que "as redes sociais são recompensas diretas".[195]

Portanto, o surgimento de seitas e novos cultos na perspectiva da busca humana por recompensas e compensadores caracteriza a secularização na visão de Stark e Bainbridge. Eles defendem que as características das religiões mudarão muito, mas a religião continuará inalterada.[196]

Grace Davie (1946-)

Um elemento significativo da visão de Grace Davie sobre a secularização é "acreditar sem pertencer". A princípio, aplicada apenas ao Reino Unido, essa expressão passou a representar a ideia de

---

[191] STARK; BAINBRIDGE, 1979, p. 126.
[192] STARK; BAINBRIDGE, 1979, p. 126.
[193] STARK; BAINBRIDGE, 1987, p. 264, 266.
[194] STARK, Rodney; BAINBRIDGE, William Sims. Networks of Faith: Interpersonal Bonds and Recruitment to Cults and Sects. *American Journal of Sociology* , v. 85, n. 6, May 1980, p. 1392-1393. Disponível em: https://www.jstor.org/stable/2778383.
[195] STARK; BAINBRIDGE, 1980, p. 1394.
[196] STARK; BAINBRIDGE, 1987, p. 312.

que a religião e os valores não estão desaparecendo por influência do secularismo, principalmente entre os jovens, mas passando por reformulações.[197] Davie defendeu a credibilidade dessa ideia por meio de estatísticas relacionadas a crenças e indicadores de pertencimento,[198] bem como formulações mais recentes, que demonstram a persistência da religião institucional.[199] Segundo ela, essa é uma característica encontrada principalmente entre a população ocidental de educação mais modesta,[200] e é semelhante à distinção que muitos fazem entre espiritualidade e religião, mostrando a possibilidade de desenvolver crenças pessoais independentemente da relação com instituições religiosas.[201]

Davie explicou que no Reino Unido cada vez mais pessoas de todas as classes querem acreditar, mas de forma passiva, sem se envolver em práticas religiosas. Na percepção dela, as pessoas de classe média e de nível superior são mais propensas a associar a crença à prática religiosa por meio de uma forma de pertencimento. Já as pessoas menos instruídas parecem ter dificuldade em colocar a crença dentro de um contexto prático, institucional ou litúrgico.[202] Para ela, a persistência do sagrado na sociedade contemporânea, apesar do declínio da frequência à igreja, é uma característica que precisa ser estudada.[203]

Davie chamou a atenção para "novos padrões intrigantes de crença e comportamento" que começaram a surgir no mundo ocidental, especialmente entre os jovens.[204] Ela destacou que na Europa esse novo comportamento religioso é mais evidente, principalmente onde a igreja institucional é fraca, com ênfase na imanência de Deus como um ser que se manifesta no indivíduo em oposição ao Deus transcendente e distante, bem como à convicção de que a vida continua após a morte.[205] Nesse

---

[197] DAVIE, Grace. Believing without Belonging: Is This the Future of Religion in Britain? *Social Compass*, v. 37, n. 4, 1990, p. 462.

[198] DAVIE, Grace. Patterns of Religion in Western Europe: An Exceptional Case. *In*: FENN, R. K. (ed.). *The Blackwell Companion to Sociology of Religion*. Oxford: Blackwell, 2001a, p. 265-270.

[199] DAVIE, Grace. The Persistence of Institutional Religion in Modern Europe. *In*: WOODHEAD, L. (ed.). *Peter Berger and the Study of Religion*. London: Routledge, 2001b.

[200] DAVIE, Grace. *Religion in Modern Europe*: A Memory Mutates. New York: Oxford University Press, 2000, p. 69.

[201] DAVIE, Grace. *The Sociology of Religion*. Los Angeles: SAGE, 2007, p. 44.

[202] DAVIE, 2001b, p. 107.

[203] DAVIE, Grace. *Religion in Britain Since 1945*. Cambridge: Blackwell, 1994, p. 94.

[204] DAVIE, 2007, p. 98.

[205] DAVIE, 2007, p. 98-99, 140.

caso, à medida que a institucionalidade religiosa declina, a espiritualidade aumenta, mas de forma inovadora, abrindo novas possibilidades na relação com o transcendente.[206]

No entanto, Davie destacou que, no continente europeu, havia evidências de que as instituições religiosas continuaram a influenciar muitos aspectos da vida individual e coletiva da população, e os edifícios das igrejas continuaram a ter importância simbólica nas comunidades.[207] Relativamente poucos europeus frequentavam a igreja com alguma regularidade, mas muitos foram fortalecidos pela presença de igrejas em sua localidade e protestaram explicitamente quando um prédio foi ameaçado de fechamento. Eles continuaram a ver as igrejas como serviços públicos, mantidos para o bem comum.[208]

Para Davie, existem pelo menos quatro razões pelas quais as pessoas preferem ficar longe das igrejas, embora muitas não queiram se livrar delas. Primeiro, elas associam a igreja ao uso histórico de poder e domínio, que em muitos casos foi arbitrário e insano.[209] Em segundo lugar, ela observou que o acesso a conteúdo religioso por meio da televisão, rádio e outros meios tecnológicos de comunicação de massa, em um contexto de mercado religioso, permite que as pessoas se acomodem a uma experiência religiosa sem uma comunidade visível, ou por meio do que ela chamou de "igreja aérea".[210] Em terceiro lugar, as diversas opções de distração e lazer oferecidas pela sociedade industrial e tecnológica contemporânea ocupam o cotidiano das pessoas.[211] Quarto, é o que ela chamou de "religião vicária" – "a noção de religião praticada por uma minoria ativa, mas em nome de um número muito maior, que implicitamente, pelo menos, não apenas entende, mas aprova claramente o que a minoria está fazendo".[212] Para ela, a religião vicária se manifesta explicitamente em situações de perdas e impactos significativos.[213] Como exemplo, ela citou a morte da princesa Diana e outras tragédias públicas quando um número significativo de

---
[206] DAVIE, 2007, p. 99.
[207] DAVIE, 2007, p. 140-41.
[208] DAVIE, 2007, p. 141, 143.
[209] DAVIE, 2000, p. 68, 69.
[210] DAVIE, 1994, p. 112.
[211] DAVIE, 1994, p. 113.
[212] DAVIE, 2007, p. 127. Ver também DAVIE, 2001, p. 101–11.
[213] DAVIE, 2007, p. 137, 141.

pessoas na Grã-Bretanha procurou instintivamente as igrejas. Davie apontou que tais ocasiões levam as pessoas a perceber que os gestos de luto individual não são suficientes, dando lugar a rituais públicos em igrejas estabelecidas como o lugar para atender às demandas mais profundas da existência humana.[214] A maioria da população nesses momentos não apenas entende, mas também aprova o que a minoria faz quando procura as igrejas em resposta a essas questões, e ainda se sente representada por essa minoria.[215]

Diante desse novo cenário de acreditar sem pertencer, mas ao mesmo tempo ainda mantendo certa simpatia e respeito pelas instituições religiosas, Davie fez três considerações: primeiro, seguindo a linha de Durkheim, ela atestou que a religião não desapareceria, nem haveria uma sociedade totalmente secularizada. Para ela, alguma crença provavelmente continuará ao lado de entendimentos mais seculares da vida.[216]

Em segundo lugar, ela teorizou que no contexto da separação igreja-estado e da democracia instalada, a relação entre igreja e sociedade seria de escolha pessoal ou de consumo, onde as igrejas se tornariam organizações voluntárias regidas por um processo de mercado, entre muitas outras organizações existentes.[217] Finalmente, Davie apontou que projetar estratégias ministeriais apropriadas para este cenário indefinido e em constante mudança é uma tarefa problemática, mas central para os profissionais religiosos.[218]

Portanto, a religiosidade marcada pela experiência de crer sem pertencer é a característica de secularização enfatizada por Davie no mundo contemporâneo.

Laurence Iannaccone (1954-)

Um elemento significativo que caracteriza a compreensão de Iannaccone sobre a secularização é a teoria da "mobilização religiosa" – um ambiente de liberdade e pluralismo religioso. Ele desenvolveu essa teoria

---

[214] DAVIE, 2007, p. 98, 140.
[215] DAVIE, 2007, p. 127, 128.
[216] DAVIE, 2007, p. 140.
[217] DAVIE, 2007, p. 126, 143, 149, 163.
[218] DAVIE, 2007, p. 139.

junto com Stark.[219] Segundo eles, Comte cunhou o termo "sociologia" esperando que essa nova ciência logo substituísse a religião como base do julgamento moral, culminando com o processo de secularização.

Para Stark e Iannaccone, essa ideia do desaparecimento da religião foi provavelmente a proposição científica social mais amplamente aceita no mundo e durou a maior parte do século XX. No entanto, explicaram que a fé na tese da secularização, ou seja, a eliminação religiosa, vem diminuindo, principalmente entre sociólogos e historiadores sociais do campo religioso.[220]

Stark e Iannaccone contradizem algumas das premissas utilizadas por aqueles que defendem a secularização da Europa como fato consumado. Primeiro, eles notaram que a "piedade universal" que supostamente existia na Europa na Idade Média, e que contrasta com o atual estado secular do continente, não ocorreu. Eles citaram estudos demonstrando grande apatia, heterodoxia e agnosticismo na época, bem como desprezo de líderes religiosos para com os camponeses que eram a maioria da população.[221] Eles apontaram o descaso com o dever pastoral e o alto índice de promiscuidade entre os padres católicos, a baixa participação religiosa nas missas e uma religiosidade altamente animista no período.[222]

Da mesma forma, Stark e Iannaccone contestaram a ideia de que a Nova Inglaterra colonial nos Estados Unidos era um símbolo de fé. Eles apontaram que a Nova Inglaterra era relativamente sem igreja, com baixas taxas de afiliação religiosa e frequência aos cultos, assim como o resto do país.[223] Para eles, tanto a Europa medieval quanto a Nova Inglaterra eram sociedades altamente sacralizadas, a primeira com o poder dos estados impondo uma religião hegemônica, e a segunda com normas puritanas consagradas em códigos legais, que davam a ilusão de piedade universal, mas com baixas taxas de participação.[224] No entanto, escreveram os autores, uma sociedade sacralizada não significa necessariamente uma sociedade universalmente religiosa, assim como uma sociedade dessacralizada não

---

[219] STARK, Rodney; IANNACCONE, Laurence R. Supply-Side Reinterpretation of the 'Secularization' of Europe. *Journal for the Scientific Study of Religion*, v. 33, n. 3, p. 230-252, 1994. Ver também IANNACCONE, Laurence R. The Consequences of Religious Market Structure: Adam Smith and the Economics of Religion. *Sage Journals: Rationality and Society*, v. 3, n. 2, p. 156-177, Apr. 1991.

[220] STARK; IANNACCONE, 1994, p. 249; IANNACCONE, Laurence R. Introduction to the Economics of Religion. *Journal of Economic Literature*, v. 36, 1468-1474, Sept. 1998.

[221] STARK; IANNACCONE, 1994, p. 242, 249.

[222] STARK; IANNACCONE, 1994, p. 242-43.

[223] STARK; IANNACCONE, 1994, p. 243-44.

[224] STARK; IANNACCONE, 1994, p. 244.

significa necessariamente uma sociedade secularizada. Para eles, uma sociedade torna-se sacralizada quando há uma religião hegemônica, imposta pela força do Estado e exercendo sua influência sobre outras instituições, desde a família até a política, e tornando as instituições repletas de símbolos religiosos, retóricos e rituais.[225] Eles argumentaram que o padrão espiritual de uma sociedade deveria ser medido não pelo comportamento religioso organizado, mas pela atitude religiosa subjetiva; o primeiro varia amplamente, mas o último é estável e permanente.[226]

A partir dessa perspectiva, Stark e Iannaccone propuseram a teoria da mobilização religiosa, segundo a qual um modelo de economia religiosa[227] deveria se concentrar no comportamento das empresas religiosas[228] e

---

[225] STARK; IANNACCONE, 1994, p. 234.

[226] STARK; IANNACCONE, 1994, p. 232.

[227] "A economia religiosa consiste em toda atividade religiosa que ocorre em qualquer sociedade. As economias religiosas são como as economias comerciais no sentido de que consistem em um mercado de clientes atuais e potenciais, um conjunto de empresas que buscam atender a esse mercado e as 'linhas de produtos' religiosas oferecidas pelas várias empresas" (Stark; Iannaccone, 1994, p. 232). Adam Smith lançou as bases para uma análise econômica da religião. Para ele, os líderes religiosos eram motivados por interesses pessoais, assim como os trabalhadores seculares, e as forças do mercado restringiam as igrejas tanto quanto as corporações seculares. Smith também escreveu que quando a religião enfrenta os benefícios da competição, os ônus do monopólio e os riscos da regulamentação governamental, ela recebe o mesmo impacto que os setores gerais da economia (Smith, 1965, p. 740-766). Os estudos contemporâneos sobre a economia da religião começaram em 1975 com Azzi e Ehrenberg, que propuseram o modelo A-E, relacionando a produção familiar à frequência à igreja. As principais conclusões a que chegaram são: em primeiro lugar, os seres humanos colocam os seus bens e o seu tempo a serviço das mercadorias religiosas e seculares, procurando sempre maximizar a utilidade da vida presente e da vida futura. Em segundo lugar, para eles, a participação religiosa tem como objetivo primordial a conquista de bens após morte, embora também reconheçam os benefícios imediatos da vida religiosa. Em terceiro lugar, as famílias e as pessoas com maior escolaridade e maior renda têm maior participação religiosa em termos de contribuição financeira e envolvimento menos intenso nas atividades da igreja. Essas famílias dependem mais dos serviços de ministros profissionais, professores, diretores de coral e zeladores, e requerem reuniões e rituais mais curtos. Da mesma forma, famílias e pessoas com renda mais baixa contribuem menos financeiramente, mas têm uma participação mais significativa nas atividades da igreja, bem como na confecção de produtos e serviços religiosos. Para os autores, trata-se de uma espécie de substituição entre tempo e dinheiro dedicados à religião. Em quarto lugar, por causa dessa relação inversa entre dinheiro e tempo dedicado à religião, eles atestaram que pessoas em idade produtiva, cujo objetivo principal é ganhar dinheiro, participam menos de atividades religiosas, aumentando a participação à medida que envelhecem. Da mesma forma, as mulheres (especialmente as viúvas) têm uma participação religiosa mais intensa e constante do que os homens. Ver AZZI, Corry; EHRENBERG, Ronald G. Household Allocation of Time and Church Attendance. *Journal of Political Economy*, v. 83, n. 1, p. 27-56, 1975. Alguns outros estudos de economia religiosa que foram baseados e refinados no modelo A-E são: NEUMAN, Shoshana. Religious Observance within the Human Capital Framework: Theory and Application. *Applied Economics*, v. 18, n. 11, p. 1193-1202, 1986; ULBRICH, Holley; WALLACE, Myles. Church Attendance, Age, and Belief in the Afterlife: Some Additional Evidence. *Atlantic Economic Journal*, v. 11, n. 2, p. 44-51, 1983; SULLIVAN, Dennis H. Simultaneous Determination of Church Contributions and Church Attendance. *Economic Inquiry*, v. 23, n. 2, p. 309-320, 1985; EHRENBERG, Ronald G. Household Allocation of Time and Religiosity: Replication and Extension. *Journal of Political Economy*, v. 85, n. 2, p. 415-423, 1977; VAUS, David A. Workforce Participation and Sex Differences in Church Attendance. *Review of Religious Research*, v. 25, n. 3, p. 247-256, 1984.

[228] "Empresas religiosas são empreendimentos sociais cujo objetivo principal é criar, manter e fornecer religião a um conjunto de indivíduos" (Stark; Iannaccone, 1994, p. 232).

não apenas nos consumidores religiosos.[229] Nesse caso, as denominações funcionam individualmente como firmas religiosas e coletivamente como um mercado religioso.[230] De acordo com essa teoria, o grau de liberdade religiosa em uma sociedade determina o grau de pluralismo religioso existente. Quanto menos regulada a economia religiosa, maior o pluralismo ou o número de empresas atuantes nessa economia religiosa, operando em processo competitivo. Além disso, quanto maior o número de empresas religiosas ativas com uma participação de mercado significativa, mais pluralismo e especialização emergem — "a empresa atende às necessidades e gostos especiais de segmentos específicos do mercado".[231] Com base nas divisões regulares da sociedade, como classe, idade, gênero, saúde e necessidades e gostos variados, diferentes segmentos serão formados para atender às demandas do mercado religioso.[232]

Para Iannaccone, quanto mais competitiva e pluralista for a economia religiosa, maior será o grau de participação ou envolvimento das pessoas. Por outro lado, se uma ou algumas empresas mantidas pelo Estado dominarem a economia religiosa, o número total de participantes tenderá a ser menor.[233] "A medida de piedade, incluindo frequência de oração, crença em Deus e confiança na religião, é maior em países com numerosas igrejas concorrentes do que em países dominados por uma única igreja estabelecida."[234] Ele também apontou que as igrejas mantidas financeiramente e regulamentadas pelo governo têm um nível médio de crença e participação consistentemente mais baixo do que as pequenas denominações que operam em um sistema de mercado religioso livre e competitivo. Da mesma forma, quanto mais diversidade religiosa, maior a taxa de afiliação religiosa e frequência às reuniões de culto.[235]

Uma das principais razões é que, devido à natureza dos produtos religiosos, que são intangíveis e apontam para objetivos distantes e futuros, é necessária uma vigorosa atividade de marketing para alcançar altos níveis de consumo. No entanto, quando há monopólio religioso, as

---

[229] STARK; IANNACCONE, 1994, p. 232; IANNACCONE, Laurence R. Deregulating Religion: The Economics of Church and State. *Economic Inquiry*, n. 35, April 1997, p. 350-352, 362; IANNACCONE, Laurence R. Religious Markets and the Economics of Religion. *Social Compass*, v. 39, n. 1, p. 123-131, March 1992.
[230] IANNACCONE, 1998, p. 1498.
[231] STARK; IANNACCONE, 1994, p. 232.
[232] STARK; IANNACCONE, 1994, p. 233.
[233] IANNACCONE, 1991, p. 172.
[234] IANNACCONE, 1998, p. 1486.
[235] IANNACCONE, 1998, p. 1486; IANNACCONE, 1991, p. 172.

firmas licenciadas tendem a ser ineficazes, porque é justamente a concorrência que gera a necessidade de especialização e permite uma variedade que pode atrair mais clientes.[236] Portanto, Iannaccone escreveu que um mercado competitivo satisfaz mais adequadamente as preferências do consumidor do que um mercado monopolizado e, também, a religião tem mais vitalidade social em uma sociedade de liberdade religiosa.[237] Nessa perspectiva, ele defendia que, em matéria de religião, a máxima dos governos civis deveria ser usada ao contrário: "Divididos resistimos, unidos caímos".[238]

Iannaccone concluiu que quando uma sociedade se torna secular ou sem uma religião oficial, gradualmente se dessacraliza; isso não significa secularização no sentido de extinção da religião, mas um processo de readequação ao pluralismo religioso capaz de proporcionar alta participação. Uma dessacralização considerável tende a ocorrer antes que haja pluralismo suficiente capaz de mobilizar religiosamente a sociedade.[239]

Em segundo lugar, vários fatores podem retardar o desenvolvimento de um pluralismo vigoroso, pois a desregulamentação da economia religiosa é mais aparente do que real. Os governantes tendem a continuar favorecendo a religião hegemônica, mesmo após uma posição legal favorável à liberdade religiosa. A tradição ou a inércia cultural muitas vezes atrasa a aceitação de novas opções religiosas como usuais e legítimas. Além disso, se as novas opções religiosas são ramificações de grupos religiosos estrangeiros, leva tempo para que os missionários desenvolvam laços com a população local.[240]

Em terceiro lugar, Iannaccone argumentou que o grau de religiosidade deveria ser medido com base principalmente na religião subjetiva. Para ele, tanto na Europa medieval quanto na Nova Inglaterra, a população média provavelmente era religiosa em algum sentido, mesmo que fosse uma vaga religiosidade ou incluísse algo mágico e animista. Ele apontou que a teoria da secularização errou ao confiar apenas na participação em organizações religiosas e não levar em conta a religiosidade subjetiva.[241]

---

[236] IANNACCONE, 1998, p. 1491.
[237] IANNACCONE, 1997, p. 351-52; STARK; IANNACCONE, 1994, p. 233.
[238] IANNACCONE, 1998, p. 1488.
[239] STARK; IANNACCONE, 1994, p. 234-35.
[240] STARK; IANNACCONE, 1994, p. 235.
[241] STARK; IANNACCONE, 1994, p. 245-46.

Em quarto lugar, Iannaccone apresentou o crescimento do protestantismo latino-americano e o número de membros da igreja nos Estados Unidos como exemplos de como o pluralismo religioso resulta em mobilização e participação religiosa mais significativas. Da mesma forma, ele acreditava que este era o caminho para um compromisso e mobilização religiosa mais significativa na Europa.[242] Como Smith, Iannaccone apontou que a competição religiosa gera "não apenas mais religião, mas também religião melhor".[243]

Por fim, para Iannaccone parece claro que a tese da secularização falhou, pois "os humanos não vivem só de pão sociológico".[244] O futuro da religião não é a extinção, mas continuar seu processo flutuante de altos e baixos, embora a religiosidade subjetiva pareça variar menos.[245] A partir dessa perspectiva, Iannaccone defendeu que o século XXI seria a verdadeira era da fé.[246]

Portanto, a mobilização religiosa, proporcionada por um ambiente livre e plural característico de um mercado religioso competitivo, é um elemento selecionado e marcante da secularização na visão de Iannaccone. Para o autor, é nesse contexto de livre mercado religioso que haverá maior filiação, assim como maior participação religiosa.

Resumo de Durkheim e seguidores

Segundo Durkheim e seus seguidores examinados acima, os elementos que caracterizam a secularização no período contemporâneo são: a natureza eterna e, ao mesmo tempo, mutável da religião; o surgimento de seitas e novos cultos; a busca humana por recompensas e compensadores; uma experiência religiosa caracterizada pela atitude de crer sem pertencer; e, finalmente, a mobilização religiosa que vem de um mercado religioso competitivo.

---

[242] STARK; IANNACCONE, 1994, p. 245-47.
[243] IANNACCONE, 1998, p. 1489.
[244] STARK; IANNACCONE, 1994, p. 250.
[245] STARK; IANNACCONE, 1994, p. 250.
[246] IANNACCONE, 1991, p. 174.

Elementos das teorias da secularização de acadêmicos independentes

Peter Berger (1929-2017)

Considerado o proponente moderno mais sofisticado da tese da secularização,[247] Berger argumentou até a década de 1960 que o processo de secularização tornaria o mundo menos religioso.[248] Nesse contexto, ele pensava que a secularização e a modernização andavam de mãos dadas, de modo que, à medida que a modernização crescia, a secularização também crescia.[249] Ele previu que no século XXI, os crentes religiosos provavelmente seriam encontrados apenas em pequenas seitas, reunidas para resistir à cultura secular mundial.[250] No entanto, Berger mais tarde reconheceu que a teoria da secularização errou em sua previsão do enfraquecimento da religião. Ele escreveu: "Tornou-se cada vez mais evidente que os dados empíricos contradiziam a teoria. Com algumas exceções, principalmente a Europa e uma intelectualidade internacional, nosso mundo é tudo menos secular; é tão religioso como sempre, e em alguns lugares ainda mais".[251]

Berger explicou o efeito do secularismo na religião nas sociedades de hoje através da seguinte cadeia de efeitos sucessivos: o modernismo gerou o secularismo, que por sua vez trouxe o pluralismo religioso, que deu origem ao relativismo e, ao mesmo tempo, ao fundamentalismo como duas forças opostas.[252] Para Berger, na medida em que o secularismo quebra a tradição religiosa hegemônica e impulsiona o Estado a garantir a existência e a proliferação de diferentes grupos religiosos, o ambiente está propício para uma situação religiosa pluralista.[253] Portanto, o pluralismo religioso é um elemento proeminente que caracteriza a secularização na perspectiva de Berger.

---

[247] STARK, 1999, p. 251.
[248] BERGER, Peter L. *The Sacred Canopy: Elements of a Sociological Theory of Religion*. New York: Open Road Integrated Media, 1966, p. 203-204.
[249] BERGER, Peter L. Epistemological Modesty: An Interview with Peter Berger. *Christian Century*, n. 114, 1997, p. 974.
[250] BERGER, Peter L. A Bleak Outlook Is Seen for Religion. *New York Times*, April 25, 1968, p. 3.
[251] BERGER, Peter L. *The Many Altars of Modernity*: Toward a Paradigm for Religion in a Pluralist Age. Boston, MA: Walter de Gruyter, 2014.
[252] BERGER, Peter L.; ZIJDERVELD, Anton. *In Praise of Doubt*: How to Have Convictions Without Becoming a Fanatic. New York: Harper Collins, 2009, p. 147-148.
[253] BERGER, 1966, p. 296-297, 303.

Para o autor, a modernização trouxe uma profunda transformação na condição humana. Multiplicou as oportunidades de escolha, gerando um ambiente plural, que ele descreve como "a situação social em que pessoas com diferentes etnias, visões de mundo e moralidades convivem pacificamente e interagem amigavelmente".[254] Ele explicou que esse processo de tolerância pacífica em um ambiente de desacordo só é possível porque o pluralismo gera uma experiência permanente de relativização.[255] Primeiro, o pluralismo produz o que ele chama de "contaminação cognitiva" ou uma espécie de entorpecimento progressivo diante da contradição, de modo que gradualmente se aceita com menos choque o que antes não se tolerava, e a mente antes regida por valores absolutos se acostuma a uma experiência de relativização.[256] "O pluralismo relativiza e, com isso, abala muitas das certezas pelas quais o ser humano vivia",[257] disse.

Embora Berger afirmasse que um certo grau de pluralismo sempre existiu e é uma condição necessária para promover a inovação e motivar o questionamento,[258] ele sustentou que o pluralismo religioso contemporâneo é único em sua intensidade e extensão porque resulta de poderosas forças modernas, incluindo urbanização e migração, permitindo que pessoas de diferentes origens convivam em um mesmo ambiente, assim como a literatura e a comunicação de massa, que permitem o acesso às crenças e valores das pessoas em todos os lugares. Segundo ele, esta situação tem desafiado as instituições com reivindicações de verdade absoluta.[259]

Berger apontou que o relativismo pode ser encontrado em diferentes níveis de sofisticação, desde ações pragmáticas relativistas com tendências gentis ou desagradáveis, que dizem "Eu respeito você apesar de nossas diferenças" ou "Você pensa assim porque é um idiota, e eu não sou", até o nível de teorias sofisticadas designadas por Nietzsche

---

[254] BERGER, 2014, p. 1.
[255] BERGER, 2014, p. 2-3.
[256] BERGER, 2014, p. 2-3.
[257] BERGER, 2014, p. 9.
[258] BERGER; LUCKMANN, 1966, p. 144.
[259] BERGER, Peter. *Questions of Faith*: A Skeptical Affirmation of Christianity. Malden, MA: Blackwell, 2004, p. 14-15. Ver também COX, Harvey. *The Secular City*. Princeton, NJ: Princeton University Press, 2013, p. xxxv, xxxvii-xxxix. Neste livro, Cox usou a expressão "cidade secular" como uma metáfora do mundo urbano emergente, e também apontou que as novas tecnologias e um processo acelerado de mutação e hibridização religiosa são características centrais do fenômeno da secularização e urbanização, tornando necessária uma nova teologia com foco secular/religioso.

como "a arte da desconfiança", como o pós-modernismo.[260] Para Berger, o método primário por trás dessas teorias é traduzir reivindicações de virtude ou verdade em expressões que tenham interesses subjacentes que nada têm a ver com virtude ou verdade. Geralmente, os interesses subjacentes estão relacionados ao ganho de poder, riqueza e prazer, com Maquiavel, Marx e Freud como representantes significativos dessas visões de mundo.[261]

Berger também apontou que "o relativismo mina o consenso moral sem o qual nenhuma sociedade pode sobreviver", e afirmou que é o único grande desafio para todas as tradições e comunidades religiosas do modernismo.[262] Para ele, os três maiores desafios que o pluralismo e o relativismo apresentam à religião são a perspectiva individualizada da religião, a religião em um contexto de mercado e a relativização do conteúdo religioso.[263]

Berger afirmou que a individualização da religião representa uma reinterpretação do significado da religião, que não mais se refere ao cosmos, nem à história, à existência individual, nem à psicologia, sendo legitimada em bases empíricas e não em conteúdos cognitivos. Nesse caso, as pessoas "descobrem" a religião dentro da consciência subjetiva, diz ele, por meio do processo sociopsicológico de desmonopolização da fé.[264] Berger apontou que a proliferação de uma religiosidade independente dissociada das instituições religiosas foi defendida pela primeira vez por Bonhoeffer, cujas ideias foram amplamente utilizadas para dar legitimidade à nova abordagem do cristianismo sem religião.[265] Nesse novo contexto, a religião passa a ser objeto de livre escolha subjetiva e de consciência individual, sendo relevante principalmente no âmbito da vida

---

[260] BERGER, 2014, p. 11. Pós-modernismo é o movimento filosófico e sociológico que começou no século XX como uma reação ao otimismo do período moderno com ênfase na razão e na ciência como solução para a humanidade. Os maiores pensadores do movimento pós-moderno são: Jacques Derrida, com sua ênfase na desconstrução; Michel Foucault, que lutou contra o poder político entrincheirado; Richard Rorty, que defendia o relativismo da verdade; e Stanley Fish, com sua ideia de interpretação comunitária. Ver ERICKSON, Millard J. *Truth or Consequences*: The Promise and Perils of Postmodernism. Downers Grove, IL: Intervarsity Press, 2001, p. 111-182.

[261] BERGER, 2014, p. 11.

[262] BERGER, 2014, p. 15.

[263] BERGER, 1966, p. 271-280.

[264] BERGER, 1966, p. 275-277.

[265] Em sua correspondência da prisão, Bonhoeffer desenvolveu a noção de "cristianismo sem religião", ou a ideia de que Deus está nos chamando deliberadamente no período moderno para uma forma de cristianismo que não depende da premissa da religião, assim como São Paulo foi chamando os homens no primeiro século para uma forma de cristianismo que não dependesse da premissa da circuncisão. BONHOEFFER, Dietrich. *Prisoner for God*: Letters and Papers from Prison. Nova York: Macmillan, 1953, p. 123.

privada.[266] De certo modo, cada pessoa no processo de reflexão religiosa torna-se um teólogo, porque o que importa é a utilidade pragmática da religião, e os profissionais não constroem mais a teologia.[267]

Do ponto de vista da religião em um contexto de mercado, Berger explicou que, como empresas religiosas, as igrejas passam a produzir produtos religiosos, cujo conteúdo é pautado pela moda, visando adequar-se ao gosto e à consciência secular das pessoas. A plausibilidade dos produtos religiosos está sujeita a critérios subjetivos e ao controle do consumidor, adaptando-se às necessidades e pressões dos clientes. As palavras-chave são "opiniões", "sentimentos" e "preferências".[268]

Berger atestou que a subjetividade religiosa nesse novo contexto de mercado leva à flexibilização da teologia e à desfiguração do conteúdo da religião. O referencial é deslocado do conteúdo cognitivo da fé para a preferência e moda do cliente. A religião, como consequência, entra em crise de credibilidade, e há uma multiplicação de novas estruturas competindo entre si pela produção do conteúdo religioso mais atrativo.[269]

Segundo Berger, outra consequência do pluralismo é o fundamentalismo, que nasce como contraponto ao relativismo. Ele argumenta que o fundamentalismo, como usado hoje, refere-se a uma realidade empiricamente determinável em certos aspectos. Primeiro, o fundamentalismo é um fenômeno reativo que, no contexto contemporâneo, se manifesta como reação ao efeito relativizador da modernidade.[270] Em segundo lugar, o fundamentalismo surge quando a tradição é totalmente contestada ou perdida. A diferença entre fundamentalismo e tradicionalismo, segundo Berger, é que o tradicionalista é tolerante com aqueles que não compartilham da mesma visão de mundo, vendo-os como aqueles que não enxergam o óbvio. No entanto, o fundamentalista vê essas pessoas como uma grave ameaça às certezas conquistadas com muito esforço, que devem ser convertidas ou segregadas e, em casos extremos, expulsas ou mesmo exterminadas.[271] Em suma, o fundamentalismo é uma tentativa de restaurar a premissa de uma tradição perdida, vista como fundamental.[272]

---

[266] BONHOEFFER, 1953, p. 251-252, 316.
[267] BERGER, 2004, p. 4.
[268] BERGER, 2004, p. 251-252, 268, 271-273.
[269] BERGER, 2004, p. 180-181, 220-225.
[270] BERGER; ZIJDERVELD, 2009, p. 147, 151.
[271] BERGER; ZIJDERVELD, 2009, p. 148-149.
[272] BERGER; ZIJDERVELD, 2009, p. 149-150.

Berger apontou que o fundamentalismo geralmente se manifesta de duas maneiras. A primeira é que os fundamentalistas tentam apoderar-se de toda a sociedade, impondo-lhe o seu credo, através do modelo da reconquista. É nessa perspectiva que se formam os estados totalitários, por exemplo, mantendo o controle contra todas as ameaças à cosmovisão fundamentalista.[273] A segunda forma é desistir de impor seu credo à sociedade e se afastar para construir uma comunidade menor que garanta a manutenção de sua visão de mundo, dando origem ao modelo sectário ou subcultural do fundamentalismo. Para Berger, os Amish, os Shakers e os mórmons de Utah são exemplos desse segundo modelo.[274]

Em sua reflexão sobre o pluralismo, Berger procurou distanciar-se de duas consequências extremas do fenômeno: o relativismo e o fundamentalismo. Enquanto o relativismo impõe um excesso de dúvida a uma sociedade estável, por outro lado, o fundamentalismo traz o perigo da dúvida insuficiente. Para ele, é possível evitar os extremos nesse contexto por meio de uma experiência de fé capaz de lidar positivamente com as diferenças.[275]

Berger aponta que o pluralismo religioso gera muita insegurança diante de um mundo confuso e cheio de possibilidades interpretativas, porque a maioria das pessoas precisa de um mundo que lhes proporcione segurança, livre de questionamentos. Assim, mesmo atualmente, as pessoas buscam apoio em comunidades livres de desacordo cognitivo, oferecendo certeza por meio de doutrinas e códigos de comportamento estáveis.[276]

Para ele, do ponto de vista filosófico, o desafio do pluralismo pode ser definido como manter as convicções sem dissolvê-las na pura relatividade e sem reuni-las nos falsos absolutos do fanatismo, enfatizando que este é um desafio difícil, mas não impossível.[277] Portanto, o principal elemento da secularização na visão de Berger é o pluralismo religioso e, com ele, a relativização do conteúdo da fé, bem como a perspectiva religiosa individualizada.

Charles Taylor (1931-)

Taylor realizou uma análise histórica do desenvolvimento religioso desde o período pré-moderno até o presente, com base no conceito durkheimiano da permanência da religião como fator de organização social, a

---

[273] BERGER; ZIJDERVELD, 2009, p. 153-154.
[274] BERGER; ZIJDERVELD, 2009, p. 154, 160, 162.
[275] BERGER; ZIJDERVELD, 2009, p. 169, 175-176.
[276] BERGER; LUCKMANN, 1995, p. 54.
[277] BERGER, Peter L. *Una gloria remota. Avere fede nell'época del pluralism*. Bologna: Il Mulino, 1994, p. 49.

fim de esclarecer o estado contemporâneo de autenticidade que domina a cena religiosa. Ele argumentou que todo ser humano tem uma capacidade religiosa convencional e busca uma experiência de felicidade e plenitude para dar sentido à vida. No entanto, ele teorizou que em tempos e lugares "encantados", onde a religião é abrangente e inquestionável, as pessoas são infectadas e podem ser influenciadas por entidades externas, como espíritos e divindades. Por outro lado, à medida que o desencanto aumenta em qualquer sociedade, o indivíduo se torna mais "amortecido".[278]

Com essa abordagem, Taylor concebeu três tipos religiosos: primeiro, o "paleo-durkheimiano", nas sociedades pré-modernas ou no "mundo encantado", em que "a força inerente às obrigações sociais vem do sagrado, do qual a igreja é guardiã e articuladora". Nesta base, não existe liberdade religiosa, pois a inclusão social e a salvação são concebidas em uma base fideísta.[279] O segundo tipo, o "neo-durkheimiano", aparece em nações onde a religião é central para a identidade política. Nesse caso, religião e política se misturam, formando a chamada "religião civil" – uma ideia moral moderna de ordem, em que iguais convivem através de princípios morais e éticos, sob a influência de uma visão desencantada. Com o advento do Estado laico, a religião civil, também chamada de "religião da razão",[280] advoga a possibilidade de construção de uma sociedade organizada sob princípios morais e éticos, sem a necessidade da Bíblia. Utilizam-se conceitos religiosos para fins patrióticos e de dominação, sem viés religioso. Nesse contexto, prevalece a liberdade de escolha no campo religioso, mas os princípios éticos e morais que formam a religião civil unem a todos sob o mesmo propósito civil e social.[281] O "pós-durkheimiano" refere-se às sociedades pluralistas contemporâneas nas quais as pessoas podem realizar buscas espirituais de acordo com suas inclinações, sem referência a ortodoxias e hierarquias ou a uma estrutura social abrangente. É aqui que aparece a ideia de crer sem pertencer ou ser espiritual e não religioso, na perspectiva de poder manter relação com Deus, sem a mediação de igrejas ou denominações, originando os chamados buscadores ou desigrejados.[282]

Com base no cenário religioso contemporâneo ou pós-durkheimiano, Taylor descreveu a chamada "ética da autenticidade", que pode ser considerada um elemento preponderante de sua teoria da secularização.

---

[278] TAYLOR, 2007.
[279] Ver TAYLOR, 2007, p. 486-89, 525-31.
[280] Ver VOLTAIRE, 2016, p. 6-15, 24-35, 108-114, 137; Paine, 2014, p. 42-43, 281-282.
[281] Ver TAYLOR, 2007, p. 460, 486, 489, 507, 513-530.
[282] Ver TAYLOR, 2007, p. 512-531.

A ética da autenticidade defende que todos os seres humanos são ontologicamente autônomos e, portanto, cada pessoa deve desempenhar o seu papel como humano de maneira específica e pessoal.[283] Segundo Taylor, a ética da autenticidade nasceu no final do século XVIII na Europa entre as elites, mas se difundiu no hemisfério norte na segunda metade do século XX. Foi adotado nos Estados Unidos com o slogan "Ser o que se é".[284]

Na cultura contemporânea, a autenticidade está relacionada à defesa do individualismo, bem como da independência da vontade com base na noção moderna de dignidade humana e no senso de valor universal e igualitário. É a política de igualdade de reconhecimento, na qual as pessoas têm a chance de desenvolver sua própria identidade e construir relacionamentos baseados no amor.[285] A ética da autenticidade também coloca a moral como algo a ser definido dentro de cada pessoa, além de combater a hierarquia social, rejeitar o convencional em favor de um modo de vida original e autorresponsável e defender o relativismo.[286]

Consciente de que a teoria tradicional da secularização previu incorretamente o declínio da fé e da prática religiosa e a eliminação da religião pela ciência, Taylor começou a defender um conjunto de novas ideias sobre a secularização. Em primeiro lugar, explicou que a secularização permitiu a evolução de uma forma de sociedade em que se concebe como habitual que o Estado não esteja alinhado com nenhuma crença específica, seja ela religiosa ou irreligiosa; neste caso, uma sociedade em que as opções metafísicas e religiosas são livres e iguais e há liberdade de expressão.[287]

Outra dimensão da secularização, segundo Taylor, é a mudança da situação da vida religiosa na sociedade, onde a religião não é mais vista apenas de forma linear, associada a instituições que estabelecem dogmas e como expressar a fé. Taylor apontou que na contemporaneidade floresceu uma nova forma de religião, uma vida religiosa mais pessoal, com devoção intensa e interior, na qual a oração, a leitura da Bíblia e a meditação ocorrem sem a intervenção sacramental de uma igreja. As pessoas podem facilmente deixar as igrejas ou inventar formas

---

[283] TAYLOR, Charles. *The Ethics of Authenticity*. Cambridge, MA: Harvard University Press, 2003, p. 50.

[284] TAYLOR, Charles. Características e interfaces da secularização nos dias de hoje. *Instituto Humanitas Unisinos*, 2 maio 2013. Disponível em: http://www.ihu.unisinos.br/171-noticias-2013/519716-charles-taylor-caracteristicas-e-interfaces-da-secularizacao-nos-dias-de-hoje-.

[285] TAYLOR, 2003, p. 36, 39, 46, 50, 82.

[286] TAYLOR, 2003, p. 25-26, 65, 74.

[287] TAYLOR, 2007, p. 238.

inteiramente novas de vida religiosa, dando origem à chamada "Era da Mobilização" – um processo de desestabilização e recomposição que pode ser repetido muitas vezes.[288]

A terceira dimensão da secularização, na visão de Taylor, é a versão religiosa da ética da autenticidade, já mencionada, na qual prevalece a individualização da fé. As pessoas se definem como buscadores, não mais concebendo uma sociedade com uma crença. Elas não querem que ninguém diga o que devem fazer e pensar; elas estão buscando alguma direção espiritual e prática que as satisfaça, mas sem permitir a mediação externa. Muitas dessas pessoas se consideram espirituais, mas não religiosas, porque associam religião a dogmas institucionais.[289] Essa autenticidade e religiosidade individualizada é caracterizada pelo relativismo e subjetivismo, pois a espiritualidade é vista como um sentimento interior, percebido por cada pessoa em sua relação com seu mundo e mente, sem parâmetros reguladores. É uma espiritualidade experiencial e sincrética marcada pela exploração autônoma, em oposição à simples submissão à autoridade ou à igreja.[290] Portanto, a ética religiosa da autenticidade, que aparece na forma de uma fé individual, sincrética, experiencial e relativista, é um elemento preponderante na compreensão de Taylor sobre a secularização.

Talal Asad (1932-)

Um elemento central que caracteriza a secularização, na visão de Asad, é a figura do secular moderno. Asad não negou nem defendeu a tese da secularização, mas lançou um olhar diferente sobre o fenômeno, colocando mais ênfase no resultado do que no fenômeno em si. Ele chamou a atenção para o conceito de "secular" como produto desse processo histórico que desempenhou um papel importante no contexto da sociedade moderna.[291] O autor insistiu que tanto os defensores quanto os que negam

---

[288] De acordo com Taylor, a Era da Mobilização "designa um processo pelo qual as pessoas são persuadidas, empurradas, arrastadas ou intimidadas para novas formas de sociedade, igreja, associação. Isso geralmente significa que elas são induzidas por ações de governos, hierarquias da igreja e/ou outras elites, não apenas a adotar novas estruturas, mas também, até certo ponto, a alterar seus imaginários sociais e senso de legitimidade". Para ele, o período mais dominante da Era da Mobilização ocorreu entre os anos de 1800 e 1960, culminando no contexto contemporâneo de uma religiosidade plural, individualizada, sem fronteiras muito definidas e com tom relativista. TAYLOR, 2007, p. 70, 75-76, 369, 437, 445, 462, 471, 506, 641.

[289] TAYLOR, 2007, p. 351, 508.

[290] TAYLOR, 2007, p. 508-509.

[291] ASAD, Talal. *Formations of the Secular: Christianity, Islam, Modernity*. Stanford, CA: Stanford University Press, 2003, p. 1, 15.

a tese da secularização não devem esquecer que o conceito de secularismo é anterior à doutrina política do secularismo e foi formado ao longo do tempo por uma variedade de conceitos, práticas e sensibilidades.[292]

Continuando a enfatizar o resultado e não a origem do processo de secularização, Asad mostrou como a secularização afetou a essência da religião. Explicou que no período pré-moderno a religião era vista como parte integrante do Estado, dando-lhe coerência e legitimidade, sendo condição indispensável para sua continuidade. Assim, o lugar social da religião nesse período era diferente do que passou a ser considerado a essência da religião com o advento do período moderno. Com o surgimento da sociedade como um corpo secular organizado, a religião não apenas se separou de sua relação com o Estado, mas também permitiu a ele supervisionar e facilitar a nova tarefa da religião: ser um fator transformador nos aspectos materiais e morais da população, num cenário de pluralismo religioso, do qual o próprio Estado se tornou guardião e garantia.[293]

A partir dessa perspectiva, Asad argumentou que o secular não deve ser pensado apenas como um espaço no qual a vida humana real gradualmente se emancipa do poder controlador da religião, como se as ideias religiosas fossem "infecciosas" da sociedade secular. Para ele, o conceito contemporâneo de secular faz parte de uma doutrina chamada secularismo, que não valoriza simplesmente o humano ou o mundano em oposição ao sobrenatural, ou confina a prática religiosa e a crença a um espaço privado, garantindo que não desestabilizem a política e o livre pensamento dos indivíduos. Para Asad, o secularismo propõe sobretudo uma concepção particular de mundo, vendo-o como um fenômeno natural e social que deve ser gerido sob os ideais modernistas de liberdade.[294]

Para o autor, a genealogia ideológica do secularismo pode ser atribuída à tese renascentista do humanismo, ao conceito iluminista da natureza humana e à filosofia da história defendida por Hegel. Asad apontou que Hegel descreveu o período moderno como a culminação do movimento da história mundial e uma expressão de verdade e liberdade. Hegel entendeu que as dolorosas lutas da Reforma, do Iluminismo e da Revolução Industrial finalmente levaram às condições objetivas e subjetivas para uma harmonia baseada no reconhecimento do secular

---

[292] ASAD, 2003, p. 16.
[293] ASAD, Talal. Religion, Nation-State, Secularism. *In*: VEER, Peter van der; LEHMANN, Hartmut (ed.). *Nation and Religion: Perspectives on Europe and Asia*. Princeton, NJ: Princeton University Press, 1999, p. 184-185.
[294] ASAD, 2003, p. 188, 191; ASAD, 1999, p. 185.

como uma personificação da verdade.[295] No entanto, Asad destacou que ao trabalhar esse tema do desenvolvimento histórico da laicidade, não está falando de causas, mas de elementos doutrinários que fazem parte da genealogia da laicidade.[296]

Embora não concordando com a intensidade da reversão ideológica prevista por Hegel, Asad escreveu que o processo histórico de secularização decreta uma reversão ideológica no significado do termo "secular". Em primeiro lugar, o termo "secularização" denotava a transição legal da vida monástica para a secular, caracterizando a diferença entre alguém que fazia parte do clero religioso e alguém que era leigo. Depois da Reforma, o termo passou a denotar a transferência das propriedades reais eclesiásticas para as mãos de particulares, para que circulassem no mercado. Por fim, escreveu Asad, no discurso da modernidade, o secular é retratado como um ser autônomo, representando o ser humano, agora visto como o criador autoconsciente da história, e o agente responsável pelos eventos, mesmo aqueles que não são conscientes. Nessa perspectiva, os atos de Deus, ou acidentes, são admitidos de forma muito restrita, e o acaso é considerado de consistência fraca.[297]

Asad também chamou a atenção para uma espécie de paradoxo entre o secular e a religião. Embora o secular seja visto como separado da religião, ele afirmou que muitos o veem como um gerador de religião; no período pré-moderno, a vida secular criou uma religião supersticiosa e opressiva. No período moderno, o secularismo produziu o esclarecimento e, com ele, a liberdade religiosa. Da mesma forma, ele afirmou que o conceito de secular não tem sentido sem a ideia de religião, pois é a existência desta que dá sentido ao primeiro. Assim, Asad sugeriu que a insistência em separar o religioso do secular é no mínimo paradoxal.[298]

Asad apontou que, segundo o modernismo, a religião consiste em práticas e representações que devem ser distintas e separadas da política, sendo o secular o fundamento essencial para que isso aconteça, incorporando uma figura que representa as noções de santidade, espiritualidade e solidariedade.[299] No entanto, ele argumentou que no processo histórico

---

[295] ASAD, 2003, p. 192; ASAD, 1999, p. 179, 185-186. Ver também HEGEL, G. W. F. *The Philosophy of History*. Buffalo, NY: Prometheus Books, 1991, p. 422.

[296] ASAD, Talal. Responses. *In*: SCOTT, David; HIRSCHKIND, Charles (ed.). *Powers of Secular Modern: Talal Asad and His Interlocutors*. Stanford, CA: Stanford University Press, 2006, p. 210.

[297] ASAD, 2003, p. 192; ASAD, 1999, p. 186.

[298] ASAD, 2003, p. 193; ASAD, 1999, p. 186, 192.

[299] ASAD, 1999, p. 183-184.

ocorreu a secularização dos conceitos religiosos, atribuindo uma origem religiosa à ideia de nacionalismo, em que os conceitos religiosos são utilizados para fins patrióticos e de dominação, sem viés religioso.[300]

Assim, Asad optou por deixar de lado a defesa ou negação da secularização, preferindo analisar como a religião pode não apenas sobreviver, mas também ser um instrumento promotor de ideais modernos através do mundo secular contemporâneo, sem necessariamente estar associada a uma instituição religiosa. A partir dessa perspectiva, ele argumentou que a secularização não é essencial para a modernidade. Em outras palavras, a ideia de que o modernismo requer necessariamente a emancipação religiosa não reflete, a seu ver, a verdade, pois é possível que a religião se torne parte integrante e promotora de políticas modernas relacionadas à economia, educação e financiamento público para projetos científicos.[301]

Esse tipo de religião compatível com a modernidade desempenha um papel político positivo, entrando na esfera pública por meio de um debate racional com os oponentes para persuadir os adeptos em vez de coagi-los. É uma religião baseada na assunção de um discurso moral e político liberal compatível com o pensamento moderno.[302] Por outro lado, Asad não definiu um tipo específico de experiência religiosa que pode ser chamada de religião moderna ou religiosidade moderna, preferindo apostar que em uma sociedade contraditória, como a sociedade moderna, experiências contraditórias devem ocupar espaços e processos, apontando para a coexistência de uma pluralidade de crenças e diversidade religiosa.[303]

Portanto, um elemento proeminente que caracteriza a secularização, na visão de Asad, é a figura do secular, produto de um amplo desenvolvimento histórico, incluindo, mas não se limitando à doutrina da secularização. Do exposto, pode-se deduzir que o secular contemporâneo, para Asad, incorpora um híbrido de valores modernos e religiosos ao mesmo tempo. Contrariando a ideia de que para ser moderno é preciso necessariamente abandonar a religião, a secularização de Asad defende os valores iluministas da modernidade, como a liberdade individual de expressão e escolha, o financiamento público de projetos científicos, o respeito às

---

[300] ASAD, 1999, p. 184.
[301] ASAD, 2006, p. 208-209; ASAD, 2003, p. 186-187; ASAD, 1999, p. 179.
[302] ASAD, 1999, p. 180.
[303] ASAD, Talal. Secularism, Hegemony, and Fullness. *The Immanent Frame: Secularism, Religion, and the Public Sphere* (blog), November 17, 2007. Disponível em: http://blogs.ssrc.org/tif/2007/11/17/secularism-hegemony-and-fullness/.

diferenças, entre outros, sem, no entanto, excluir os valores religiosos. Em suma, vendo o Estado como defensor da liberdade religiosa, o secular de Asad pode praticar a religiosidade, enquanto mantém os princípios iluministas defendidos pelo pensamento moderno.

Resumo dos estudiosos independentes selecionados

Segundo os três estudiosos independentes selecionados, o primeiro elemento que caracteriza a secularização no contexto contemporâneo é o pluralismo religioso e, por consequência, a relativização do conteúdo da fé, bem como a individualização da crença. O segundo elemento é a chamada ética da autenticidade, que, em termos religiosos, se desdobra na forma de religiosidade sincrética, experiencial, relativista e individualizada. Por fim, o terceiro elemento é o secular contemporâneo, que defende os princípios modernistas do Iluminismo e ao mesmo tempo mantém a vivência religiosa, embora não necessariamente vinculado a uma instituição religiosa.

Resumo

Historicamente, a previsão do enfraquecimento da religião foi cumprida em três aspectos: primeiro, a religião institucional deslocou-se do centro para a periferia das sociedades modernas, enquanto os governos se tornaram seculares e apoiam a liberdade religiosa. Em segundo lugar, o monopólio da cosmovisão passou das instituições religiosas para a ciência. Finalmente, os símbolos e signos das instituições religiosas continuam a perder relevância.[304] Dobbelaere reconhece que a secularização é um processo latente e deliberado. A latência da secularização é percebida quando, à medida que os diversos subsistemas da sociedade, como economia, educação, medicina etc., vão se especializando e profissionalizando, a influência da religião declina gradativamente. Ao mesmo tempo, políticas deliberadas de redução da influência da religião em áreas específicas foram estabelecidas em muitas sociedades modernas.[305] No entanto, o processo histórico também mostrou que a previsão do desaparecimento da religião não se cumpriu. A religião não apenas persistiu, mas em muitos casos cresceu e assumiu um papel de liderança nas dinâmicas sociedades globalizadas de hoje.

---

[304] ZEPEDA, 2010, p. 130.
[305] DOBBELAERE, Karel. *Secularization*: An Analysis at Three Levels. New York: P. I. E.-Peter Lang, 2002, p. 19.

Em síntese, segundo os autores citados, estes são alguns dos principais elementos que caracterizam a teoria da secularização: o desencanto religioso; o enfraquecimento da influência pública da religião; uma atitude negativa em relação às instituições religiosas; a transferência da religião da esfera pública para a esfera privada; a multiplicação de grupos religiosos, possibilitando o pluralismo em um ambiente de mercado religioso e, com ele, o consequente relativismo do conteúdo da fé; sincretismo religioso; a atitude de acreditar sem pertencer; a natureza mutável e ao mesmo tempo permanente e econômica da religião; o secular contemporâneo que sustenta tanto os valores modernos quanto os princípios da fé; e a influência dos avanços tecnológicos, bem como a migração e a comunicação globalizada e de massa.

É importante notar que, embora esses elementos que descrevem as teorias da secularização tenham sido evocados com base nos pressupostos do movimento iluminista, estabelecido no período moderno, esses elementos alcançaram sua consolidação mais significativa na pós-modernidade.[306] Além disso, possivelmente esses elementos se reflitam na experiência da maioria daqueles que se dizem Nones, tornando-se impossível estudar esse grupo de pessoas sem reconhecer que, em grande medida, o grupo é um produto da pós-modernidade. Os Nones são um grupo global de pessoas com grande significado para a missão cristã, sendo um pouco menores do que as maiores religiões do mundo – cristianismo e islã.[307] O próximo capítulo apresentará um estudo dos Nones nos Estados Unidos e no Brasil, sob a ótica da secularização, com base nos elementos relacionados acima e que caracterizam as teorias da secularização.

---

[306] Ver ERICKSON, 2001, p. 111-182.
[307] PEW RESEARCH CENTER, 2017a.

CAPÍTULO III

OS NONES NO BRASIL E NOS ESTADOS UNIDOS À LUZ DAS TEORIAS DE SECULARIZAÇÃO

Introdução

Este capítulo analisa os Nones no Brasil e nos Estados Unidos, com base nos doze principais elementos que caracterizam as teorias da secularização, descritos no capítulo anterior. Para tornar o estudo menos repetitivo, os doze elementos foram agrupados em seis categorias, reunindo os tópicos relacionados:

1. Desencantamento religioso.
2. Enfraquecimento da influência pública da religião e, como consequência, a transferência da religião da esfera pública para a esfera privada e uma atitude negativa em relação às instituições religiosas.
3. Pluralismo religioso em um ambiente de mercado, e multiplicação de grupos religiosos; relativismo do conteúdo da fé; sincretismo religioso e atitude de acreditar sem pertencer.
4. A natureza mutável e permanente da religião.
5. O secular contemporâneo que defende tanto os valores modernos quanto os princípios da fé.
6. A influência dos avanços tecnológicos e da comunicação de massa.

O capítulo apresentará um resumo das seis categorias relacionadas acima, objetivando ajudar a identificar os pontos mais relevantes da discussão. Apresentará também um resumo do cenário religioso e do perfil dos Nones nas culturas brasileira e americana para contextualizar os temas, antes de examinar os Nones em sua relação com as categorias apresentadas.

Resumo do cenário religioso e perfil dos Nones no Brasil

Estudos contemporâneos têm apontado duas macrocaracterísticas do Brasil que são significativas para a compreensão da religião no país. A primeira macrocaracterística é a pluralidade religiosa, especialmente nos grandes centros urbanos, que se manifesta por meio de um marketing religioso altamente competitivo, sincrético e sem limites rígidos de pertencimento.[308] A segunda macrocaracterística da religiosidade brasileira contemporânea apontada por estudiosos é a transição da hegemonia religiosa no país do catolicismo para o protestantismo, o que deve ocorrer nas próximas duas décadas. Se as tendências continuarem, o número de católicos cairá drasticamente, enquanto o número de protestantes e Nones crescerá, juntamente com um pequeno aumento nas religiões não cristãs. Enquanto os católicos caíram de 95,2% para 65% da população brasileira entre 1940 e 2010, os protestantes cresceram de 1,9% para 22,16%, e os Nones passaram de 0,2% para 8,04% no mesmo período. Outras religiões saltaram de 1,9% para 4,76%.[309] Na cidade do Rio de Janeiro, a segunda maior do país, apenas 46% da população é católica.[310]

O Instituto Datafolha tem números ainda maiores que apontam para a mesma tendência de transição religiosa. Segundo o Instituto, de 1994 a 2016, os católicos caíram de 75% para 50% da população brasileira, enquanto os protestantes cresceram de 14% para 29%, os Nones de 5% para 14% e as outras religiões de 6% para 7% da população. Isso significa uma perda de 1,14% ao ano para os católicos e um ganho de 0,68% ao ano para os protestantes.[311]

---

[308] Ver PIERUCCI, Antônio Flávio; PRANDI, Reginaldo. *A realidade social das religiões no Brasil*. São Paulo: Hucitec, 1996; ANTONIAZZI, Alberto. As religiões no Brasil segundo o censo de 2000. *Rever*, n. 2, p. 75-80, 2003; RODRIGUES, 2007, p. 31-56; FRIGERIO, Alejandro. O paradigma da escolha racional: mercado regulado e pluralismo religioso. *Tempo Social*, v. 20, n. 2, p. 17-39, nov. 2008; ALVES, José Eustáquio Diniz; BARROS, Luiz Felipe Walter; CAVENAGHI, Suzana. A dinâmica das filiações religiosas no Brasil entre 2000 e 2010: Diversificação e processo de mudança de hegemonia. *Rever*, v. 12, n. 2, p. 145-174, jul./dez. 2012; BARTZ, Alessandro. Trânsito religioso no Brasil: mudanças e tendências contemporâneas. *In*: CONGRESSO INTERNACIONAL DA FACULDADES EST, 1., 2012, p. 258-273. Disponível em: http://anais.est.edu.br/index.php/congresso/article/view/27; CAMURÇA, Marcelo. O futuro das religiões no Brasil: O enfoque das ciências da religião. *In*: ARAGÃO, Gilbraz; CABRAL, Newton (ed.). *Anais do IV Congresso da ANPTECRE: Associação Nacional de Pós-graduação e Pesquisa em Teologia e Ciências da Religião*. São Paulo: ANPTECRE, 2013, p. 52-71; SANTOS, Elói Correa. Diversidade religiosa brasileira e as quatro matrizes. *ASSINTEC: Associação Inter-Religiosa de Educação*, n. 38, p. 2-5, 2016; ALVES, José Eustáquio Diniz Alves. Uma projeção linear da transição religiosa no Brasil: 1991-2040. *EcoDebate*, 11 jan. 2017b. Disponível em: https://www.ecodebate.com.br/2017/01/11/uma-projecao-linear-da-transicao-religiosa-no-brasil-1991-2040-artigo-de-jose-eustaquio-diniz-alves/.

[309] INSTITUTO BRASILEIRO DE GEOGRAFIA E ESTATÍSTICA, 2012.

[310] PEW RESEARCH CENTER. *Brazil's Changing Religious Landscape*. July 18, 2013. Disponível em: https://www.pewforum.org/2013/07/18/brazils-changing-religious-landscape/.

[311] TOLEDO, Diego. Ateus 'saem do armário' religioso e reclamam de difícil aceitação no Brasil. 21 jan. 2017. Disponível em: https://noticias.uol.com.br/cotidiano/ultimas-noticias/2017/01/21/ateus-saem-do-armario-

Para Alves, a correlação de forças entre os dois principais grupos cristãos do país está mudando devido ao ativismo das correntes protestantes, à passividade católica e à interação mais significativa entre as igrejas protestantes e a política.[312] O crescimento evangélico é um fenômeno amplo e generalizado no país, com maior intensidade nas periferias das regiões metropolitanas e nas áreas de fronteira agrícola, assim como nas regiões de colonização recente no centro e norte do Brasil.[313]

Dois resultados particulares do pluralismo religioso e da transição da hegemonia religiosa chamam a atenção dos estudiosos da religião no Brasil. Em primeiro lugar, a percentagem de cristãos, tendo em conta os católicos e protestantes no seu conjunto, diminuiu de 97 por cento da população em 1970 para 89,3 por cento em 2000 e 86,8 por cento em 2010,[314] dando lugar a religiões não cristãs que já representam de 5 a 7 por cento da população.

Em segundo lugar, o pluralismo e o processo de transição têm sido vistos como uma alavanca para o segmento dos Nones do país.[315] Nesse contexto de pluralismo, transição da hegemonia religiosa e crescimento das religiões não cristãs, o surgimento dos sem religião no cenário brasileiro é possivelmente o estágio final das diversas experiências religiosas vividas por pessoas que decidem romper com a religiosidade institucionalizada.[316] Uma pesquisa realizada pelo Instituto Vertex na região metropolitana de Belo Horizonte, em 2012, constatou que, ao comparar a religião infantil com a religião atual, os Nones obtiveram o maior crescimento, saltando de 1 para 500%. A pesquisa demonstrou não apenas a existência de um trânsito religioso acelerado no país, mas também que os Nones represen-

---

religioso-e-reclamam-de-dificil-aceitacao-no-brasil.htm; DATAFOLHA. *Perfil e opinião dos evangélicos no Brasil.* 7-8 dez. 2016. Disponível em: http://www.pesquisas.org.br/wp-content/uploads/2017/08/perfil_e_opiniao_dos_evangelicos_no_brasil.pdf.

[312] ALVES, José Eustáquio Diniz Alves. Transição religiosa – católicos abaixo de 50% até 2022 e abaixo do percentual de evangélicos até 2032. *EcoDebate,* 5 dez. 2018. Disponível em: https://www.ecodebate.com.br/2018/12/05/transicao-religiosa-catolicos-abaixo-de-50-ate-2022-e-abaixo-do-percentual-de-evangelicos-ate-2032-artigo-de-jose-eustaquio-diniz-alves/.

[313] ALVES, José Eustáquio Diniz; CAVENAGHI, Suzana Marta; BARROS, Luiz Felipe Walter; CARVALHO, Angelita A. Distribuição espacial da transição religiosa no Brasil. *Tempo Social,* v. 29, n. 2, ago. 2017, p. 237.

[314] ALVES *et al.*, 2017, p. 216.

[315] ALVES *et al.*, 2017, p. 218.

[316] OLIVEIRA, Pedro Ribeiro. A desafeição religiosa de jovens e adolescentes, entrevista especial com Pedro Ribeiro de Oliveira. *Instituto Humanitas Unisinos,* 5 jul. 2012. Disponível em: http://www.ihu.unisinos.br/entrevistas/511180-desafeicao-religiosa-esse-conceito-seria-central-para-entendermos-os-sem-religiao-entrevista-especial-com-pedro-ribeiro-de-oliveira.

tam a etapa final da vivência religiosa de muitos, que, após passarem por diversas instituições religiosas, decidem administrar sua relação com o sobrenatural sem assistência institucional.[317]

Segundo dados do Censo do IBGE de 2010, os Nones representavam 8,04% dos brasileiros à época (15.335.510) e, segundo o Instituto Datafolha, em 2016, representavam 14% da população do país (29.072.530,06). O crescimento médio da população não religiosa tem sido continuamente superior ao da população brasileira como um todo.[318] Eles são o terceiro maior grupo no campo religioso, atrás apenas de católicos e evangélicos pentecostais. Eles estão localizados principalmente em áreas urbanas (89,5%), com maior concentração nas regiões metropolitanas, e ao longo da costa brasileira de norte a sul do país. As regiões Sudeste, com 9%, e Centro-Oeste, com 8,4%; o estado do Rio de Janeiro, com 14,6%; a cidade de Salvador, capital da Bahia, com 17,28%; e a cidade de Chuí, no extremo sul do Brasil, com incríveis 54,4%, apresentam a representação mais expressiva de Nones no país. Os Nones brasileiros têm a menor média de idade entre os grupos religiosos (26, predominantemente entre 15 e 35), em comparação com 28 para os ramos protestantes, 30 para os católicos e 37 para os espíritas. Estão mais bem representados entre os homens (59,2%), contra 40,8% das mulheres. Quanto à cor e raça, em números absolutos, os Nones estão mais representados entre as pessoas de cor parda (7.217.638); já em porcentagem, os indígenas com 14,5% e os negros com 12% são os grupos mais representados na categoria. A população branca é a menos representada entre os Nones, com apenas 6,7 por cento.[319]

Os Nones no Brasil são o grupo que mais escolhe as uniões consensuais (sem legalização documental) e estão entre os grupos que mais escolhem o casamento somente civil. Eles estão mais representados nas duas pontas do espectro educacional: entre os que têm até o ensino fundamental e os que têm mestrado e doutorado. A grande massa dos Nones no Brasil está nas camadas mais empobrecidas da população, tendo que lutar pela sobrevivência nas periferias das maiores cidades. Cerca de 0,8% deles se declaram agnósticos e 4% ateus, enquanto 95,2%

---

[317] PANASIEWICZ, Roberlei. Religião e Catolicismo em Belo Horizonte: dados de pesquisa e leitura teológico-pastoral. *Horizonte*, v. 10, n. 28, 2012, p. 1260, 1267.

[318] VIEIRA, Jose Alves. Os sem religião: dados para estimular a reflexão sobre o fenômeno. *Horizonte*, v. 13, n. 37, jan./mar. 2015, p. 606.

[319] INSTITUTO BRASILEIRO DE GEOGRAFIA E ESTATÍSTICA, 2012, p. 90-106; DATAFOLHA, 2016.

dizem acreditar em Deus ou em uma força cósmica. Ou seja, a maioria dos Nones brasileiros pratica alguma espiritualidade, mas são dissociados da religião institucional.[320]

Resumo do cenário religioso e perfil dos Nones nos Estados Unidos

O cenário contemporâneo de religiosidade nos Estados Unidos apresenta duas tendências relevantes. O primeiro inclui uma diminuição entre os cristãos (católicos e protestantes), um pequeno crescimento nas religiões não cristãs (judeus, muçulmanos, budistas, hindus) e, finalmente, um crescimento substancial dos Nones.[321] O Pew Research Center mostra que, em 2009, 78% dos americanos adultos eram cristãos, diminuindo para 71% em 2014 e 65% em 2018/2019. Os não cristãos subiram de 5% em 2009 para 6% em 2014 e atingiram 7% em 2018/2019. Os Nones eram de 16% em 2009, subindo para 23% em 2014 e chegando a 26% em 2018/2019.[322]

Um declínio na prática religiosa entre os americanos, ou um aumento na secularização no país, é a segunda tendência. Isso inclui uma queda na participação no serviço religioso; um aumento no desinteresse pela religião, especialmente entre as novas gerações; e uma queda na frequência da oração. Em 2009, 54% dos americanos adultos entrevistados disseram que participavam de um serviço religioso pelo menos uma vez por mês, o que caiu para 50% em 2014 e para 45% em 2018/2019. A porcentagem daqueles que disseram que participaram de um serviço religioso algumas vezes por ano, ou que nunca participaram, passou de 47% em 2009 para 50% em 2014 e 54% em 2018/2019.[323]

Em relação à religiosidade, em 2007, 56% dos americanos adultos entrevistados disseram que a religião era essencial para eles; em 2014, isso caiu para 53%. Entre as novas gerações, o problema é ainda mais agudo, já que as gerações mais jovens são menos religiosas do que as gerações

---

[320] JACOB, Cesar Romero; HEES, Dora Rodrigues; WANIEZ, Philippe; BRUSTLEIN, Violette. *Atlas da filiação religiosa e indicadores sociais no Brasil*. Rio de Janeiro: Editora PUC-Rio, 2003, p. 115-116; ROTTERDAN, Sandson. A religião em xeque: os sem religião no Brasil. *Senso*, 7 set. 2017. Disponível em: https://revistasenso.com.br/2017/09/07/religiao-em-xeque-os-sem-religiao-no-brasil/.

[321] GALLUP. *Religião*. 2019. Disponível em: https://news.gallup.com/poll/1690/religion.aspx?version=print.

[322] PEW RESEARCH CENTER. *In U.S., Decline of Christianity Continues at Rapid Pace*: An Update on America's Changing Religious Landscape. October 17, 2019b. Disponível em: https://www.pewforum.org/2019/10/17/in-u-s-decline-of-christianity-continues-at-rapid-pace/. Ver SMITH, Tom W.; DAVERN, Michael; FREESE, Jeremy; MORGAN, Stephen. *General Social Surveys, 1972-2018*. Chicago: NORC, 2018. Disponível em: http://gssdataexplorer.norc.org.

[323] PEW RESEARCH CENTER, 2019b.

mais velhas na América. Enquanto 67% da Geração Silenciosa (nascida em 1928-1945) disse que a religião era muito importante para eles, apenas 38% dos *millennials* (nascidos de 1981 a 1996) disseram o mesmo. Além disso, muitos americanos mostraram uma atitude negativa em relação às instituições religiosas. Cerca de metade deles disse que as instituições religiosas estavam muito preocupadas com dinheiro e poder (52%), se concentravam demais em regras (51%) e estavam muito envolvidas com a política (48%).[324]

Em relação à prática da oração, em 2007, 75% dos americanos entrevistados disseram que oravam diariamente ou semanalmente; em 2014, caiu para 71%. Ainda assim, em um estudo sobre a frequência de oração em 102 países,[325] o Pew Research Center descobriu que os Estados Unidos eram o único país com um alto nível de riqueza (US $ 56.000 per capita do produto interno bruto em 2015) e uma alta taxa de oração diária entre a população (55% em 2014).[326]

A ascensão dos Nones nos Estados Unidos é um fenômeno tão substancial que aparece na maioria dos segmentos da sociedade. Entre 2007 e 2012, os Nones cresciam entre homens e mulheres; pessoas brancas e negras; graduados universitários e aqueles sem diploma universitário; e pessoas que ganhavam US $ 75.000 ou mais e aqueles que ganhavam menos de US $ 30.000 por ano. Eles também estavam crescendo em todas as principais regiões do país, e entre os eleitores republicanos, bem como entre os eleitores democratas (embora o aumento tenha sido maior entre estes). Os Nones estão presentes em todas as gerações de americanos, representando um quarto da população. No entanto, eles são mais comuns em gerações mais jovens. Entre aqueles que têm 65 anos ou mais, apenas 9% declaram ser Nones, enquanto 32% daqueles com menos de 30 anos o fazem.[327]

---

[324] Ver PEW RESEARCH CENTER. *5 Key Findings About Religiosity in the U.S. — and How It's Changing*. November 3, 2015f. Disponível em: https://www.pewresearch.org/fact-tank/2015/11/03/5-key-findings-about-religiosity-in-the-u-s-and-how-its-changing/; PEW RESEARCH CENTER. *More Americans Now Say They're Spiritual but Not Religious*. September 6, 2017b. Disponível em: https://www.pewresearch.org/fact-tank/2017/09/06/more-americans-now-say-theyre-spiritual-but-not-religious/.

[325] PEW RESEARCH CENTER. *Religious Landscape Study*: Frequency of Prayer. Disponível em: https://www.pewforum.org/religious-landscape-study/frequency-of-prayer/. Acesso em: 11 maio 2020c.

[326] PEW RESEARCH CENTER. *With High Levels of Prayer, U.S. Is an Outlier Among Wealthy Nations*. May 1, 2019a. Disponível em: https://www.pewresearch.org/fact-tank/2019/05/01/with-high-levels-of-prayer-u-s-is-an-outlier-among-wealthy-nations/.

[327] Ver PEW RESEARCH CENTER. *A Closer Look at America's Rapidly Growing Religious Nones*. May 13, 2015d. Disponível em: https://www.pewresearch.org/fact-tank/2015/05/13/a-closer-look-at-americas-rapidly-growing-religious-nones/; PEW RESEARCH CENTER, 2012c; WHITE, 2014.

Quanto à identidade religiosa, os Nones americanos são bastante diversos, com 29% de ateus ou agnósticos e 71% sem afiliação religiosa específica. Embora 68% dos entrevistados declarem que acreditam em Deus, apenas 30% tinham certeza sobre isso, e apenas 17% acreditam em Deus, conforme descrito na Bíblia. Um pouco mais da metade deles, 53%, acredita em um poder superior ou força espiritual, e 27% não acreditam em Deus ou em um poder superior, o que é muito próximo do número que se identificou como ateu/agnóstico. A grande maioria dos Nones, 58%, raramente ou nunca orou, enquanto apenas 21% relataram orar diariamente, e 20% oraram semanalmente ou mensalmente. Além disso, 18% dos Nones declaram-se pessoas religiosas, enquanto 37% se identificaram como espirituais, mas não religiosos, e 42% como nem espirituais nem religiosos.[328]

Na sequência os Nones do Brasil e USA serão estudados à luz dos elementos selecionados que caracterizam as teorias de secularização, com o objetivo de compreender o fenômeno contemporâneo dos Nones em ambos os países, e fornecer *insights* sobre como trabalhar com eles.

Categoria 1: Desencantamento religioso

Resumo do tópico

O desencanto religioso é um dos elementos que caracterizam a secularização na visão de Max Weber. Para Weber, o espírito do capitalismo, conduzido pelos ideais iluministas de enriquecimento moral, produziu avanços tecnológicos e provisões científicas que resultaram no desencantamento do mundo. Isso significa que os elementos místicos e mágicos relacionados à fé em Deus seriam substituídos por uma visão mecanicista e racional do mundo, guiada por uma perspectiva de causalidade. Haveria uma ruptura com a visão unificada moral, cognitiva e interpretativa do mundo baseada em valores transcendentais e espirituais de domínio público.

Para o autor, os valores espirituais passariam da esfera pública para a esfera privada, tornando desafiadora a manutenção de um ethos religioso diante da pressão causada por sistemas burocráticos rígidos e eficientes.[329] Adepto das ideias de Weber sobre o desencantamento religioso, Wilson explica que, em uma sociedade secular, as pessoas não

---

[328] PEW RESEARCH CENTER, 2018a.
[329] Ver RIESEBRODT; KONIECZNY, 2010, p. 148-149; WEBER, 1958a.

dependem mais de conceitos sobrenaturais e pressupostos morais, mas de ações instrumentais e técnicas e decisões de voto. Nesse caso, ao invés de aceitar a sorte ou esperar que Deus guie seus destinos e planos – uma atitude mística e encantada –, as pessoas contam com informações políticas e técnicas para suas decisões.[330]

Relacionando o tópico com os Nones no Brasil e nos Estados Unidos

Em ambos os países, os Nones não são homogêneos e, dependendo do ângulo em que forem analisados, haverá mais ou menos conexão com as ideias weberianas de desencantamento. Alguns índices relativos aos Nones brasileiros demonstram que, no país, o grupo é a categoria populacional que mais reflete o processo de desencantamento religioso previsto por Weber e alguns de seus discípulos. Em comparação com a população brasileira em geral, o casamento civil é 22% mais comum entre os Nones, e a união consensual sem apoio civil ou religioso é 62% mais frequente no grupo do que na média da população do país. Simultaneamente, o casamento civil-religioso é 58% menos comum, e o casamento religioso sozinho é 52% menor entre os Nones, quando comparado com o resto da população do país.[331] Assim, pode-se dizer que os Nones são mais inclinados, do que a população em geral do Brasil, a fazer suas escolhas conjugais sem preocupação com valores transcendentais e pressupostos morais. As conveniências pessoais e secularizadas, apoiadas pelo Estado, orientam suas escolhas, mais do que os preceitos da religião institucional.

Para Pierucci, o processo de desencantamento do direito nos países politicamente democráticos deixou as pessoas autônomas em relação à religião como um referencial que direciona a vida. Este autor aplicou o desencanto weberiano às questões jurídicas, mostrando que Weber tinha em mente a crescente autonomia do direito no Ocidente em relação ao antigo arcabouço, que era subjetivo e baseado na revelação religiosa. Para ele, Weber previu a adoção de técnicas analíticas ao invés de fórmulas mágicas para a revelação carismática da lei.[332]

---

[330] WILSON, 1976a, p. 266-267.
[331] JACOB *et al.*, 2003, p. 120.
[332] PIERUCCI, Antônio Flávio. Secularização em Max Weber: da contemporânea serventia de voltarmos a acessar aquele velho sentido. *Revista Brasileira de Ciências Sociais*, v. 13, n. 37, p. 43-73, 1998.

No Brasil colonial (1500-1822) e no Brasil imperial (1822-1889), os casamentos eram apenas religiosos, sob a hegemonia do catolicismo. Somente em 1890, quando o Brasil se tornou uma república, foi instituído o casamento civil, obrigando a presença da autoridade estatal no reconhecimento das uniões. A partir da Constituição de 1934, o país passou a reconhecer o casamento religioso com caráter civil – celebrado por uma figura religiosa, seguindo os critérios e a documentação exigida pelo Estado, para ter valor civil e religioso.[333] A Constituição de 1988 passou a reconhecer a união estável – a união entre homem e mulher, sem documentação civil, sendo legalmente convertida em casamento após um período mínimo de cinco anos. Em 2011, o Supremo Tribunal Federal, em sua interpretação sistemática da Constituição de 1998, reconheceu as uniões entre pessoas do mesmo sexo como entidades familiares no Brasil.[334] Nessa perspectiva, os Nones brasileiros são o grupo que mais diretamente assimilou os efeitos do desencanto, na perspectiva weberiana, quando aplicada ao aspecto da união conjugal. Mais do que outros grupos, eles optam pela união matrimonial sem interferência religiosa.

Essa mesma visão do casamento – baseada na escolha independente e dissociada dos valores impostos pela religião – pode ser vista entre os americanos Nones de pelo menos duas maneiras. Primeiro, eles são o grupo no país com maior probabilidade de se casar ou viver em relacionamentos amorosos com pessoas de outras religiões. De acordo com uma pesquisa do Pew Research Center de 2015, os casamentos inter-religiosos entre os grupos americanos foram distribuídos da seguinte forma: Nones, 44%; protestantes, 41%; judeus, 35%; muçulmanos, 21%; mórmons, 18%; e hindus, 9%.[335] Um segundo aspecto é a taxa de união consensual sem laços legais entre os Nones americanos. Embora não seja tão comum quanto no Brasil, os Nones têm a maior taxa entre os grupos religiosos americanos, com 11%. Os católicos e muçulmanos são 8%, os protestantes e mórmons 7%, os judeus 6% e os hindus 5%.[336]

---

[333] KOVALIK, Adam. Efeito civil do casamento religioso no Brasil ontem e hoje. *Âmbito Jurídico*, 31 maio 2007. Disponível em: https://ambitojuridico.com.br/edicoes/revista-41/efeito-civil-do-casamento-religioso-no-brasil-ontem-e-hoje/.

[334] MARINHO JÚNIOR, James Muniz; ALMEIDA, Maria Suely Cruz de. O reconhecimento e dissolução de União Estável no Brasil e o meio processual cabível nas hipóteses de companheiros com ou sem filho menor de idade. *Âmbito Jurídico*, 3 out. 2019. Disponível em: https://ambitojuridico.com.br/cadernos/direito-civil/o-reconhecimento-e-dissolucao-de-uniao-estavel-no-brasil-e-o-meio-processual-cabivel-nas-hipoteses-de-companheiros-com-ou-sem-filho-menor-de-idade/.

[335] PEW RESEARCH CENTER. *Interfaith Marriage Is Common in U.S., Particularly Among the Recently Wed.* June 2, 2015e. Disponível em: https://www.pewresearch.org/fact-tank/2015/06/02/interfaith-marriage/.

[336] PEW RESEARCH CENTER. *Religious Landscape Study*: Marital Status. Disponível em: https://www.pewforum.org/religious-landscape-study/marital-status/. Acesso em: 26 mar. 2020a.

Seguindo esse mesmo raciocínio, ou considerando o desencanto weberiano aplicado à laicidade do Estado e da sociedade, os Nones brasileiros são quase unânimes em criticar a influência das instituições religiosas em questões que consideram de responsabilidade estatal, como política, aborto, uniões civis entre pessoas do mesmo sexo, entre outras.[337] Essa mesma tendência menos conservadora é vista entre os Nones americanos, já que 69% são a favor da homossexualidade e 23% contra; 59% são a favor do casamento entre pessoas do mesmo sexo e 32% contra; 55% são a favor do aborto e 40% contra.[338] Em ambos os países, os Nones refletem uma afinidade com as ideias weberianas de desencanto aplicadas à legislação, colocando o Estado em sua laicidade como responsável por questões éticas e relações sociais.

Por outro lado, se a aplicação do desencanto weberiano está relacionada à secularização da consciência, os Nones brasileiros parecem não refletir muito esse aspecto. Menos de 5% deles afirmam ser agnósticos ou ateus. A grande maioria, mais de 95% dos Nones brasileiros, diz acreditar em Deus ou em uma força cósmica, e pratica alguma religiosidade, dissociada de instituições.[339] Ao analisar os Nones americanos, é possível chegar à mesma conclusão sobre sua relação com a espiritualidade: 68% dos Nones americanos relatam acreditar em Deus ou em um poder superior, e 30% acreditam em Deus com absoluta certeza, sendo 49% entre os homens e 51% por cento entre as mulheres. Desses Nones que acreditam em Deus, 70% veem a religião como necessária e 28% a veem como sem importância.[340]

Há também uma tendência de praticar a religiosidade na esfera privada entre os Nones americanos. Dos Nones pesquisados que acreditam em Deus, a maioria não frequenta reuniões religiosas, mas 70% oram dia-

---

[337] Ver RODRIGUES, Denise S. *Os sem religião e a crise do pertencimento institucional no Brasil*: o caso Fluminense. Tese (Doutorado em Ciências Sociais) – Universidade Federal do Rio de Janeiro, Rio de Janeiro, 2009; VILHENA, Tony Welliton da Silva. Religião e novos movimentos sociais: A experiência organizativa do comitê inter-religioso do Pará. In: ARAGÃO, Gilbraz; CABRAL, Newton (ed.). *Anais do IV Congresso da Associação Nacional de Pós-Graduação e Pesquisa em Teologia e Ciências da Religião*. São Paulo: ANPTECRE, 2013; MARIANO, Ricardo. Efeitos da secularização do estado, do pluralismo e do estado religioso sobre as igrejas Pentecostais. *Civitas*: Revista de Ciencias Sociais, 2003. Disponível em: https://www.researchgate.net/publication/228657209_Efeitos_da_secularizac_ao_do_Estado_do_pluralismo_e_do_mercado_religioso_sobre_as_igrejas_pentecostais. Acesso em: 5 dez. 2017.

[338] PEW RESEARCH CENTER. *Religious Landscape Study*: Adults Who Believe in God with Absolute Certainty Who Are Unaffiliated (Religious Nones). Disponível em: https://www.pewforum.org/religious-landscape-study/religious-tradition/unaffiliated-religious-nones/belief-in-god/believe-in-god-absolutely-certain/. Acesso em: 30 mar. 2020b.

[339] JACOB *et al.*, 2003, p. 115-116; ROTTERDAN, 2017.

[340] PEW RESEARCH CENTER, 2020b.

riamente ou semanalmente, e apenas 21% disseram que nunca oram. Além disso, 49% praticam meditação com alguma frequência, em comparação com 46% que nunca meditam; 72% disseram que têm, com frequência, um sentimento espiritual de paz, enquanto 17% nunca sentem; e 63% se maravilham com o universo com bastante frequência, enquanto 28% nunca o fazem. Confirmando sua vocação para a religiosidade metafísica e experiencial sem conteúdo dogmático, o estudo da Bíblia foi praticado por 36% dos Nones, em comparação com 56% que nunca leram a Bíblia. Além disso, 46% não viam a Bíblia como a Palavra de Deus, enquanto 39% a viam como a Palavra de Deus, mas apenas 26% disseram que ela deveria ser interpretada literalmente.[341]

Com base nesses dados, cerca de 68 por cento dos Nones americanos acreditam em Deus ou em um poder espiritual superior e se envolvem em práticas espirituais de natureza experiencial e individual. Assim, pode-se dizer que o desencanto religioso previsto por Weber e alguns de seus discípulos não se cumpriu na vida da maioria dos Nones americanos contemporâneos, se aplicado no nível da consciência humana. Aproximam-se da figura do secular contemporâneo descrita por Asad, que mantém princípios contemporâneos herdados do Iluminismo modernista, como liberdade, individualidade e avanços científicos, sem renunciar à prática espiritual, baseada no distanciamento institucional.[342]

No entanto, se os Nones americanos contemporâneos forem vistos de outra perspectiva, sua relação com o tema do desencanto weberiano muda. Dados de 2017 mostram que cerca de 47% dos Nones americanos se declaram espirituais ou religiosos, enquanto a maioria, cerca de 54%, diz não ser nem espiritual nem religioso.[343] Outro estudo de 2012 da PRRI classificou os Nones americanos em três grupos: Crentes desapegados (23%) – pessoas que expressam religiosidade, mas estão desconectadas da identidade religiosa formal; Seculares (39%) – os que não manifestam religiosidade; e ateus e agnósticos (36%) – os mais críticos da religião.[344] Neste estudo, somando Seculares a Ateus e Agnósticos, 75% dos Nones estão desconectadas da religiosidade. De acordo com a primeira pesquisa,

---

[341] PEW RESEARCH CENTER, 2020b.
[342] ASAD, 1999, p. 180.
[343] PEW RESEARCH CENTER, 2017b.
[344] COX, Daniel; DIONNE JR., E. J.; NAVARRO-RIVERA, Juhem; JONES, Robert P.; GALSTON, William. 2012 Pre-Election American Values Survey. *PRRI*, October 22, 2012. Disponível em: https://www.prri.org/research/american-values-survey-2012/.

mais da metade não era nem espiritual nem religiosa. Além disso, 55% dos Nones nunca ou raramente frequentam serviços religiosos, e apenas 12% comparecem todas as semanas. Além disso, 73% deles nunca comparecem a uma reunião de oração, estudo bíblico ou evento religioso, e apenas 13% comparecem semanalmente. Essa não participação em reuniões religiosas demonstra uma atitude geral de distanciamento da religiosidade institucionalizada.[345] A tendência de administrar a vida a partir de uma perspectiva secular é outra característica dos Nones americanos, devido à forma como fazem suas escolhas pessoais. Entre os Nones que acreditam em Deus, 71% disseram que certo ou errado depende da situação, e apenas 25% que existe um padrão claro para o que é certo e errado. Quando perguntados sobre as fontes que consultaram sobre certo e errado, apenas 19% disseram que era religião, em comparação com 12% que disseram filosofia, 8% ciência e 71% senso comum.[346]

Olhando dessa maneira, o desencanto da consciência pessoal é confirmado na experiência da maioria dos Nones americanos. Eles procuram administrar a vida e os negócios independentemente de uma influência cósmica, guiados por princípios técnicos e baseados no livre-arbítrio. Em uma pesquisa de 2011 da Baylor University, 66% dos Nones viam os cristãos conservadores como limitadores da liberdade das pessoas, e 34% disseram que a ciência e a tecnologia tornaram a religião obsoleta.[347] No entanto, há evidências de que mesmo os ateus não vivenciam o secularismo absoluto. Uma pesquisa da PRRI mostrou que 27% dos ateus nos Estados Unidos faziam parte de uma congregação e haviam comparecido a algum serviço religioso nos últimos meses para dar liberdade de escolha religiosa a seus filhos, devido à influência do cônjuge ou desejo da comunidade.[348]

Resumo da Categoria 1

O desencanto previsto por Weber atinge os Nones no Brasil e nos Estados Unidos, tanto no nível da legislação quanto no nível da consciência pessoal. Essa conclusão não é absoluta, pois o grupo em ambos os países

---

[345] PEW RESEARCH CENTER, 2020b.
[346] PEW RESEARCH CENTER, 2020b.
[347] BAYLOR UNIVERSITY. *Wave III of the Baylor Religion Survey Examines How Religion Affects Individuals Outlook and Well-Being in Tumultuous Times*. September 20, 2011. Disponível em: https://www.baylor.edu/mediacommunications/news.php?action=story&story=100503.
[348] THOMSON-DEVEAUX, Amelia. Why Do Some Atheists Go to Church?. *PRRI*, December 9, 2011, Disponível em: https://www.prri.org/spotlight/why-do-some-atheists-go-to-church/.

é muito diversificado, e grande parte continua acreditando em Deus ou em uma força espiritual superior e pratica a espiritualidade dissociada dos vínculos institucionais – algo que também foi previsto por Weber. No entanto, pode-se dizer que, como grupo, os Nones brasileiros são menos afetados pelo desencanto no contexto da consciência pessoal do que o grupo americano, que, segundo os dados analisados, é mais secularizado.

Categoria 2: Enfraquecimento da influência pública da religião

Resumo do tópico

O enfraquecimento da influência pública da religião e das instituições religiosas, e a transferência da religião da esfera pública para a privada como consequência do secularismo são teses defendidas principalmente por Weber e seus discípulos. Para eles, a democracia, a especialização profissional, a tecnologia, as ciências experimentais, a burocracia e o capitalismo afetariam a influência social da religião, pois transfeririam algumas funções antes desempenhadas pela igreja para agências privadas. Assim, diminuiria a autoridade e o poder da igreja para definir o que as pessoas deveriam pensar, aceitar e praticar como princípios morais. Weber e seus discípulos também defendiam que o secularismo produziria uma religiosidade individual sem um aspecto institucional, também chamada de religião invisível e subjetiva. Eles concordaram que o modelo secular não significaria o eclipse da religião, mas sua transferência para a esfera privada, gerando uma atitude negativa em relação à religião institucionalizada, e trazendo novas formas de expressão religiosa.[349]

Relacionando o tópico com os Nones no Brasil e Estados Unidos

Segundo Berger, a secularização é "o processo pelo qual setores da sociedade e da cultura são removidos da dominação de instituições e símbolos religiosos".[350] Berger aponta para a secularização objetiva, ou a separação entre igreja e Estado, e o declínio do conteúdo religioso nas diversas esferas sociais. Ele também aponta para a secularização subjetiva ou secularização da consciência, significando que as pessoas encaram o mundo e a vida sem levar em conta as interpretações religiosas.[351]

---

[349] Ver WEBER, 2001, p. 105-112; WILSON, 2016, p. 14; LUCKMANN, 1967, p. 26-30; WALLIS, 1984, p. 57-60.
[350] BERGER, 1966, p. 236.
[351] BERGER, 1966, p. 226-239.

No Brasil e nos Estados Unidos, as pessoas que se identificam como Nones, ou sem religião, em sua maioria, afirmam acreditar em Deus ou em alguma entidade espiritual, sendo os ateus e agnósticos uma minoria no grupo. Por outro lado, os percentuais nos dois países são bem diferentes: nos EUA, 29% dos Nones afirmam ser ateus ou agnósticos, e 68% dizem acreditar em Deus ou em um poder superior,[352] enquanto no Brasil ateus e agnósticos representam apenas 4,8% dos Nones, com 95,2% acreditando em Deus ou em um poder superior.[353] Apesar dessa diferença de porcentagens, o ponto comum entre os Nones que dizem acreditar em Deus é que rompem com formas estabelecidas de vivenciar a espiritualidade, optando por aderir a formas não institucionalizadas de vivência religiosa. Em geral, essas pessoas dizem que são Nones ou sem religião porque associam a religiosidade a instituições das quais têm uma imagem profundamente negativa, e com as quais não querem se associar.[354]

Pesquisa qualitativa com dois grupos de Nones brasileiros, realizada pelo Instituto Vertex, a pedido da Arquidiocese de Belo Horizonte, constatou o seguinte: 80% deles passaram por duas ou mais tradições religiosas (católica, protestante ou espírita) antes de declararem-se Nones. Entre os motivos citados para o rompimento com a religião institucional estão: a falta de tempo e a busca pessoal insatisfeita (motivos pessoais); instabilidade dos pais e disparidade religiosa (motivos familiares); hipocrisia, falta de acolhimento e transformação da igreja em mercado da fé (motivos institucionais); e descrença na adequação das religiões e incompatibilidade de pontos de vista (razões religiosas). Para 80% dos entrevistados, Deus existe e se manifesta independentemente de religiões ou igrejas. Eles disseram que buscavam a Deus por meio da oração e fora dos limites das religiões institucionalizadas, que, segundo eles, deformavam Deus. Para eles, os valores que deveriam nortear a vida humana poderiam ser cultivados fora da religião, e destacaram o amor ao próximo como valor primordial da vida e superior a qualquer religião.[355]

Segundo Vieira, a pesquisa atesta a crença na possibilidade de formar uma espiritualidade não institucionalizada no ideário brasileiro contemporâneo, ou, como dizem, sem religião. Para o autor, essa ruptura institucional

---

[352] PEW RESEARCH CENTER, 2015h.
[353] INSTITUTO BRASILEIRO DE GEOGRAFIA E ESTATÍSTICA, 2012.
[354] Ver PEW RESEARCH CENTER, 2018b. Ver também INSTITUTO BRASILEIRO DE GEOGRAFIA E ESTATÍSTICA, 2012.
[355] CAMARGOS, Malco (ed.). *Transcrição da gravação dos grupos dos sem religião*. Belo Horizonte: Vertex Pesquisa, 2012.

e religiosa se dá no sentido de doutrinas e crenças. Ele também diz que a sociedade brasileira contemporânea, caracterizada por mudanças contínuas e profundas, favorece o crescimento e a disseminação de Nones no país.[356]

Fernandes aponta que existem quatro tipos de Nones do Brasil: os "de religiosidade própria", os incrédulos, os críticos da religião e os ateus. Os "de religiosidade própria" são aqueles que exploram o mercado religioso brasileiro, apropriando-se de produtos religiosos de diferentes denominações cristãs e não cristãs, moldando sua religiosidade de acordo com seu gosto pessoal e sincrético, sem qualquer compromisso institucional.[357] Uma pesquisa de 2002 realizada pelo Centro de Estatísticas Religiosas e Pesquisas Sociais (Ceris) sobre a mobilidade religiosa nas regiões metropolitanas centrais do Brasil constatou que 41,4% dos Nones relataram ter sua própria religiosidade privada, sem vínculos institucionais.[358] Em sua pesquisa com um grupo de quarenta e oito Nones na região metropolitana do Rio de Janeiro em 2007, Denise Rodrigues atestou que alguns entrevistados disseram não ter religião, mas religiosidade ou espiritualidade. Segundo eles, a religião era uma invenção humana para religar o humano ao divino, e justificar a busca pelo sentido da vida, enquanto a espiritualidade era algo intrínseco a cada pessoa, independentemente de intermediários. Isso levou Rodrigues a concluir que "o século XXI é marcado mais por uma caminhada rumo à espiritualidade, do que pela religião, entendida por meio de algumas definições clássicas".[359]

Em sua pesquisa, Rodrigues atestou que, dos 48 entrevistados, 30 fizeram alguma crítica às instituições religiosas, 17 se definiram como espirituais e 13 não espirituais, abrangendo todas as faixas etárias incluídas na pesquisa. Entre os motivos mais recorrentes para não quererem se relacionar com instituições religiosas estão o fanatismo, a intolerância, a hipocrisia, o uso do poder, o enriquecimento de líderes religiosos e a competição por membros.[360]

Se por um lado os Nones incrédulos e os de religiosidade própria estão desencantados com as instituições religiosas, por outro eles estão ainda mais afetados pelo secularismo. Podem ser agnósticos, ou ainda

---

[356] VIEIRA, 2015.
[357] FERNANDES, Silvia Regina Alves. Sem religião: a identidade pela falta? *In*: FERNANDES, Silvia Regina Alves. *Mudança de religião no Brasil*: desenvolvendo sentidos e motivações. São Paulo: Palavra e Prece, 2006b, p. 107.
[358] MOBILIDADE RELIGIOSA NO BRASIL. *Testemunho: Região episcopal Sé*. 4 fev. 2006. Disponível em: http://www.regiaose.org.br/testem/06_fev_04.pdf.
[359] RODRIGUES, 2007.
[360] RODRIGUES, 2007, p. 51.

manter a crença em Deus, mas desacreditam os símbolos e as doutrinas religiosas, muitas vezes resultantes de sucessivas experiências de mobilidade em que as instituições religiosas não conseguiram satisfazer os seus anseios.[361] A descrença e o desinteresse também podem resultar da falta de motivação e da menor prioridade dada às questões espirituais, típicas de um ambiente secularizado.[362]

Assim como os dois grupos anteriores, os Nones que são "críticos da religião" também assumem uma posição aversiva em relação às instituições religiosas, mas de forma mais contundente. Eles podem ser o grupo mais afetado pela influência secular e pela racionalização modernista, vendo a religião como uma ilusão,[363] ou mesmo como o ópio do povo.[364] Finalmente, os "Nones ateus", que representam 4% do grupo no Brasil, são aqueles que se posicionam não apenas contra as instituições religiosas, mas também ideologicamente contra a crença em Deus ou alguma entidade cósmica.[365]

Portanto, fica claro que um ponto comum entre todos os Nones brasileiros e americanos é a visão crítica das instituições religiosas. Quer mantenham uma espiritualidade individual e não relacionada, quer vivam sem contato com o sobrenatural, eles veem as instituições religiosas de forma negativa ou mesmo como algo a combater.

Em sua pesquisa doutoral sobre os não religiosos no contexto brasileiro, Rodrigues os classificou em cinco tipos: primeiro, os indisciplinados, ou aqueles que romperam drasticamente com a religião anterior; segundo, os desconectados, ou aqueles que passaram por um distanciamento mais brando; terceiro, os indiferentes, que não têm formação religiosa e não se interessam por religião; quarto, os buscadores, aqueles em uma jornada religiosa na tentativa de mitigar suas necessidades espirituais; e, finalmente, os autênticos, que estabelecem um sistema de religiosidade pessoal e independente. Rodrigues encontrou indícios de um processo de desinstitucionalização, destradicionalização e fortalecimento da reflexibilidade, o

---

[361] VILLASENOR, Rafael Lopez. Crise institucional: os sem religião de religiosidade própria. *Revista Nures*, n. 17, 2011, p. 9-10. Disponível em: https://revistas.pucsp.br/index.php/nures/article/view/5517.

[362] MARTELLI, Stefano. *A religião na sociedade pós-moderna*. São Paulo: Paulinas, 1995, p. 271.

[363] Uma ideia defendida pelo psicanalista Sigmund Freud. Ver FREUD, 1961; FREUD, 1939.

[364] Karl Marx defendeu a ideia de que "a religião é o suspiro da criatura oprimida, o coração de um mundo sem coração, assim como é o espírito de condições sem espírito. Ela é o ópio do povo." Ver MARX, Karl. Contribution to the Critique of Hegel's Philosophy of Law: Introduction. *In*: MARX, Karl; ENGELS, Frederick. *Collected Works*. New York: International Publishers, 1975, v. 3, p. 175.

[365] VILLASENOR, 2011, p. 10.

que permite uma atitude de ruptura e desafio aos sistemas consolidados. Para ela, todos os Nones brasileiros estão sem religião no sentido institucional, evidenciando a crise de pertencimento institucional no país, mas a maioria deles expressa religiosidade ou espiritualidade independente, de caráter individual, interpretando-a como assunto íntimo, separando o público do privado.[366] Villasenor expressa pensamento semelhante ao afirmar que a falta de pertencimento a uma religião oficial no Brasil não significa necessariamente descrença em Deus ou irreligiosidade; significa principalmente o abandono das instituições religiosas, muitas vezes acompanhado da criação de um sincretismo religioso pautado por necessidades subjetivas e individuais.[367]

A secularização na América atingiu firmemente as chamadas igrejas protestantes tradicionais. As igrejas que compõem o grupo principal atingiam cerca de 25% da população no final do século XX e hoje representam apenas 14,7% dos americanos. Elas tiveram como membros todos os presidentes americanos, exceto o católico John Kennedy e os batistas do sul Jimmy Carter e Bill Clinton; produziram a maioria dos juízes da Suprema Corte dos Estados Unidos; e têm sido amplamente representadas no Congresso. No entanto, elas têm perdido cada vez mais prestígio, influência e definição teológico-doutrinária entre os americanos. Este grupo tem sido visto por representantes do protestantismo evangélico – igrejas protestantes que enfatizam a necessidade de um novo nascimento espiritual – como liberais e parcialmente responsáveis pelo declínio moral e espiritual da sociedade americana, sendo, juntamente com os católicos, a principal fonte de Nones.[368]

Em seu estudo dos Nones americanos,[369] com base em várias pesquisas, Baker e Smith, da Universidade de Nova York, argumentam que o grupo rejeita a religião pública e institucionalizada, mas não necessariamente a prática privada e individualizada da espiritualidade. Segundo eles, excluindo ateus, agnósticos e pessoas culturalmente religiosas, 74% do grupo restante, classificado por eles como "crentes não filiados", praticam a oração pelo menos uma vez por mês. Cerca da metade, 51%, sente

---

[366] RODRIGUES, 2007.
[367] VILLASENOR, 2011, p. 3-4.
[368] LE BEAU, Bryan F. *A History of Religion in America: From the End of the Civil War to the Twenty-First Century*. New York: Routledge, 2018, p. 222.
[369] Baker e Smith estudaram quatro grupos de indivíduos seculares: ateus, agnósticos, religiosamente culturais e crentes não afiliados. Ver BAKER, Joseph O.; SMITH, Buster G. *American Secular:* Cultural Contours of Nonreligious Belief Systems. New York: New York University, 2015, p. 90.

uma "profunda sensação de paz espiritual"; e 65% "sentem uma profunda sensação de admiração pelo mistério do universo". Metade dos crentes não afiliados disseram acreditar no céu, inferno, Satanás e anjos. Por outro lado, os autores observam que 59% desse grupo nunca frequentam serviços religiosos e mais de 65% declaram que "a religião causa mais conflito do que paz". No entanto, quando perguntados se a religião era essencial para suas vidas, apenas um terço, 27%, disse que a religião não era significativa. Os autores concluem que esse padrão de comportamento dos crentes não filiados tende a distinguir entre religião pública e privada, rejeitando a primeira, mas não necessariamente a segunda. Além disso, segundo os autores, os crentes não afiliados também demonstram uma alta rejeição às instituições religiosas.[370]

Um fato intrigante sobre os Nones americanos é que a esmagadora maioria deles foi criada em uma tradição religiosa. Cerca de três quartos dos adultos Nones nos EUA (74%) foram criados como membros de uma religião específica antes de abandonar sua identidade religiosa na idade adulta.[371] Por alguma razão, as instituições religiosas são incapazes de retê-los, especialmente quando atingem a idade adulta.

Estudos mostram que a "reação política" é uma das razões pelas quais a maioria dos Nones nos Estados Unidos são jovens adultos, especialmente da geração do milênio. Eles se afastam das instituições religiosas porque essas instituições defendem políticas conservadoras. Duas pesquisas publicadas pelo Pew Research Center em 2012 descobriram que os Nones estavam concentrados principalmente entre jovens adultos e pessoas com uma ideologia política liberal, defendendo questões como o casamento entre pessoas do mesmo sexo. A pesquisa também descobriu que 70% dos Nones consideravam as instituições religiosas muito preocupadas com dinheiro e poder, e 67% disseram que essas instituições estavam muito envolvidas na política. Em geral, eles eram mais propensos do que os religiosos a dizer que as igrejas deveriam ser mantidas longe de questões políticas.[372] A pesquisa do Pew Research Center prova o que Hout e Fischer declararam desde 2002. Para eles, "parte do aumento dos Nones pode ser

---

[370] BAKER; SMITH, 2015, p. 89-92. Ver também PEW RESEARCH CENTER, 2018b.
[371] PEW RESEARCH CENTER. *Why America's 'Nones' Left Religion Behind*. October 24, 2016d. Disponível em: http://www.pewresearch.org/fact-tank/2016/08/24/why-americas-nones-left-religion-behind/.
[372] Ver PEW RESEARCH CENTER. *More See "Too Much" Religious Talk by Politicians*. March 23, 2012a. Disponível em: https://www.pewforum.org/2012/03/21/more-see-too-much-religious-talk-by-politicians. PEW RESEARCH CENTER. *Little Voter Discomfort with Romney's Mormon Religion*. July 26, 2012b. Disponível em: https://www.pewforum.org/2012/07/26/2012-romney-mormonism-obamas-religion/.

vista como uma declaração simbólica contra a lei religiosa".[373] Putnam e Campbell seguem o mesmo raciocínio ao apontar que muitos jovens americanos passaram a ver a religião como "julgadora, homofóbica, hipócrita e muito política" diante do movimento ocorrido no país entre as décadas de 1970 e 1990, em que políticas conservadoras passaram a ser defendidas como instrumento de campanha, com o apoio da religião, enquanto os direitos dos homossexuais e o aborto tornaram-se bandeiras culturais.[374]

Outro fator na rejeição dos americanos às instituições religiosas é o adiamento do casamento. Os dados mostram que entre os adultos com menos de trinta anos, os casados têm maior probabilidade de ter uma afiliação religiosa do que os solteiros.[375] Wuthnow afirma que, desde a década de 1970, houve um declínio geral na frequência à igreja entre os americanos, atribuindo-o a tendências sociais e demográficas, incluindo o adiamento do casamento e da paternidade por um número crescente de jovens adultos.[376] No entanto, dados do Pew Research Center não mostram crescimento na afiliação religiosa nos Estados Unidos à medida que as pessoas envelhecem. A porcentagem de religiosos em cada geração tende a se manter estável, com uma pequena queda, à medida que as gerações envelhecem. Por outro lado, a frequência da oração e o grau de importância atribuído à religião aumentam com a idade – no caso, uma religiosidade dissociada dos vínculos institucionais e tendente à individualização da espiritualidade.[377]

Alguns viram uma espécie de amplo desengajamento social na sociedade americana nos tempos contemporâneos. É um tipo de declínio geral do "capital social" que se manifesta como individualismo e menor engajamento em atividades comunitárias. "O individualismo há muito é considerado um valor americano fundamental".[378] Putnam descreve esse individualismo americano com a expressão que deu título ao seu

---

[373] HOUT, Michael; FISCHER, Claude S. Why More Americans Have No Religious Preference: Politics and Generations. *American Sociological Review*, n. 67, 2002, p. 165.

[374] PUTNAM, Robert D.; CAMPBELL, David E. *American Grace*: How Religion Divides and Unites Us. New York: Simon & Schuster, 2010, p. 120-121. Ver também CORRIGAN, John; HUDSON, Winthrop S. *Religion in America*. 9th ed. New York: Routledge, 2018, p. 564.

[375] PEW RESEARCH CENTER, 2020a.

[376] WUTHNOW, Robert. *After the Baby Boomers*: How Twenty- and Thirty-Somethings Are Shaping the Future of American Religion: Princeton, NJ: Princeton University Press, 2007, p. 51-70.

[377] PEW RESEARCH CENTER. *Religion Among the Millennials*: Introduction and Overview. February 17, 2010. Disponível em: https://www.pewforum.org/2010/02/17/religion-among-the-millennials/.

[378] PEW RESEARCH CENTER. *Values and American Exceptionalism*. October 4, 2007c. Disponível em: https://www.pewresearch.org/global/2007/10/04/chapter-4-values-and-american-exceptionalism/.

livro: "bowling alone" – "jogando boliche sozinho" –, relacionando o crescimento dos Nones na América à manifestação de um amplo desengajamento social.[379]

Essa associação entre o crescimento dos Nones e o individualismo manifestado na sociedade americana contemporânea faz sentido quando se nota que as pessoas mais propensas a se envolverem em atividades comunitárias e grupos de voluntários das mais variadas sociedades são consideradas "ativas" em comunidades religiosas. Essas pessoas, que são mais do que apenas membros, se envolvem na vida regular da comunidade religiosa e participam mais do que outros americanos em diferentes grupos de voluntariado para o bem da sociedade local.[380]

Além disso, os americanos não afiliados a instituições religiosas são menos propensos do que a população em geral a considerar importante pertencer a "uma comunidade de pessoas que compartilham seus valores e crenças" (49% da população em geral e 28% dos Nones veem a participação na comunidade como muito importante).[381] Heehs vê o individualismo da sociedade americana, vivenciado mais especificamente pelos Nones, como reflexo de um processo que começou com a chegada da era moderna. Para ele, a era moderna trouxe os princípios da liberdade e da racionalidade, por meio dos quais a individualidade humana passou a ter um papel preponderante nas culturas tradicionais, iniciando uma mudança de paradigmas e o colapso do consenso cristão. A popularidade contemporânea de uma espiritualidade interior livre de restrições institucionais, fortemente presente nos Nones americanos e brasileiros, é resultado desse processo.[382]

No entanto, apesar do crescimento dos Nones como resultado da individualização moderna, os estudiosos têm percebido que eles tendem a valorizar o papel social da religião, em linha com a tese de Durkheim sobre o valor da religião em termos sociais. Para Durkheim, a sociedade precisa da religião como ferramenta organizacional, para a ordem e mani-

---

[379] PUTNAM, Robert D. *Bowling Alone*: The Collapse and Revival of American Community. New York: Simon & Schuster, 2000.
[380] PEW RESEARCH CENTER. *The Civic and Community Engagement of Religiously Active Americans*. December 23, 2011. Disponível em: https://www.pewresearch.org/internet/2011/12/23/the-civic-and-community-engagement-of-religiously-active-americans/.
[381] PEW RESEARCH CENTER. *About the Pew Internet & American Life Project*. June 27, 2007a. Disponível em: https://www.pewresearch.org/internet/2007/06/27/about-the-pew-internet-american-life-project/.
[382] HEEHS, Peter. *Spirituality without God*: A Global History of Thought and Practice. New York: Bloomsbury Academic, 2019, p. 235.

festação dos valores sociais.[383] Nesta perspectiva, os Nones têm uma certa simpatia por instituições religiosas que desempenham um papel de serviço humanitário, promovendo o bem-estar social.

Em sua pesquisa com os Nones brasileiros, Rodrigues constatou que alguns dos entrevistados que se autodefiniam como espirituais, e mesmo alguns que diziam não ter espiritualidade, reconheciam que a religião poderia ajudar a disciplinar as pessoas e evitar o caos social, além de ser um consolo, conforto e assistência para explicar o que é inexplicável.[384] White, que na década de 1990 fundou a Mecklenburg Community Church em Charlotte, Carolina do Norte, com o objetivo principal de alcançar esse grupo, argumenta que os Nones são especialmente simpáticos a iniciativas relacionadas ao serviço ao próximo.[385]

Alguns sociólogos associam o desenvolvimento econômico à secularização, concluindo que as sociedades mais ricas são necessariamente menos religiosas.[386] Isso significa que as crenças e práticas religiosas tendem a ser menos intensas em sociedades onde há maior segurança existencial. Ou seja, quanto maior a segurança financeira e menor a ameaça à saúde e ao bem-estar, mais secularizada tende a ser a sociedade, acompanhada do crescimento dos Nones.[387] Em países mais desenvolvidos e ricos, com maior renda per capita, as pessoas tendem a ser menos religiosas, e em países com menor renda per capita, as pessoas tendem a ser mais religiosas.[388] No entanto, os Estados Unidos têm sido vistos como uma exceção a essa regra, pois o país tem uma alta renda per capita e altos níveis de compromisso religioso.[389] Por outro lado, Norris e Inglehart veem a ascensão dos Nones nos Estados Unidos como um sinal de que a secularização está avançando no país. Para eles, a secularização é uma causa de desfiliação religiosa na sociedade americana.[390]

---

[383] DURKHEIM, 1912, p. 429, 432.

[384] RODRIGUES, 2007, p. 51.

[385] WHITE, 2014, p. 143-148.

[386] Ver HIRSCHLE, Jochen. "Secularization of Consciousness" or Alternative Opportunities? The Impact of Economic Growth on Religious Belief and Practice in 13 European Countries. *Journal for the Scientific Study of Religion*, v. 52, n. 2, p. 410-424, 2013; WALLACE, Robert M. Progress, Secularization and Modernity: The Löwith-Blumenberg Debate. *New German Critique*, n. 22, p. 63-79, 1981.

[387] NORRIS, Pippa; INGLEHART, Ronald. *Sacred and Secular*: Religion and Politics Worldwide. New York: Cambridge University Press, 2011, p. 216-217.

[388] PEW RESEARCH CENTER, 2007c.

[389] PEW RESEARCH CENTER. *World Publics Welcome Global Trade — But Not Immigration*. October 4, 2007b. Disponível em: https://www.pewresearch.org/global/2007/10/04/world-publics-welcome-global-trade-but-not-immigration/.

[390] NORRIS; INGLEHART, 2011, p. 216.

Resumo da Categoria 2

O enfraquecimento da influência pública da religião e das instituições religiosas, bem como a transferência da religião da esfera pública para a esfera privada, pode ser visto nas culturas brasileira e americana, e mais claramente evidenciado através dos Nones de ambos os países. Tanto os Nones brasileiros quanto os americanos mostram uma atitude aversiva em relação à religião institucionalizada, embora, como disse Ribeiro, a maioria mantenha o sentimento de espiritualidade e esteja disposta a acolher a dimensão transcendente.[391]

Em ambos os países, muitos Nones veem a religiosidade como algo privado, guiado por escolhas individuais – o que Steil chama de religiosidade analógica ou metafísica, de orientação espiritual, subjetiva, ecológica, terapêutica ou psicológica.[392] É uma forma de viver a fé por meio da adoção de valores sagrados, presentes em diversas religiões ou filosofias de vida, com base em um sincretismo subjetivo, pessoal, desvinculado da religiosidade institucional – uma espécie de religião invisível.[393] Luiz chama esse fenômeno de desvio do centro de poder das instituições religiosas para os sujeitos religiosos.[394]

Como vivem em culturas diferentes, os Nones brasileiros e americanos têm aversão a instituições religiosas por motivos diferentes. Os brasileiros citam a incoerência religiosa dos pais, a falta de acolhimento, o fanatismo, a intolerância, a hipocrisia, a inadequação, o abuso de poder, o enriquecimento de líderes religiosos e a competição por membros como principais motivos para o abandono da religião institucional. Do lado americano, algumas das principais razões incluem a deficiência do protestantismo e do catolicismo históricos em atender às demandas espirituais de seus membros, o individualismo característico da sociedade americana, tendências sociais e demográficas, como o adiamento do casamento e da paternidade por um número crescente de jovens adultos, e a ideologia liberal, especialmente entre as gerações mais jovens.

---

[391] RIBEIRO, Flávio Augusto Senra. Os sem religião por eles mesmos. *In*: MOREIRA, Alberto da Silva; LEMOS, Carolina Teles; QUADROS, Eduardo Gusmão; GOMES, Rosângela da Silva (ed.). *A religião entre o espetáculo e a intimidade*: VII Congresso Internacional em Ciências da Religião. Goiânia, GO: PUC Goiás, 2014, p. 57.

[392] STEIL, Carlos Alberto. Pluralismo, modernidade e tradição: transformações do campo religioso. *Ciências Sociais e Religião*, v. 3, n. 3, 2001, p. 120.

[393] VILLASENOR, 2011, p. 4, 6.

[394] LUIZ, Ronaldo R. A religiosidade dos sem religião. *Ciências Sociais e Religião*, v. 15, n. 19, p. 73-88, jul./dez. 2013. Disponível em: http://www.seer.ufrgs.br/CienciasSociaiseReligiao/article/view/44576. p. 76.

Por outro lado, algumas características da contemporaneidade transcendem as barreiras culturais entre os dois países, e são compartilhadas entre os dois grupos de Nones. Eles não apenas separam os Nones das instituições religiosas, mas também encorajam a religiosidade privada entre eles. O primeiro é o princípio da separação entre igreja e Estado, atribuindo a este a função política e o comando da legislação secular, sem vínculos com a religião. Os Nones afirmam que as igrejas estão muito envolvidas na política, além de serem críticas, homofóbicas, hipócritas e preocupadas com dinheiro e poder.

Em segundo lugar, a tendência contemporânea de liberdade e independência, inclusive na esfera religiosa, incentiva uma religião mais privada baseada em escolhas pessoais. Há também uma falta de prioridade para com as questões espirituais, típica de um ambiente secularizado, onde as pessoas colocam o trabalho e outros objetivos acima do compromisso religioso. No entanto, evidências apontam que os Nones atribuem um valor social particular à religião e tendem a simpatizar com instituições religiosas que promovem o bem-estar social das pessoas.

Categoria 3: Pluralismo religioso em um ambiente de mercado

Resumo do tópico

O pluralismo religioso é a principal bandeira de Berger em sua análise dos efeitos contemporâneos do secularismo. Para ele, o modernismo deu origem ao secularismo, que trouxe consigo o pluralismo e o relativismo. Berger explica que o pluralismo gera contaminação cognitiva – uma espécie de entorpecimento progressivo em relação ao contraditório –, de modo que as pessoas passam a aceitar o que antes não era tolerado. Assim, os valores absolutos gradualmente perdem força, resultando em relativismo; aplicado ao mundo religioso, isso significa a relativização do conteúdo religioso.[395]

Além disso, ele destaca, como resultado do pluralismo, o surgimento de uma religiosidade baseada em um contexto de mercado em que a religião se torna sujeita à escolha livre e subjetiva, de acordo com a consciência de cada pessoa. "Opinião", "sentimentos" e "preferências" tornam-se as palavras-chave, levando à flexibilidade na teologia e à

---

[395] Ver BERGER, 2004, p. 251-252, 268, 271-273; BERGER; ZIJDERVELD, 2009, p. 147-148; BERGER, 2014, p. 2-3; BERGER, 1966, p. 271-80.

alteração do conteúdo religioso. Dentro desse mesmo raciocínio, Wilson entende que a multiplicação das experiências religiosas predispõe ao advento do ecumenismo – processo em que as instituições religiosas se fundem por meio da aculturação dos compromissos religiosos, produzindo o sincretismo religioso.[396]

Grace Davie observou que, especialmente entre os jovens e pessoas menos instruídos, o secularismo não resultou no desaparecimento da religião e dos valores, mas no declínio das instituições religiosas, levando-a a cunhar a expressão "crer sem pertencer". De acordo com Davie, a associação da igreja com poder e domínio, o acesso a conteúdo religioso através da mídia de massa, as muitas opções de entretenimento no mundo contemporâneo e "religião vicária" – "a noção de religião praticada por uma minoria ativa, mas em nome de um número muito maior" – estão entre as principais razões que as pessoas relatam para se distanciarem das instituições religiosas hoje.[397]

Starks e Iannaccone teorizam que a crença sem pertencimento institucional, em um contexto de mercado religioso, leva ao que chamam de "mobilização religiosa" – um grande processo de deslocamento das pessoas entre várias opções religiosas. Segundo eles, quanto mais plural e competitiva a economia religiosa, maior o envolvimento das pessoas e, ao mesmo tempo, menor a lealdade institucional.[398] Taylor chama esse movimento religioso contemporâneo de período "pós-durkheimiano", caracterizado pela ética da autenticidade e pela fé individual, sincrética, experiencial e relativista, na qual as pessoas se definem como "buscadoras" ou "espirituais, mas não religiosas", mantendo valores espirituais, sem ligação com instituições religiosas.[399]

Relacionando o tópico com os Nones no Brasil e nos Estados Unidos

Estudiosos têm utilizado a expressão *religiosidade contemporânea* para se referir ao contexto religioso vigente no Brasil e nos Estados Unidos hoje. A expressão refere-se a um ambiente pluralista marcado por elementos que caracterizam a teoria da secularização, prevista no período moderno,

---

[396] WILSON, 2016, p. 1-2.
[397] Ver DAVIE, 1990, p. 462; DAVIE, 2007, p. 44, 98, 99, 140; DAVIE, 2000, p. 68, 69; DAVIE, 1994, p. 94, 112, 113.
[398] STARK, 1999, p. 249-273; IANNACCONE, 1998, p. 1498; IANNACCONE, Laurence R.; FINKE, Roger; STARK, Rodney. Deregulating Religion: The Economics of Church and State. *Economic Inquiry*, n. 35, April 1997, p. 351-352.
[399] Ver TAYLOR, 2007, p. 512-531, 538; TAYLOR, 2003, p. 25, 26, 36, 39, 46, 50, 65, 74, 82; TAYLOR, 2013.

mas que atingiu seu estágio de maturidade na pós-modernidade, como a ênfase na espiritualidade sem vínculos institucionais, o relativismo e o marketing religioso, entre outros.[400] Em geral, o pluralismo religioso refere-se ao número de "empresas religiosas" ativas na economia religiosa de uma sociedade.[401] Este trabalho considera uma empresa religiosa como um grupo religioso distinto, incluindo religiões cristãs e não cristãs. Por outro lado, a "economia religiosa" refere-se a todas as atividades religiosas praticadas em uma sociedade, especialmente em um contexto de mercado religioso, no qual as pessoas estão expostas a uma ampla variedade de opções religiosas, geralmente divididas por um sistema de mercado.[402]

Os fundamentos do pluralismo religioso

Entre as principais causas do pluralismo religioso em ambas as sociedades, ligadas ao processo de secularização, estão a concepção de um Estado laico com a separação entre Igreja e Estado, um ambiente de liberdade religiosa, a instalação de um ambiente de mercado religioso, a multiplicação de novas cultos e seitas dentro do cristianismo, o crescimento de religiões não cristãs, espiritualidade subjetiva e dissociação de pertença institucional.

O pluralismo religioso brasileiro, com suas características sincréticas, foi estabelecido a partir de diferentes matrizes, em sua maioria associadas à colonização e à imigração.[403] O catolicismo, trazido pelos portugueses em 1500,[404] era praticado juntamente com as crenças indígenas dos habitantes locais. Os rituais do candomblé e outras formas religiosas de matriz africana chegaram com os escravos entre 1549 e 1850. A mistura

---

[400] ROOF, Wade Clark (ed.). *Contemporary American Religion*. vol. 1. New York: Macmillan Reference USA, 2000; PANASIEWICZ, Roberlei; RIBEIRO, Cláudio de Oliveira; ARAGÃO, Gilbraz de Souza. Espiritualidades contemporâneas, pluralidade religiosa e diálogo. In: ARAGÃO, Gilbraz; CABRAL, Newton (ed.). *Anais do IV Congresso da Associação Nacional de Pós-Graduação e Pesquisa em Teologia e Ciências da Religião*. São Paulo: ANPTECRE, 2013.

[401] STARK, Rodney; FINKE, Roger. *Acts of Faith*: Explaining the Human Side of Religion. Berkeley, CA: University of California Press, 2000, p. 198.

[402] STARK; FINKE, 2000, p. 193.

[403] DECCOL, René. Imigração internacional e mudança religiosa no Brasil. *USSP*, 2001. Disponível em: http://www.abep.nepo.unicamp.br/iussp2001/cd/GT_Migr_Deccol_Text.pdf.

[404] A primeira missa católica no Brasil foi celebrada por Frei Henrique de Coimbra, em Porto Seguro, BA, no dia 26 de abril de 1500, quatro dias após o descobrimento do país por Pedro Álvares Cabral. A embarcação de Cabral transportava padres jesuítas, que vieram com a missão oficial de catequizar a nova colônia portuguesa. Ver ISAÍAS, Artur Cesar. A hierarquia Católica Brasileira e o passado português. In: SZESZ, Christiane Marques et al. *Portugal-Brasil no século XX*: sociedade, cultura e ideologia. Bauru: Edusc, 2003, p. 250.

foi potencializada pelo protestantismo que chegou ao Brasil colonial entre os séculos XVI e XVII, e foi fortalecido pelo pentecostalismo no século XX, e mais recentemente o neopentecostalismo. A matriz religiosa oriental também chegou ao Brasil com os imigrantes no início do século XX, principalmente os japoneses. O judaísmo, o islamismo e as religiões exotéricas também apresentaram crescimento significativo no Brasil. Esta grande diversidade de práticas religiosas está na base de um sincretismo religioso bastante característico da população local.[405]

Outro fator que tem propiciado o pluralismo religioso no Brasil, segundo Prandi, é a secularização: primeiro, a já consolidada secularização do Estado; segundo, a secularização da cultura, ainda em curso, que tem permitido aos brasileiros escolher religiões diferentes daquela em que nasceram.[406] No Brasil colonial (1500-1822) e no Brasil imperial (1822-1889), o catolicismo era a religião oficial. O artigo 5.º da Constituição de 1824 permitia a prática de outras religiões, mas apenas de forma privada e sem proselitismo.[407] O Brasil tornou-se um Estado laico com a Proclamação da República em 1889, oficializando a separação entre igreja e Estado,[408] e ganhando um sistema de proteção social e direitos de cidadania definidos na Constituição de 1988, que favorecia a pluralidade de opções religiosas.[409] Seguiu-se uma multiplicidade interna no campo cristão, com a instalação de diversos novos grupos de evangélicos pentecostais e neopentecostais, a renovação carismática

---

[405] Ver NOVAES, Regina. Os jovens sem religião: ventos secularizastes, espírito de época e novos sincretismos. Notas preliminares. *Estudos Avançados*, v. 18, n. 52, 2004, p. 326; Santos, 2016, p. 2-5; KUHN, Wagner. Understanding Religious Syncretism in Brazil: Cases in Dual Allegiance with Implications for Adventist Mission. *Revista Hermeneutica*, n. 7, 2007. Disponível em: http://www.seeradventista.com.br/ojs/index.php/hermeneutica/article/view/205/198; FAUSTO, Boris. *História do Brasil*. São Paulo: Edusp, 1995, p. 20-21; Luiz, 2013, p. 74; RÖWER, Basílio. *Páginas de história Franciscana no Brasil*. Petrópolis RJ: Vozes, 1941; AMADO, Jorge. *Jubiabá*. 40. ed. Rio de Janeiro: Record, 1981; PORTELA, Antônio Narcélio Machado. *Os primeiros Protestantes no Brasil colonial: séculos XVI e XVII*. Monografias Brasil Escola: História, 2018. Disponível em: https://monografias.brasilescola.uol.com.br/historia/os-primeiros-protestantes-no-brasil-colonial-seculos-xvi-xvii.htm. Acesso em: 17 mar. 2018; CUNHA, Olívia Maria Gomes. *Fazendo a "coisa certa"*: reggae, rastas e pentecostais em Salvador. 1991. Disponível em: http://www.anpocs.org.br/portal/publicacoes/rbcs_00_23/rbcs23_09.htm. Acesso em: 17 mar. 2018.

[406] PRANDI, Reginaldo. Converter indivíduos, mudar culturas. *Tempo Social*, v. 2, n. 20, 2008, p. 170.

[407] "A religião católica romana apostólica continuará a ser a religião do Império. Todas as outras religiões serão permitidas com o seu culto doméstico ou privado em edifícios destinados a elas, mas sem qualquer forma exterior de templo." Ver "Constituição do Império do Brasil". Disponível em: https://en.wikisource.org/wiki/Constitution_of_the_Empire_of_Brazil. Acesso em: 18 jun. 2020.

[408] O Decreto n.º 1 do Governo Provisório de Mal Deodoro da Fonseca e, posteriormente, o Decreto 119-A de 7 de janeiro de 1890, garantiram a laicidade do Estado brasileiro.

[409] ALVES *et al.*, 2017, p. 223.

do catolicismo e, mais recentemente, os chamados evangélicos indeterminados. O Brasil tem uma crescente pluralidade religiosa em geral, com muitas opções não cristãs, e até experiências de espiritualidade sem viés institucional.[410]

Do lado norte-americano, a religião e a liberdade religiosa tiveram um papel fundamental desde os primórdios da nação. O catolicismo foi trazido para os Estados Unidos pelos espanhóis nos anos 1500, e, por trezentos anos, missionários e colonos espanhóis e latino-americanos fortaleceram a presença da igreja, especialmente na Flórida, no sudoeste e na Califórnia. Nos anos 1600, colonos, principalmente da Inglaterra, trouxeram o protestantismo para o país, tendo saído de sua pátria de origem devido à perseguição religiosa do catolicismo europeu. As denominações que formaram esse primeiro núcleo protestante no país são conhecidas hoje como igrejas protestantes tradicionais ou históricas: batistas, metodistas, luteranos, presbiterianos, episcopais e a Igreja Unida de Cristo.[411] A princípio, algumas denominações tentaram impor seus pontos de vista e crenças aos outros, mas a ideia de separação entre igreja e Estado foi defendida pelos colonos fundadores do país, incluindo John Clarke, Roger Williams, William Penn e pais fundadores como James Madison, Thomas Jeferson e Thomas Paine.[412]

A Constituição dos EUA, adotada em 1798, em sua primeira emenda, proibiu a criação de um Estado religioso, estabelecendo a separação entre igreja e Estado e garantindo a liberdade religiosa no país. Os conceitos de liberdade individual e religiosa, bem como a diversidade étnica da população, têm sido vistos como fatores fundamentais no pluralismo religioso existente nos Estados Unidos hoje. O processo de imigração que trouxe para o país africanos, judeus, muçulmanos, indianos, asiáticos de diversos países, pessoas de origem hispânica, entre outros, tem contribuído para o estabelecimento de uma religiosidade plural, inclusive com a presença de muitas religiões não cristãs.[413]

---

[410] TEIXEIRA, Faustino; MENEZES, Renata (ed.). *Religiões em movimento*: o censo de 2010. Petrópolis, RJ: Vozes, 2013, p. 25.

[411] DATESMAN, Maryanne Kearny; CRANDALL, Joann; KEARNY, Edward N. *American Ways*: An Introduction to American Culture. White Plains, NY: Pearson Education, 2014, p. 54-55.

[412] JEFFERSON, Thomas. Jefferson's Letter to the Danbury Baptists. *Library of Congress*, January 1, 1802. Disponível em: https://www.loc.gov/loc/lcib/9806/danpre.html. Acesso em: 18 maio 2020; LIBRARY OF CONGRESS. *The State Becomes the Church*: Jefferson and Madison. June 4, 1998. Disponível em: https://loc.gov/exhibits/religion/rel06-2.html; LOCKE, 2003; PAINE, 2014, p. 44-49, 138-142.

[413] DATESMAN; CRANDALL; KEARNY, 2014, p. 56.

Neste cenário pluralista, onde os cristãos, incluindo protestantes e católicos, estão em declínio, as religiões não cristãs estão experimentando algum crescimento e os evangélicos não denominacionais estão experimentando um crescimento significativo. Algumas tendências contemporâneas na sociedade americana devem ser observadas. Primeiro, a maioria dos americanos acredita que muitos caminhos levam a Deus e que sua religião não é a única fé válida. Em outras palavras, as linhas tradicionais de separação entre denominações e religiões foram enfraquecidas. As pessoas circulam entre denominações ou procuram usufruir de serviços religiosos sem pertença, utilizando o critério da livre escolha, independentemente da origem dos produtos religiosos. Este é o caso dos Nones, principalmente entre as gerações mais jovens. Eles casam-se com pessoas de outras religiões e exploram o mercado religioso, beneficiando-se de uma religiosidade espiritualista, sem vínculos institucionais.[414]

Os Nones de ambos os países veem aspectos positivos e negativos do pluralismo religioso. Entre os fatores positivos estão a liberdade de escolha religiosa, a possibilidade de acreditar e se beneficiar de produtos religiosos amplamente disponíveis, sem pertencimento, e o espírito eclético de considerar válidas todas as opções religiosas. Por outro lado, a competição por membros da igreja, o enriquecimento de líderes religiosos e a natureza política e comercial da fé estão entre os aspectos negativos da religião, na visão dos Nones.[415]

Efeitos do pluralismo religioso

Não há unanimidade entre os sociólogos da religião quanto aos efeitos do pluralismo religioso. No entanto, há três posições mais frequentes sobre o tema. Primeiro, o "modelo de economia religiosa" argumenta que quanto maior o nível de pluralismo religioso, maior a competição religiosa por novos membros e, consequentemente, maior o nível de religiosidade individual. Para os adeptos desse modelo, a competição religiosa contribui para o crescimento espiritual das pessoas na sociedade, pois permite um contato inter-religioso mais significativo. Segundo eles, as pessoas individualmente fazem suas escolhas religiosas, e quanto mais escolha disponível, maior o comprometimento religioso.[416]

---

[414] DATESMAN; CRANDALL; KEARNY, 2014, p. 62.
[415] Ver RODRIGUES, 2007; PEW RESEARCH CENTER, 2012a; PEW RESEARCH CENTER, 2012b.
[416] Ver FINKE, Roger; STARK, Rodney. *The Churching of America 1776-2005*: Winners and Losers in Our Religious Economy. New Brunswick, NJ: Rutgers University Press, 2005; IANNACCONE; FINKE; STARK, 1997; STARK; FINKE, 2000.

Em segundo lugar, o "modelo de modernização", defendido por Peter Berger, argumenta que, na medida em que o pluralismo religioso aumenta, devido aos princípios modernistas, a "garantia natural" da religião é perdida por um processo que ele chama de "contaminação cognitiva". Na concepção de Berger, o processo de contato do indivíduo com diferentes experiências religiosas, gera uma conscientização de que sua fé particular não pode ser tomada como garantia e, consequentemente, seu nível de confiança e comprometimento com uma fé singular diminui. Ou seja, quanto mais interação entre as religiões, menos dogmatismo religioso no nível individual. No entanto, Berger argumenta que o pluralismo religioso produziria uma religiosidade típica do modernismo, que ele chama de espiritualidade inclusiva, guiada pela preferência particular, de acordo com a necessidade, vontade e interesse do indivíduo. Portanto, para Berger, o pluralismo diminui o compromisso religioso, dogmático e institucional, e aumenta a espiritualidade individualizada com base nas preferências pessoais.[417]

Finalmente, o "modelo sem efeito" argumenta que o contato inter-religioso não interfere na religiosidade individual. Para esse grupo, o modernismo reduz o nível de insegurança existencial, alimentando a busca pela religião. Nesse caso, como o pluralismo religioso é um produto da modernidade e como a modernidade diminui o interesse religioso, o pluralismo não tem efeito sobre a religiosidade no nível individual. Eles argumentam que a religiosidade é determinada por outros fatores e relacionamentos, separados do pluralismo.[418]

Embora o objetivo deste estudo não seja provar qual das teorias sobre os efeitos do pluralismo é a mais correta, elas servirão de parâmetro para verificar alguns dos efeitos do pluralismo religioso nas sociedades brasileira e americana, especialmente para os Nones, ou pessoas que se declaram sem religião. Nesse sentido, e por limitações de espaço, a análise será baseada em dois elementos relacionados ao pluralismo religioso em ambas as culturas: a instauração de uma religiosidade de mercado e a crescente ênfase na espiritualização da religião.

Mercado religioso

A religiosidade de mercado é o cenário onde as igrejas e cultos atuam como empresas religiosas, oferecendo produtos religiosos, visando atender às preferências dos clientes espirituais. Por sua vez, as pessoas

---
[417] BERGER; ZIJDERVELD, 2009, p. 30-32, 69, 156; BERGER, 1966.
[418] Ver NORRIS; INGLEHART, 2011.

escolhem os produtos religiosos que atendem às suas demandas do dia a dia e os exploram sem se preocupar com a origem deles, ou mesmo ter compromisso com uma determinada instituição religiosa. Como disseram Mariz e Machado, o mercado religioso é uma tendência da modernidade, marcada pela primazia do indivíduo e da livre escolha pela consciência, com a consequente fixação do princípio da identidade.[419] A religiosidade do mercado cria um alto nível de competitividade entre as religiões na busca por adeptos, não apenas dando mais oportunidade de escolha aos consumidores religiosos, mas também baseando essa escolha no gosto dos clientes, e não no conteúdo bíblico-teológico.

No Brasil, o mercado religioso é altamente competitivo e sincrético, sem limites rígidos de pertencimento, o que aumentou acentuadamente o crescimento das formas religiosas, elevando a pluralidade religiosa no país de 66,6% em 1991 para 76,2% em 2010, com base no número de opções religiosas.[420] Neste contexto, os católicos continuam sendo o grupo maioritário, mas têm perdido espaço em termos absolutos e relativos. Os protestantes (incluindo protestantes tradicionais, evangélicos tradicionais, pentecostais, neopentecostais e evangélicos não identificados) são o grupo de crescimento mais rápido. As denominações não cristãs têm uma taxa de crescimento menor, e os Nones as estão superando.[421]

A saturação de ofertas religiosas, o sincretismo religioso e a competição por membros entre as denominações também foram apontados como fatores que levam os brasileiros a abandonar o compromisso institucional, optando por praticar a fé independentemente da filiação religiosa.[422] Uma observação comum é que essas pessoas passaram por diferentes religiões, mas não encontraram satisfação nelas e, assim, optaram por um relacionamento autônomo com Deus.[423] Nesse contexto, há uma relação entre

---

[419] MARIZ, Cecilia; MACHADO, Maria das Dores Campos. Mudanças recentes no campo religioso Brasileiro. *Antropolítica*, n. 5, p. 21-39, 1998. Ver também NERI, Marcelo C. (ed.). *A economia das religiões*: mudanças recentes. Rio de Janeiro: FGV/IBRE: CPS, 2007.

[420] ALVES, José Eustáquio Diniz. A transição religiosa na América Latina e no Brasil. *EcoDebate*, 31 maio 2017a. Disponível em: https://www.ecodebate.com.br/2017/05/31/transicao-religiosa-na-america-latina-e-no-brasil-artigo-de-jose-eustaquio-diniz-alves/.

[421] Ver Tabelas 1 e 2; ver também ALVES, 2017.

[422] GODINHO, Jones. *A individualização da espiritualidade como fruto da desfiliação religiosa*: os sem religião. Disponível em: https://www.academia.edu/28152352/A_individualização_da_espiritualidade_como_fruto_da_desfiliação_religiosa_os_sem_religião. Acesso em: 15 nov. 2018; NOVAES, 2004.

[423] LUIZ, 2013.

a desconversão de católicos e a conversão de evangélicos e, ao mesmo tempo, entre a desconversão de católicos e evangélicos e o crescimento daqueles que se declaram Nones no Brasil.[424]

Segundo projeções do Pew Research Center, os Nones são o grupo que mais crescerá proporcionalmente entre 2010 e 2050, não só no Brasil, mas em toda a América Latina e Caribe. No continente, a projeção de crescimento para os Nones é de 44%, seguidos pelos adeptos de religiões populares com 43%, e pelos cristãos (católicos e protestantes) com 25%. As principais razões que o Center cita para o crescimento projetado dos Nones são sua taxa média de fertilidade relativamente alta de 2,3% – ligeiramente acima dos cristãos, com uma taxa de fertilidade de 2,2%, e dos hindus, com 1,6% – e o alto nível de mudança religiosa na região. O pluralismo religioso no continente facilita a troca religiosa, e os Nones levam vantagem nesse processo, por terem a menor média de idade entre os principais grupos religiosos (26 anos), o que os torna mais suscetíveis a mudanças socioculturais. Além disso, a maioria dos Nones são homens, uma característica desejável para a migração de homens de outras religiões para o grupo.[425]

A religiosidade mercadológica no Brasil é especialmente intensa no meio pentecostal e neopentecostal. As várias denominações têm explorado iniciativas de mídia, redes sociais e música popular como funk, rap e country para atrair membros. A competição, antes restrita a grupos externos como católicos, espíritas e afro-brasileiros, passou a ocorrer entre as próprias denominações neopentecostais. Em 2012, o mercado evangélico no Brasil movimentou 12 bilhões de reais com cartões de crédito exclusivos e feiras do setor com produtos evangélicos e música.[426] O processo envolveu especialmente as denominações neopentecostais, incluindo templos, marchas, shows, turismo religioso, curas e sessões de libertação, tornando a diluição das fronteiras denominacionais uma característica da religiosidade contemporânea no

---

[424] VILLASENOR, 2011; ROTTERDAN, 2017.

[425] PEW RESEARCH CENTER. *The Future of World Religions*: Population Growth Projections, 2010-2050: Latin America and the Caribbean. April 2, 2015a. Disponível em: https://www.pewforum.org/2015/04/02/latin-america-and-the-caribbean/; PEW RESEARCH CENTER. *Religion in Latin America*: Widespread Change in a Historically Catholic Region. November 1, 2014b. Disponível em: https://www.pewforum.org/2014/11/13/religion-in-latin-america/; MINISTÉRIO DA SAÚDE. Centro Brasileiro de Análises e Planejamento. *Pesquisa sobre o comportamento sexual da população brasileira e percepções do HIV/AIDS*. 20 mar. 2006. Disponível em: http://www.aids.gov.br/avalia4/home.htm.

[426] CAMURÇA, 2013, p. 78-79.

país. Diante da perda de membros, as igrejas tradicionais estão sendo conduzidas para a mesma dinâmica de mercado: um exemplo é a Renovação Carismática Católica.[427]

Uma característica do campo religioso brasileiro é a ausência de fronteiras rígidas entre as diferentes expressões religiosas, permitindo uma espécie de trânsito religioso.[428] Luiz aponta que muitos brasileiros que frequentam regularmente terreiros de umbanda são católicos, e muitos que buscam aconselhamento espiritual são católicos ou evangélicos.[429] Esse fenômeno de simultaneidade religiosa foi confirmado por uma pesquisa realizada em 2000 pelo Centro de Estatísticas Religiosas e Pesquisas Sociais (Ceris) nas seis maiores regiões metropolitanas do Brasil. A pesquisa mostrou que 25% dos entrevistados praticavam mais de uma religião ao mesmo tempo, e 12,5% praticavam simultaneidade religiosa sempre e continuamente.[430] Outra pesquisa realizada pelo Datafolha em 2016, com 5.700 pessoas em 236 municípios, constatou que 17% dos entrevistados frequentavam serviços fora de sua filiação religiosa.[431] Para Luiz, esse trânsito religioso vigente no Brasil é uma característica da contemporaneidade, que tem permitido às pessoas criar uma forma de religiosidade baseada na fusão de várias crenças e vivências espirituais, mescladas e adquiridas por meio das diversas opções oferecidas pelo mercado religioso do país.[432]

Com raciocínio semelhante, Patriota destaca que a atual experiência religiosa brasileira é reflexo da religiosidade moderna, caracterizada pela relação autônoma e subjetiva do indivíduo com o sagrado, e pelo declínio gradual da influência religiosa na vida social. Ele também destaca que o mercado religioso brasileiro apresenta uma ampla gama de produtos religiosos, incentivando os "consumidores religiosos" do país a escolher como qualquer outro tipo de consumidor, com base no critério de preferência individual.[433]

---

[427] CAMURÇA, 2013, p. 73.

[428] Ver ALMEIDA, Ronaldo A.; MONTEIRO, Paula Monteiro. Trânsito religioso no Brasil. *Scielo Analytics: São Paulo Perspectiva*, v. 15, n. 3, p. 92-101, jul./set. 2001; ALMEIDA, Ronaldo A.; BARBOSA, R. Transição religiosa no Brasil. *In*: ARRETCHE, Martaed (ed.). *Trajetórias das desigualdades*: como o Brasil mudou nos últimos cinquenta anos. Paulo: Editora Unesp, 2015, p. 335-365.

[429] LUIZ, 2013, p. 74, 85.

[430] LUIZ, 2013, p. 85. Ver também FERNANDES, Silvia Regina Alves. A (re)construção da identidade religiosa inclui dupla ou tripla pertença. *IHU Online*, 7 jul. 2012. Disponível em: http://www.ihu.unisinos.br/entrevistas; FERNANDES, Silvia Regina Alves. *Novas formas de crer*: católicos, evangélicos e sem religião nas cidades. São Paulo: CERIS-Promocat, 2009.

[431] DATAFOLHA, 2016.

[432] LUIZ, 2013, p. 74.

[433] PATRIOTA, Karla Regina Macena Pereira. *O show da fé*: a religião na sociedade do espetáculo: um estudo sobre a Igreja Internacional da Graça de Deus e o entretenimento religioso brasileiro na esfera midiática. Tese (Doutorado em Ciência da Religião) – Universidade Federal de Pernambuco, Recife, 2008, p. 82.

Uma pesquisa do Ceris de 2004 em cinquenta municípios brasileiros, sobre a mobilização religiosa no país, constatou que 24% da população havia mudado de religião, e alguns haviam migrado de uma religião para outra até seis vezes. A pesquisa também constatou que, em média, a Igreja Católica perdeu 1% de membros no Brasil anualmente e, de cada 100 pessoas que abandonaram o catolicismo, 58,9 se tornaram pentecostais. De cada 100 que deixaram as igrejas protestantes históricas, 50,7 se tornaram pentecostais, e de cada 100 que deixaram de ser Nones, 33,2 se tornaram pentecostais. Quanto maiores os índices de mobilização religiosa e pluralismo, maior o crescimento de pentecostais e Nones no Brasil, e para estes últimos, existe uma concepção geral de que a fé não requer instituições.[434]

A mudança religiosa decorrente da liberdade de escolha e as múltiplas ofertas voltadas para consumidores espirituais fazem com que poucas pessoas permaneçam na mesma religião de seus pais.[435] A herança da tradição religiosa dá lugar a uma religiosidade de natureza pessoal, na qual a escolha individual é o fator primordial.[436] Para Mariz e Machado, a religiosidade contemporânea no Brasil pode ser resumida como hiperindividualização das escolhas, hibridação de crenças e práticas, e desinstitucionalização religiosa.[437] Nesse contexto, Steil aponta que as novas formas de crer no Brasil reúnem, incorporam e integram elementos de diferentes tradições ou procedências, cabendo ao consumidor a tarefa de sintetizar um cardápio personalizado e eclético de crenças, com o mínimo de mediação institucional.[438]

Outra interessante constatação aponta que o pluralismo e o processo de transição têm sido uma alavanca para o segmento dos Nones no Brasil,[439] que se tornam a etapa final das diversas experiências religiosas, vividas por pessoas que decidem romper com a religiosidade institucionalizada.[440]

---

[434] MOBILIDADE RELIGIOSA NO BRASIL, 2006. Ver também FERNANDES, Silvia Regina Alves. Trajetórias religiosas de jovens sem religião: algumas implicações para o debate sobre desinstitucionalização. *Interseções*, v. 20, n. 2, p. 369-387, 2018. DOI: https://doi.org/10.12957/irei.2018.39029.

[435] FERNANDES, 2018, p. 383.

[436] VILLASENOR, 2011, p. 6.

[437] MARIZ; MACHADO, 1998, p. 21.

[438] STEIL, 2001, p. 122. Ver também DATAFOLHA. *Além da sua atual religião, você frequenta cultos ou serviços religiosos de alguma outra – de qual ou quais religiões?* 2017. Disponível em: http://media.folha.uol.com.br/datafolha/2013/05/02/religiao_03052007_1.pdf.

[439] ALVES *et al.*, 2017, p. 218.

[440] Ver OLIVEIRA, 2012, p. 4.

As afiliações religiosas mais tradicionais estão em declínio acentuado, enquanto os Nones estão crescendo em semelhante proporção. Os dados apontam para um declínio do catolicismo e de denominações do protestantismo histórico, especialmente o protestantismo de imigração, como luteranismo, presbiterianismo e metodismo. Da mesma forma, igrejas do ramo neopentecostal, como a Universal do Reino de Deus e a Congregação Cristã, ambas fundadas no Brasil, começam a perder sua força de atração. O crescimento dos Nones no país reflete esse processo, na medida em que 95,2% dos Nones não se classificam como ateus ou agnósticos, mas exercem a espiritualidade sem vínculo com uma instituição religiosa.[441]

Uma pesquisa religiosa realizada pelo Instituto Vertex na região metropolitana de Belo Horizonte em 2012 constatou que, comparando a religião infantil com a religião atual, os Nones foram o grupo que mais cresceu (500%).[442] A pesquisa demonstrou não apenas a existência de um trânsito religioso acelerado no Brasil, mas também que identificar-se como "None" ou sem religião é a etapa final da experiência religiosa para muitos, que, após passarem por diversas instituições ou denominações, decidem administrar sua relação com o sobrenatural sem assistência institucional.[443]

Nesse contexto, também chama a atenção o crescimento de evangélicos "indeterminados" ou não institucionalizados. Essa população aumentou de 1.627.869 para 9.218.129 no Brasil entre 2000 e 2010, passando de 6,21% para 21,8% dos protestantes. Em volume, ficam atrás apenas dos católicos, evangélicos pentecostais e Nones do país. Estudos mostram que o crescimento dessa categoria dentro do ramo protestante desestabilizou o crescimento de igrejas evangélicas categorizadas como históricas ou missionárias (Luteranos, Presbiterianos, Metodistas, Batistas, Congregacionalistas e Adventistas do Sétimo Dia), Pentecostais e Neopentecostais. O aumento considerável desse grupo implicou uma diminuição tanto dos protestantes tradicionais quanto dos pentecostais.

Santos aponta que, embora o Censo do IBGE não determine a identidade precisa dos evangélicos indeterminados, o grupo deve incluir três categorias de pessoas, relacionadas ao universo protestante. Primeiro, pessoas que se "desviaram" de denominações às quais estavam anteriormente filiadas; segundo, pessoas nominalmente ligadas ao meio evangélico por tradição familiar; e, terceiro, aqueles que transitam entre diferentes denominações

---

[441] INSTITUTO BRASILEIRO DE GEOGRAFIA E ESTATÍSTICA, 2012.
[442] CAMARGOS, 2012, p.10.
[443] PANASIEWICZ, 2012, p. 1260, 1267.

no contexto protestante e evangélico, mas evitam vínculos institucionais.[444] Muito parecidos com os Nones, eles querem exercer uma experiência espiritual independente, não vinculada a uma instituição religiosa, embora se identifiquem com os princípios do protestantismo evangélico. Para Santos, esse grupo é um reflexo da segunda modernidade, ou modernidade religiosa, em que as fronteiras institucionais são apagadas, dando origem a devotos que não são institucionalizados ou "desorganizados" – que mantêm sua identidade e crença religiosa, mas fora das instituições.[445]

Do lado americano, o mercado religioso parece menos acentuado do que no Brasil, mas o pluralismo religioso também é uma realidade presente, motivando pesquisas que apontam para os efeitos da diversidade religiosa no país. Draper, Froese e Smith fizeram um estudo sobre os efeitos e a importância do contato inter-religioso nos Estados Unidos, aplicado especialmente em um contexto não cristão. Os autores avaliaram a influência do contato inter-religioso nas variáveis de frequência à igreja e esforço espiritual. Eles queriam saber se a exposição ao pluralismo religioso, especialmente relacionado a religiões não cristãs, influencia o comprometimento institucional e a espiritualidade de uma pessoa.

Em geral, suas previsões apontam para uma redução da religiosidade, levando a crises de fé. Ao mesmo tempo, há um aumento da confiança religiosa, pois as crenças pessoais são contrastadas com as ideias religiosas de diferentes tradições praticadas pela pessoa. No entanto, os autores concluíram que o pluralismo face a face afeta religiões particulares da seguinte maneira: primeiro, o pluralismo religioso aumenta a religiosidade ou o envolvimento da pessoa com alguma religiosidade. No entanto, isso se deve mais ao aumento do nível de competição entre as organizações do que a escolhas individuais. Assim, dizem, as organizações tentam impedir que as pessoas tenham contato com outras experiências religiosas, temendo que sejam convencidas e mudem de filiação. Em segundo lugar, eles concluíram que a exposição à diversidade religiosa poderia diminuir o compromisso com uma determinada religião e, ao mesmo tempo, aumentar o compromisso com a espiritualidade no nível individual.[446]

---

[444] SANTOS, Douglas Alessandro Souza. Não determinados? A pulverização evangélica e o problema metodológico do censo brasileiro. *Diversidade Religiosa*, v. 8, n. 1, 2018, p. 18.

[445] SANTOS, 2018, p. 18-19. Ver também CARDOSO, Rodrigo. O novo retrato da fé no Brasil: pesquisas indicam o aumento da migração religiosa entre os brasileiros, o surgimento dos evangélicos não praticantes e o crescimento dos adeptos ao islã. *IstoÉ*, 24 ago. 2011.

[446] DRAPER, Scott; SMITH, Buster G.; FROESE, Paul. Religious Pluralism and the Individual: The Effects and Meaning of Inter-Religious Contact. *Journal of Social Science Studies*, v. 2, n. 1, December 3, 2014, p. 244-246.

Em outro estudo sobre os efeitos da diversidade religiosa na América, Merino aponta que a maioria dos americanos acredita que os Estados Unidos são uma nação cristã e o cristianismo desempenhou um papel crucial na fundação do país. Se, por um lado, essa percepção está associada à crença de que a diversidade religiosa é boa para a América, por outro, os pesquisados tendem a associar a diversidade religiosa apenas ao universo cristão. Assim, as religiões não cristãs enfrentam resistências ao buscarem se inserir na vida religiosa comunitária. Merino aponta que o contato inter-religioso é essencial para diminuir a resistência à religiosidade transcultural, mas, ao mesmo tempo, pode fortalecer ainda mais as crenças teologicamente exclusivas.[447]

O pluralismo religioso contemporâneo na América é amplo e envolve diversas denominações cristãs, religiões não cristãs e uma variedade de crenças e sistemas não institucionalizados, como humanismo, agnosticismo, ateísmo e espiritualidade subjetiva.[448] Dada essa diversidade, estudos têm mostrado que o contato com diferentes religiões e filosofias de vida afetou a visão religiosa dos americanos. Primeiro, as crenças religiosas pessoais são desafiadas à medida que a pessoa entra em contato com diferentes ideias e pontos de vista. De acordo com o Pew Research Center, 77% dos americanos estão familiarizados com alguém que não é religioso, 61% com alguém judeu e 38% com um muçulmano.[449] Nessa perspectiva, à medida que a pessoa passa a conhecer novas formas de religiosidade, há um enfraquecimento da identidade religiosa pessoal, diminuindo a convicção e a certeza sobre o sistema de crenças praticado. Quando o pluralismo enfraquece a religiosidade, uma consequência é o aumento dos Nones.[450]

Outra consequência do contato dos americanos com uma ampla variedade de crenças e valores religiosos foi o enfraquecimento da visão coletiva do país sobre sua herança cristã. De acordo com Cox, esse enfraquecimento do consenso religioso resulta em menos pressão social para manter os compromissos com a religião.[451] Uma pesquisa do Instituto PRRI mostra que as

---

[447] MERINO, Stephen M. Religious Diversity in a 'Christian Nation': The Effects of Theological Exclusivity and Interreligious Contact on the Acceptance of Religious Diversity. *Journal for the Scientific Study of Religion*, v. 49, n. 2, p. 231-246, 2010.

[448] COX, Daniel. Religious Diversity May Be Making America Less Religious. *FiveThirtyEight* (blog), August 23, 2016. Disponível em: https://fivethirtyeight.com/features/religious-diversity-may-be-making-america-less-religious/.

[449] PEW RESEARCH CENTER. *U.S. Public Has Warmest Feeling for Jews, Catholics and Evangelicals*. July 16, 2014a. Disponível em: https://www.pewforum.org/2014/07/16/how-americans-feel-about-religious-groups/pf_14-07-16_interreligiousrelations_totalratings1/.

[450] COX, 2016, p. 2.

[451] COX, 2016, p. 2.

novas gerações de americanos estão valorizando menos a herança cristã do país e não consideram o cristianismo um fator crítico para a identidade nacional. De acordo com o Instituto, enquanto 66% das pessoas com 65 anos ou mais dizem que ser cristão é fundamental para a identidade americana, entre os jovens de 18 a 29 anos, a taxa é de 35%. Da mesma forma, enquanto 77% dos idosos consideram a crença em Deus fundamental para a identidade americana, a taxa cai para 52% entre os jovens.[452]

A análise da diversidade religiosa dos estados americanos demonstra como a perspectiva religiosa da população é afetada pelo pluralismo religioso. Estados com maior variedade religiosa tendem a apresentar menor nível geral de religiosidade. O Mississippi, conhecido por sua população de maioria batista e evangélica e baixa diversidade religiosa, em 2016 foi identificado como o estado mais religioso do país, junto com o estado do Alabama. Isso leva em consideração as porcentagens de pessoas que afirmam que a religião é essencial para suas vidas, frequentam serviços religiosos semanais, praticam orações diárias e declaram acreditar em Deus.[453]

Por outro lado, o estado de Oregon, classificado entre os cinco estados menos religiosos do país,[454] apresenta alto índice de pluralismo religioso. Nesse estado, nenhuma tradição religiosa atinge mais de 20% da população.[455] Um estudo do Instituto PRRI demonstra que os americanos que têm maior diversidade religiosa entre seus amigos próximos e familiares mostram o envolvimento religioso menos regular, e são os menos propensos a se envolver em atividades religiosas. No estudo, 63% dos americanos que afirmaram ter diversidade religiosa em suas redes sociais raramente ou nunca frequentavam serviços religiosos. Entre aqueles cujos amigos íntimos e familiares eram da mesma fé, apenas 32% raramente ou nunca frequentavam serviços religiosos.[456]

---

[452] JONES, Robert P.; COX, Daniel. Most Americans Believe Protests Make the Country Better; Support Decreases Dramatically among Whites If Protesters Are Identified as Black. *PRRI*, 2015. Disponível em: http://www.prri.org/research/survey-americans-believe-protests-make-country-better-support-decreases-dramatically-protesters-identified-black/.

[453] PEW RESEARCH CENTER. *How Religious Is Your State*. February 29, 2016b. Disponível em: https://www.pewresearch.org/fact-tank/2016/02/29/how-religious-is-your-state/?state=alabama.

[454] GALLUP. *Mississippi Retains Standing as Most Religious State*. February 8, 2017. Disponível em: https://news.gallup.com/poll/203747/mississippi-retains-standing-religious-state.aspx?version=print.

[455] COX, 2016, p. 3.

[456] COX, Daniel; NAVARRO-RIVERA, Juhem; JONES, Robert P. Race, Religion, and Political Affiliation of Americans' Core Social Networks. *PRRI*, August 3, 2016. Disponível em: https://www.prri.org/research/poll-race-religion-politics-americans-social-networks/.

Finalmente, a exposição à diversidade religiosa no ambiente familiar afeta a identidade religiosa na sociedade americana. Os americanos que cresceram com pais que professavam diferentes religiões relataram ter um nível menor de envolvimento em atividades religiosas na infância do que aqueles que cresceram com pais da mesma fé: 40% do primeiro grupo e 58% do segundo grupo participaram semanalmente de serviços religiosos. Da mesma forma, os americanos que cresceram em lares com religiões mistas eram menos propensos a praticar oração regular e estudo da Bíblia com suas famílias quando adultos, o que pode contribuir para enfraquecer a identidade religiosa das pessoas e, consequentemente, da nação.

Nessa perspectiva, os dados mostram que, ao enfraquecer as tradições religiosas recebidas e as convicções religiosas pessoais, o pluralismo religioso vivenciado na sociedade americana contribui para o abandono da religiosidade institucional e aumenta o número de Nones.[457] Como será visto na próxima seção, alguns Nones optam por uma religiosidade eclética e subjetiva, praticada em nível pessoal, sem pertencimento religioso, enquanto outros escolhem uma experiência de vida secular.

Assim como no Brasil, é evidente que o pluralismo religioso na América tem seu maior efeito sobre as gerações mais jovens, que são as mais afetadas pelas tendências culturais. Portanto, embora os Nones estejam crescendo a cada geração nos Estados Unidos, eles crescem mais entre as gerações mais jovens, levando os estudiosos a apontar que a substituição geracional é uma das causas do crescimento dos Nones no país. Seja comparando as mesmas gerações em anos diferentes ou comparando as gerações mais novas com as mais antigas, a tendência de crescimento de pessoas que se declaram Nones sempre se mantém. O crescimento mais expressivo ocorreu na geração do milênio mais jovem (36% dos representantes dessa geração se declararam Nones em 2014). Outros estudos apontam que a geração do milênio mais jovem nos EUA tem muito menos probabilidade do que os americanos mais velhos de se identificar com um grupo religioso e que, com o passar do tempo, a parcela de adultos da geração milênio, não afiliada religiosamente, que já é expressiva, está aumentando significativamente. A maioria dos *millennials* que foram criados sem uma afiliação religiosa se tornaram Nones na idade adulta (67%).[458]

---

[457] HOUTMAN, Dick; AUPERS, Stef. The Spiritual Turn and the Decline of Tradition: The Spread of Post-Christian Spirituality in 14 Western Countries, 1981–2000. *Journal for the Scientific Study of Religion*, v. 46, n. 3, p. 305-320, 2007.
[458] PEW RESEARCH CENTER, 2015c.

Os Nones são o grupo que mais cresce nos Estados Unidos, em comparação com as religiões tradicionais, enquanto os católicos são o grupo que perde mais membros. Para cada pessoa que se torna católica, 6,5 deixam a igreja na América. Por outro lado, os Nones ganham 4,2 pessoas para cada pessoa que sai do grupo. Entre os grupos protestantes, apenas os evangélicos apresentam uma pequena taxa de crescimento, da ordem de 1,2 convertidos para 1 saída. Os protestantes negros perdem 1,6 e os protestantes tradicionais perdem 1,7 membros para cada pessoa que se junta aos grupos. Além disso, ao mesmo tempo que têm aumentado em porcentagem na América, os Nones têm diminuído em medidas de religiosidade ao longo do tempo. Em outras palavras, eles aumentam em número e se tornam mais secularizados paulatinamente.

O processo de troca religiosa, muito comum no contexto do pluralismo religioso, tem favorecido tanto evangélicos indeterminados no Brasil, quanto os protestantes sem denominação nos Estados Unidos, cujo crescimento deu um salto nas últimas décadas. Em uma pesquisa do Pew Research Center em 2014, os protestantes não denominacionais foram o grupo que mais se beneficiou com a mudança religiosa entre os protestantes no país. Naquele ano, 2% dos americanos adultos disseram ter pertencido a esse grupo na infância, em comparação com 6,2% que disseram que agora pertenciam a esse grupo. Em contrapartida, enquanto 1,1% dos protestantes não denominacionais infantis deixaram o grupo, 5,3% dos membros atuais se juntaram ao grupo vindos de outra denominação da época da infância.[459]

Os Nones americanos têm tendências mais seculares do que os do Brasil. A grande maioria não está procurando uma igreja ou grupo religioso para se filiar. Excluindo ateus e agnósticos, apenas 10% dos Nones no país dizem que estão procurando uma religião que seja certa para eles, em comparação com 88% que dizem que não.[460] Além disso, apenas 28% dizem achar essencial pertencer a uma comunidade de pessoas que compartilham valores e crenças.[461]

Assim, pode-se dizer que, sendo os jovens os mais susceptíveis às influências culturais, as gerações mais jovens de ambos os países são as mais afetadas pelo pluralismo religioso, razão por que os Nones conse-

---

[459] Pew Research Center - 2014 Religious Landscape Study, realizado de 4 de junho a 30 de setembro de 2014.
[460] PEW RESEARCH CENTER. *U.S. Religious Landscape Survey*: Religious Beliefs and Practices. June 1, 2008. Disponível em: https://www.pewforum.org/2008/06/01/u-s-religious-landscape-survey-religious-beliefs-and-practices/.
[461] PEW RESEARCH CENTER, 2012c.

guem um crescimento mais significativo neste grupo etário. Também é evidente que o mercado religioso é mais forte na sociedade brasileira do que na americana, mas em ambas o pluralismo religioso precipitou o crescimento dos Nones. Identificar-se como Nones pode ser a etapa final de um processo de busca, no qual as pessoas passam por várias filiações religiosas sem ter suas necessidades atendidas e, então, optam por uma relação individual com o transcendente. O crescimento dos Nones também pode estar associado a conceitos modernos e pós-modernos, como o enfraquecimento da religião institucional, a privatização da religião e até a secularização da sociedade.

Ênfase na espiritualização da religião

Tanto na sociedade brasileira quanto na americana, tem havido um movimento perceptível de distanciamento da religiosidade institucional em favor de uma religiosidade independente, pessoal e subjetiva. Entre os americanos Nones, 37 por cento dizem que são espirituais, mas não religiosos (EMNR).[462] Essa declaração faz alusão ao fato de que eles estão olhando além das igrejas em busca de respostas para as questões mais profundas da vida. Também mostra que eles estão desiludidos com as instituições religiosas e as práticas devocionais tradicionais. Eles querem os benefícios de crer e amar a Deus sem se comprometer com organizações religiosas. Acima de tudo, essa atitude é reflexo das influências pluralistas da sociedade contemporânea, com ênfase na autonomia do indivíduo e no relativismo.[463]

Em uma pesquisa apresentada por Wuthnow, adultos entre 21 e 39 anos de idade tiveram que escolher entre a experiência pessoal e as doutrinas da igreja. Cerca de 70% escolheram a experiência pessoal.[464] Wuthnow também descobriu que os jovens adultos Nones que dizem estar interessados em espiritualidade, tendem a estar mais perto dos trinta do que dos vinte, são mais propensos a se casar do que viver solteiros, e têm

---

[462] Esta é a definição de Miller sobre espiritualidade e religião contemporâneas: "A espiritualidade é a relação 'sentida' com o divino, enquanto a religião é um pacote pré-embalado de ferramentas que podem ajudar alguém a aceder e promover essa relação. A religião é entendida como essencialmente institucionalizada – uma determinada religião, um nome, um grupo identificável de crentes, um nexo físico e um conjunto partilhado de crenças ou dogmas – enquanto a espiritualidade pode ocorrer dentro ou fora de uma estrutura institucional" (Miller, 2016, p. 855).
[463] MILLER, 2016, p. 855.
[464] WUTHNOW, 2007, p. 133, 135.

mais probabilidade de ter filhos. Assim, o autor conclui que o casamento e a paternidade parecem contribuir não apenas para o engajamento dos jovens com a religião institucional, mas também para o aumento da busca pela espiritualidade daqueles que se consideram Nones.[465]

O grupo que se declara EMNR na América tem uma base ampla, incluindo americanos adultos de ambos os sexos; pessoas brancas, negras e hispânicas; e democratas e republicanos. Além disso, os EMNRs cresceram não apenas entre os Nones, mas também entre protestantes, católicos e aqueles que se identificam com outras religiões.[466]

Somando os 48% dos americanos que em 2017 disseram ser religiosos e espirituais aos 6% que disseram ser religiosos, mas não espirituais, chega-se a 54% dos americanos que se classificam como religiosos. Em 2012, foi de 65% – uma queda de onze pontos em cinco anos. Usando o mesmo raciocínio – 48% que se declararam religiosos e espirituais mais 27% que se declararam espirituais, mas não religiosos – , 75% dos americanos em 2017 se declararam espirituais.[467] Há uma tendência crescente de optar pela espiritualidade em detrimento da religião, refletindo a onda de religiosidade individualizada ou espiritualidade sem base institucional – eclética, relativista e com conteúdo teológico diluído, presente na descrição de Berger sobre o pluralismo religioso.[468]

Em seu livro sobre os sem igreja na América, Fuller aponta que uma característica desse grupo é a prática religiosa pluralista, na maioria das vezes em um ambiente particular. Ele descreve, por exemplo, a experiência de uma professora de origem católica que raramente ia à igreja, mas que, mantendo sua espiritualidade na esfera privada, praticava uma combinação de elementos tradicionais e não tradicionais em um ambiente eclético.[469] Essa mesma tendência é observada do lado brasileiro. Embora o Brasil seja considerado um país moderno em sua esfera estrutural, mantendo seus elementos constitutivos em bases racionais, burocráticas e laicas,[470] no cotidiano de seus habitantes tem havido uma

---

[465] WUTHNOW, 2007, p. 134.
[466] Pew Research Center - Pesquisa realizada de 25 de abril a 4 de junho de 2017.
[467] Ver PEW RESEARCH CENTER, 2017b.
[468] BERGER, 1966, 203-204; BERGER; ZIJDERVELD, 2009, p. 147-148. Ver HEELAS, Paul. The Spiritual Revolution: From Religion to Spirituality. In: WOODHEAD, Linda et al. Religions in the Modern World: Traditions and Transformations. London: Routledge, 2005.
[469] FULLER, Robert C. Spiritual, but Not Religious: Understanding Unchurched America. New York: Oxford University, 2001, p. 2.
[470] PIERUCCI; PRANDI, 1996, p. 23.

busca massiva e crescente por práticas religiosas sem necessariamente manter um compromisso com o pertencimento institucional.[471] Nesse contexto, Brandão atesta:

> [...] a imagem do sagrado hoje parece mais resistente às crises da pós-modernidade do que as ciências e as ideologias. Este fenômeno de regresso ao sagrado, agora revestido de uma plasticidade extraordinária, com um poder de criação e diferenciação antes impensável, envolve as mais diversas pessoas, grupos sociais e comunidades culturais.[472]

Para Pierucci, o Brasil vive o que os sociólogos chamam de período pós-tradicional, que ele chama de período moderno tardio. Segundo Pierucci, nas sociedades pós-tradicionais, as pessoas tendem a se desvincular dos antigos laços de pertencimento, desencadeando um processo de desfiliação em que o pertencimento social, cultural e religioso torna-se opcional e inconsistente.[473]

Em seu livro *Modernidade líquida*, Bauman contrasta a rigidez e a estagnação do período pré-moderno com a fluidez da era moderna. Para ele, à medida que os princípios estabelecidos pelo pensamento moderno de liberdade, emancipação, mercados abertos competitivos e mudanças rápidas são assimilados, as sociedades se tornam cada vez mais como um fluido, que está sempre pronto para mudar de posição e forma de acordo com as circunstâncias. "A extraordinária mobilidade dos fluidos é o que os associa à ideia de leveza", afirma, qualificando-a de "metáfora adequada" ao caráter mutável e renovador da contemporaneidade, que repudia as lealdades tradicionais e prima pela flexibilidade e pelas escolhas individuais. Ele também argumenta que, nesse contexto de fluidez contemporânea, qualquer rede densa de laços, barreiras e fronteiras é vista como um obstáculo a ser eliminado. Nessa perspectiva, Bauman argumenta que o contexto social contemporâneo pode ser descrito como segunda modernidade, modernização da modernidade, supermodernidade, pós-modernidade, modernidade líquida e a era da instantaneidade.[474]

---

[471] VILHENA, 2013, p. 1014.

[472] BRANDÃO, Carlos Rodrigues. Ser católico: dimensões brasileiras – um estudo sobre a atribuição da identidade através da religião. *In*: DAMATTA, Roberto; FERNANDES, Rubem César (org.). *Brasil e EUA*: Religião e identidade nacional. Rio de Janeiro: Graal, 1988, p. 285.

[473] PIERUCCI, Antônio Flavio. Secularização e declínio do Catolicismo. *In*: SOUZA, Beatriz Muniz; SÁ MARTINO, Luiz Mauro (org.). *Sociologia da religião e mudança social*: católicos, protestantes e novos movimentos religiosos no Brasil. São Paulo: Paulus, 2004, p. 19, 27.

[474] BAUMAN, Zygmunt. *Modernidade líquida*. Rio de Janeiro: Jorge Zahar, 2001, p. 8-46.

Giddens descreve a virada do século XX para o XXI como uma transição "além da modernidade" ou para a "segunda modernidade", caracterizada por uma reflexividade que gera processos ativos de autoidentidade, deslocamento da vida social, a fixidez da tradição e vigas institucionais, uma pluralidade de demandas e uma profunda velocidade de mudança.[475] Alves usa "modernidade líquida ou tardia" para se referir às características pós-modernas que explicam as transformações estruturais da sociedade brasileira no período atual, quando tradições e práticas religiosas rígidas e estáticas estão sendo substituídas por uma experiência mais fluida, instantânea e móvel.[476] Renders reconhece que o processo de aceleração do tempo aplicado ao que ele chama de "modernidade tardia" corresponde a experiências religiosas contemporâneas com características instantâneas e de natureza emocional e extática.[477]

Novaes e Mello fizeram um estudo em 2001 chamado "Jovens do Rio", no qual entrevistaram 800 jovens entre 15 e 24 anos desse estado brasileiro. Entre os assuntos pesquisados estava o tema religião e crenças. Os pesquisadores descobriram que 21,2% desses jovens declararam não ter religião, bem acima das médias nacionais de 7,2% (2000) e 8,04% (2010).[478] De acordo com os autores, 15,9% dos jovens pesquisados que afirmaram não ter religião também relataram acreditar em Deus, Jesus Cristo, o Espírito Santo, anjos, a Virgem Maria e/ou espíritos. Os jovens entrevistados mostraram uma forte disposição para mudar de religião, e enfatizaram o valor da escolha religiosa individual, além de uma religiosidade sem vínculos institucionais.[479]

Uma pesquisa nacional realizada em 2004 pelo Instituto de Cidadania do governo federal do Brasil, com 3.500 jovens entre quinze e vinte e quatro anos, mostrou que 10% se declararam "sem religião", 9% afirmaram acreditar em Deus, mas não ter religião, e apenas 1% se identificou como ateu ou agnóstico.[480] Para Novaes, esses jovens sem religião, mas

---

[475] GIDDENS, Anthony. *As consequências da modernidade*. São Paulo: Editora da Unesp, 1991, p. 9, 12, 50, 51, 132-133.
[476] ALVES et al., 2017, p. 236.
[477] RENDERS, Helmut. A experiência religiosa pós-moderna e o fenômeno da aceleração em comparação com as temporalidades pré-moderna e moderna. *Revista Horizonte*, v. 37, n. 13, 2015, p. 428.
[478] Ver INSTITUTO BRASILEIRO DE GEOGRAFIA E ESTATÍSTICA. Religião: Séries históricas e estatísticas, população por religião; população presente e residente. Rio de Janeiro: IBGE, 2004. Disponível em: https://seriesestatisticas.ibge.gov.br/series.aspx?vcodigo=POP60. Acesso em: 13 fev. 2018.
[479] NOVAES, Regina; MELLO, Cecília. Jovens do Rio: circuitos, crenças, acessos. *Comunicações do ISER*, v. 21, n. 57, p. 30-37, 2002.
[480] BRASIL. Instituto Cidadania. *Projeto juventude: documento de conclusão*. 2004. Disponível em: https://registrojuventude.files.wordpress.com/2011/02/dicas-projeto-juventude-final-1.pdf.

com crença em Deus, fazem parte do mesmo grupo brasileiro que se diz espiritual sem religião: ou seja, adeptos de formas não institucionais de espiritualidade que são tipicamente classificadas como esotéricas, *new age*, ecologia holística ou profunda.[481]

Novaes aponta que esse grupo, atualmente, está sendo desafiado a fazer escolhas no campo religioso em um contexto plural e competitivo. Para ela, existe um ambiente peculiar, ou um "espírito de época", no qual as pessoas são estimuladas a aderir a um sistema de crenças diversificado que combina práticas ocidentais e orientais, tanto religiosas quanto terapêuticas ou medicinais. Novaes destaca o crescimento no Brasil do budismo, judaísmo, islamismo, religiões exotéricas e tradições indígenas, além de práticas religiosas de origem africana, que, juntamente com o catolicismo, o protestantismo e o evangelicalismo pentecostal e neopentecostal, formam uma combinação inédita. Novaes aponta que, nesse mundo religioso plural, cresce o número de pessoas e grupos cuja adesão religiosa permite arranjos provisórios entre crenças e ritos sem fidelidade institucional, evidenciando a individualidade e o sincretismo religioso.[482]

Nessa perspectiva sincrética, Novaes ressalta que há um enfraquecimento dos laços de pertencimento religioso e do conteúdo teológico das crenças. Muitos dos jovens entrevistados em seu estudo viam como natural ser católico e ao mesmo tempo frequentar centros espíritas de matriz africana, e até mesmo manter uma combinação de crenças e práticas mediúnicas com outras advindas do contexto da nova era. Para Novaes, esse enfraquecimento dos vínculos e o sincretismo religioso são fatores que propiciam o crescimento dos Nones, pois significam crença sem pertencimento. As escolhas religiosas são baseadas no gosto pessoal e sem critérios institucionais. Novaes aponta que os jovens sem religião disseram acreditar em praticamente todos os itens apresentados: energia, astrologia, orixás, duendes e gnomos, além de anjos, Espírito Santo e outros.[483]

Novaes enfatiza que a geração contemporânea de jovens brasileiros tem a opção de se declarar sem religião sem renunciar à fé, por meio do consumo de bens religiosos como expressão cultural, sem mediação institucional ou submissão a autoridades religiosas. Nesse contexto, a Bíblia é amplamente acessível a todos; seus versos são cantados em letras de

---
[481] NOVAES, 2004, p. 323.
[482] NOVAES, 2004, p. 325-326.
[483] NOVAES, 2004, p. 327.

rap e aparecem escritos em *outdoors* e muros, bem como em expressões de arte e cultura relacionadas à juventude. Como exemplo, Novaes aponta que o prêmio Hutus, considerado o mais importante prêmio do *hip-hop* da América Latina, premia composições sem religião ou viabilidade institucional que falam de Cristo e dos orixás e citam salmos bíblicos.[484]

Portanto, o perfil religioso do Brasil inclui o pluralismo e a fragmentação religiosa típicos da dinâmica moderna que se manifesta por meio da multiplicação do universo religioso, da subjetividade e da instauração do indivíduo como medida e fim.[485] Embora Luiz diga que esse perfil religioso é específico do cenário brasileiro,[486] estudos em vários outros países e contextos têm mostrado que acreditar sem pertencer, ou ser espiritual sem ser religioso, é típico da contemporaneidade. Inclui um grande número daqueles que se declaram Nones, independentemente de onde estejam localizados.[487]

A crescente popularidade dos EMNR na América e no Brasil se encaixa no que Roof chama de "religião vivida", enfatizando a qualidade experimental da espiritualidade.[488] Gedicks entende que a espiritualidade contemporânea, em essência, é uma representação da crença pós-moderna.[489] Os EMNRs também são chamados de "crentes metafísicos",[490] "pessoas sem igreja",[491] "buscadores espirituais"[492] ou adeptos da "espiritualidade da Nova Era"[493] e "religião à la carte",[494] entre outros. A característica mais marcante desse grupo é a crença sem pertencimento.[495] Os EMNRs

---

[484] NOVAES, 2004, p. 328.

[485] STEIL, 2001, p. 106.

[486] LUIZ, 2013, p. 80.

[487] Em geral, as frases "acreditar sem pertencer" e "espiritual, mas não religioso" têm o mesmo significado: manter as crenças de acordo com escolhas pessoais e individualizadas, independentemente das instituições religiosas. Grace Davie argumenta que este é um elemento de secularização entre a população ocidental. Ver DAVIE, 2000, p. 69; DAVIE, 2007, p. 44. Ver também PEW RESEARCH CENTER, 2012c; PEW RESEARCH CENTER, 2018a.

[488] ROOF. Wade Clark. *A Generation of Seekers*. New York: Harper Collins, 1993, p. 33, 41.

[489] GEDICKS, Frederick Mark. Spirituality, Fundamentalism, Liberty: Religion at the End of Modernity. *De Paul Law Review*, v. 54, n. 1, p. 1197-1208, 2005.

[490] ROOF, 1993, p. 178.

[491] FULLER, 2001, p. 4.

[492] ROOF, 1993, p. 8.

[493] ROOF, 1993, p. 98-99; D'ANTONIO, Michael. *Heaven on Earth: Dispatches from America's Spiritual Frontier*. New York: Crown, 1992, p. 20.

[494] ROOF, 1993, p. 73.

[495] Ver ROOF, 1993, p. 76; PEW RESEARCH CENTER. *U.S. Public Becoming Less Religious*. November 3, 2015g. Disponível em: https://www.pewforum.org/2015/11/03/u-s-public-becoming-less-religious/.

também não aceitam alternativas puramente seculares. Para eles, uma cosmovisão científica e ateísta é insuficiente para dar sentido e direção à vida humana. Eles defendem uma visão de mundo que reconhece a existência nos níveis terrestre e cósmico.[496] O grupo também defende uma espiritualidade eclética movida por escolhas individuais, usando o critério do livre mercado: crenças e práticas são escolhidas com base no significado e nos benefícios que trazem para a vida em nível pessoal.[497]

Outro elemento presente no contexto da EMNR é a tolerância à diversidade religiosa e a aceitação da multiplicidade de crenças. Nessa perspectiva, cada pessoa cria livremente um sistema de enriquecimento espiritual, crenças e práticas, extraídas de quaisquer fontes disponíveis no mercado religioso.[498] Roof aponta que os EMNRs se concentram na espiritualidade interior, subjetiva e experiencial. Aspectos externos da religião, como dogmas, líderes, outras pessoas, ou mesmo um Deus externo, são deixados em segundo plano ou rejeitados.[499] Além disso, a religiosidade dos EMNRs é metafísica, o que significa que suas crenças e práticas visam compreender e se conectar com um reino além do físico, a partir de uma perspectiva pós-moderna – relativista, pessoal, desinstitucionalizada, eclética, pluralista.[500] A perspectiva metafísica da religiosidade pós-moderna é relativista e rejeita qualquer doutrina que pretenda estabelecer uma única descrição verdadeira da realidade.[501] No entanto, Gedicks argumenta que há uma contradição no pensamento pós-moderno, que condena o cristianismo e o Iluminismo, por conta das metanarrativas ou narrativas universais, mas ao mesmo tempo cria sua própria narrativa universal. Por exemplo, o pós-modernismo oferece o pluralismo religioso como uma narrativa universal para substituir a modernidade, na qual cada religião, a partir de uma perspectiva particular, pode entender suas crenças como uma metanarrativa, aplicável a todo o mundo.[502]

Evidências indicam que a espiritualidade contemporânea presente na sociedade americana e brasileira teve suas bases lançadas no final do século XIX, por meio do surgimento do espiritismo moderno, cujo início

---

[496] FULLER, 2001, p. 19; ROOF, 1993, p. 35.
[497] ROOF, 1993, p. 57; FULLER, 2001, p. 155; GEDICKS, 2005, p. 1218.
[498] MILLER, 2016, p. 860.
[499] ROOF, 1993, p. 310.
[500] MILLER, 2016, p. 863-864.
[501] VATTIMO, Gianni. *After Christianity*. New York: Columbia University Press, 2002, p. 77.
[502] GEDICKS, 2005, p. 1207.

tem sido especialmente relacionado por estudiosos com as misteriosas batidas à casa da família Fox em Nova York em 1847, bem como com as experiências mesmeristas, de Andrew Jackson Davis, em 1843 na região da Nova Inglaterra.[503]

As irmãs Maggie e Kate Fox tornaram-se celebridades nacionais quando, após ouvirem batidas em sua casa em Hydesville, NY, começaram a se comunicar com um espírito invisível, estalando os dedos, batendo palmas e, posteriormente, por meio de um código de comunicação. Segundo as irmãs Fox, o espírito que fazia essas batidas era o de um vendedor ambulante assassinado na cidade e enterrado no porão da nova casa onde elas e sua família moravam. O evento ganhou notoriedade e passou a ser explorado como "prova" de vida após a morte e comunicação com espíritos.[504]

A experiência de Andrews Jackson Davis fornece ainda mais elementos para compreender o surgimento do espiritismo moderno e seus reflexos na espiritualidade contemporânea.[505] Em sua busca por uma identidade religiosa, Davis frequentou primeiro a Igreja Presbiteriana, depois a Metodista, e posteriormente foi apresentado ao Universalismo, mas não se identificou com nenhuma das experiências.[506] Em 1843, conheceu um mesmerista, que lhe deu literatura e apresentou-lhe demonstrações de magnetismo animal. Davis passou a ajudar como voluntário nas apresentações que se seguiram, e logo começou a experimentar níveis profundos de transe mesmérico. Hipnotizado, ele era capaz de ler livros com os olhos vendados, receber telepaticamente os pensamentos das pessoas na plateia, e viajar clarividentemente para locais distantes, o que lhe rendeu uma carreira profissional como mesmerista médium. A princípio, ele precisava de um hipnotizador, mas logo conseguiu entrar em um transe autoinduzido no qual recebia mensagens de espíritos que ele canalizava em palavras e transcrevia em livros. Os escritos psicográficos de Davis tornaram-se uma fonte de princípios teológicos para a filosofia espiritualista, que via Deus como uma energia ou inteligência impessoal,

---

[503] Ver FULLER, 2001, p. 38-44; HILL, J. Arthur. *Spiritualism, Its History, Phenomena and Doctrine*. New York: George H. Doran, 1919, p. 30-43; CARROLL, Bret. *Spiritualism in Antebellum America*. Bloomington, IN: Indiana University Press, 1977, p. 3, 16-34; BRAUDE, Ann. *Radical Spirits: Spiritualism and Women's Rights in Nineteenth-Century America*. Boston: Beacon Press, 1989, p. 10-12, 169-172.

[504] HILL, 1919, p. 40-43.

[505] Ver DAVIS, Andrew Jackson. *The Magic Staff: An Autobiography of Andrew Jackson Davis*. New York: J. S. Brown, 1857.

[506] DAVIS, Andrew Jackson. *The Great Harmonia*. Boston: Mussey, 1852, v. 2, p. 26, 27, 31.

e o universo como um conjunto de esferas causais nas quais as energias fluíam das esferas superiores para as inferiores. Além disso, os escritos de Davis difundem a ideia de que cada pessoa pode se tornar um canal através do qual o poder espiritual flui para o mundo físico, por meio da conexão interna com os reinos espirituais superiores.[507]

Em algum momento de sua experiência, Davis foi instruído por Emanuel Swedenborg.[508] Ele absorveu seus ensinamentos metafísicos de correspondência e influxo com base na "divindade interior de cada pessoa", a continuidade essencial entre o mundo material e o espiritual, e a crença em espíritos que habitam esferas superiores da existência com quem os humanos podem se comunicar. Assim, por meio de Davis, o espiritismo absorveu conceitos do mesmerismo, complementados pelos princípios do Swedenborgianismo e do Transcendentalismo.[509]

Em sua explicação sobre a influência do espiritismo do século XIX na América contemporânea, Fuller diz que muitos protestantes foram atraídos pela possibilidade de comunicação direta com seres celestiais e maior conforto espiritual, quebrando a solidão do protestantismo tradicional que dominava a religião americana, com sua visão de um Deus transcendente, distante e impessoal. As ideias de Davis sobre a comunicação com os espíritos para receber conforto e direção atraíram um amplo espectro de americanos insatisfeitos com a religião predominante de seu tempo.[510] Além disso, o aparente potencial do espiritismo para conciliar religião e ciência, na medida em que pretendia provar cientificamente a existência da vida após a morte por demonstração empírica, era atraente para muitas pessoas.[511]

No entanto, talvez a ligação mais clara entre o espiritismo e a espiritualidade contemporânea seja uma visão antagônica das igrejas. Os espiritualistas do século XIX viam as igrejas como emocional e intelectualmente sufocantes. As pessoas foram encorajadas a declarar independência de toda política, com ênfase no republicanismo, e de todas as instituições eclesiásticas.[512] Os adeptos do espiritismo acusavam as igrejas de serem rígidas, conservadoras e superficiais, tirando a liberdade

---

[507] DAVIS, 1852, 2:169-172; FULLER, 2001, p. 40.
[508] FULLER, 2001, p. 40.
[509] Ver CARROLL, 1977, p. 16-34; HILL, 1919, p. 30-39.
[510] FULLER, 2001, p. 41; CARROLL, 1977, p. 17.
[511] FULLER, 2001, p. 41.
[512] CARROLL, 1977, p. 39.

e a individualidade das pessoas. Para eles, a espiritualidade genuína era individualizada e necessária para que recuperassem seu potencial como portadores da inspiração divina.[513]

Fuller aponta que o Espiritismo, complementado pelo Swedenborgianismo, o Transcendentalismo e o Mesmerismo, acabou criando o primeiro "despertar metafísico" na vida religiosa americana. Esse sistema metafísico atraiu particularmente a classe média, como meio de preservar os valores centrais da cultura americana, libertando-a da rigidez das igrejas e, simultaneamente, acomodando seus valores religiosos aos princípios da modernidade.[514]

Resumo da Categoria 3

O pluralismo religioso está profundamente enraizado nas sociedades brasileira e americana, amparado pela legislação e pelos princípios democráticos que prevalecem em ambos os países, conferindo ampla liberdade religiosa na concepção de um Estado laico. De acordo com os estudos citados, algumas das principais consequências do pluralismo religioso nas sociedades brasileira e americana estão ligadas ao mercado religioso e à espiritualização da religiosidade. A oferta de produtos religiosos baseada no gosto dos clientes e não em fatores bíblico-teológicos e na competição por membros enfraqueceu o conteúdo da fé religiosa. Além disso, houve diluição das fronteiras institucionais e aumento da religiosidade sincrética, ecumênica, pautada por escolhas pessoais, sem influência institucional. Os clientes criam os seus próprios menus espirituais, independentemente da origem dos produtos, numa base existencial e metafísica da espiritualidade. Esse processo tem sido chamado de hiperindividualização, hibridização e desinstitucionalização, e gera os chamados sem igreja, ou espirituais, mas não religiosos, que representam 37% dos Nones americanos e a maioria dos Nones brasileiros. A onda de espiritualização contemporânea tem seus fundamentos no século XIX, e é impulsionada pelos princípios de liberdade, individualização e relativização vigentes na pós-modernidade, também chamada de modernidade líquida ou tardia.

O pluralismo religioso estimula não só a competição por membros, mas também a troca religiosa, de tal forma que a tradição religiosa começa a dar lugar à religiosidade de caráter pessoal, culminando muitas vezes

---

[513] CARROLL, 1977, p. 39.
[514] FULLER, 2001, p. 52-53.

no abandono do pertencimento institucional em favor dos Nones. Do lado brasileiro, os maiores beneficiários dessa mudança religiosa são os evangélicos neopentecostais e os Nones, enquanto do lado americano são os evangélicos sem denominação e Nones.

Estudos também mostraram que o pluralismo religioso diminui a religiosidade institucional e dogmática, reduzindo o comprometimento das pessoas com uma determinada religião. Ao mesmo tempo, incentiva a busca pela espiritualidade, principalmente pela influência do mercado religioso e do contato inter-religioso. Nesse sentido, a identidade religiosa é fragilizada em nível pessoal, familiar, denominacional ou mesmo nacional, ao se pensar o Brasil como país de cultura católica e os Estados Unidos como país de cultura protestante. Algumas evidências também apontam que o pluralismo religioso afeta não apenas a frequência a serviços religiosos, mas também atividades religiosas pessoais, como oração e leitura da Bíblia.

Comparando os dados observados sobre os efeitos do pluralismo religioso nas culturas brasileira e americana com as três teorias apresentadas no início desta seção, parece haver pouca evidência para apoiar o modelo sem efeito. Essa teoria diz que o pluralismo religioso não interfere na religiosidade das pessoas, mas as evidências apontam em outra direção, confirmando que o pluralismo religioso afeta a religiosidade das pessoas. As evidências confirmam o modelo de modernização defendido por Berger, segundo o qual o pluralismo religioso diminui o compromisso religioso dogmático e institucional por meio da contaminação cognitiva e, ao mesmo tempo, aumenta a espiritualidade intrínseca com base nas preferências pessoais.

O modelo de economia religiosa também parece ser sustentado pela evidência do pluralismo religioso em ambos os países, mas não em sua totalidade. Segundo a teoria, o pluralismo religioso aumenta a competição religiosa por adeptos e gera mais oportunidades de escolhas, precipitando um compromisso religioso mais significativo. Há evidências de aumento da competição e mais opções religiosas, mas não aumento do compromisso religioso. Nesse caso, o pluralismo melhora a religião no nível macro ou organizacional, mas pode prejudicar o compromisso individual com uma única fé. A evidência mostra um aumento na espiritualidade subjetiva, mas não no compromisso religioso institucional, ou mesmo nas práticas cristãs de leitura da Bíblia e oração.

Por esse motivo, o pluralismo religioso está diretamente associado à desfiliação religiosa e à ascensão dos Nones, de duas maneiras. Em primeiro lugar, promove o crescimento de Nones que mantêm a espiritualidade em nível pessoal, desvinculada das relações institucionais. Essa ruptura com a religião dogmática pode ser definitiva ou temporária, pois alguns dos Nones permanecem buscadores, podendo em algum momento se identificar com uma instituição religiosa que satisfaça seus desejos. Em segundo lugar, a parcela dos Nones mais afetados pelo secularismo cresce em um ritmo mais lento. Este grupo é composto por ateus, agnósticos e religiosos indiferentes, que levam suas vidas de forma secular, sem depender do sobrenatural.

As evidências mostram que uma cultura altamente pluralista e competitiva na esfera religiosa encoraja alguns a escolher uma perspectiva secular da vida. Embora esta seja uma realidade em ambas as culturas, a tendência à secularização parece mais significativa do lado americano do que do lado brasileiro. Além disso, em ambos os países, as gerações mais jovens, mais suscetíveis às influências culturais, são as mais afetadas pelo pluralismo religioso e constituem a maior proporção dos Nones.

Categoria 4: A natureza permanente e mutável da religião

Resumo do tópico

Durkheim e seus discípulos defenderam a natureza permanente e ao mesmo tempo mutável da religião, teorizando que a secularização aumentaria sua expansão para novas formas de expressão em vez de destruí-la. Para Durkheim, há três razões pelas quais a religião nunca desaparecerá. Primeiro, por fazer parte da natureza humana, sendo fonte de vida e segurança para as pessoas. Em segundo lugar, porque a religião tem valor social. Para ele, a sociedade é a alma da religião e, ao mesmo tempo, a religião tem causas sociais. Terceiro, a ciência não pode substituir a religião como fonte de vida, nem pode negá-la, porque ela é um fato real. Quanto à natureza mutável da religião, Durkheim argumentou que, sob a influência da secularização e dos avanços científicos, a religião tomaria novas formas de expressão na sociedade, para se adaptar a novas demandas e contextos.[515]

---

[515] Ver DURKHEIM, 1912, p. 429, 432.

Seguindo o conceito durkheimiano, Wallis aponta que a religião contemporânea é mais racional, individualista e centrada no ser humano e nos valores democráticos porque reflete a estrutura social vigente e é fonte de identidade coletiva.[516] Por sua vez, Stark apontou que a teoria do secularismo falhou em fornecer imunidade mística irreversível, e ao prever a eliminação da crença no sobrenatural, bem como nas tentativas de fazer da ciência a base do julgamento moral.[517] Juntamente com Bainbridge, Stark associou o processo de secularização à multiplicação de seitas, cultos e novas formas de expressão religiosa contemporânea, como parte da busca humana por recompensas e compensadores, o que torna a religião algo indestrutível e ao mesmo tempo mutável na forma.[518]

Relacionando o tópico com os Nones do Brasil e nos Estados Unidos

O caráter permanente e mutável da religião, tal como descrito nas teorias da secularização formuladas por Durkheim e alguns de seus discípulos, pode ser percebido no amplo pluralismo religioso presente nas sociedades brasileira e americana. O processo de transformação social por que passaram ambos os países e as multifacetadas manifestações religiosas resultantes atestam que, para a maior parte da população de ambos os países, a religião é fundamental. Ao mesmo tempo, muda de forma, adaptando-se às características contextuais. Em particular, a ascendência de formas espirituais e sincréticas de religião em ambas as culturas, culminando na crescente porcentagem de Nones, atesta a natureza mutável da religião. No entanto, a pequena tendência de crescimento do secularismo na cultura americana, especialmente entre os Nones, é um convite à reflexão e discussão sobre o aspecto permanente da religião.

Muitos estudiosos da religião no Brasil apontam que o movimento religioso entre três grupos principais – catolicismo, protestantismo e Nones, que representam cerca de 95% dos brasileiros – reflete influências modernas e pós-modernas, e pode haver uma relação de causa e efeito entre eles, o que significa que um é um estágio para o outro. Uma pessoa pode mudar de católico para evangélico tradicional, depois pentecostal tradicional, neopentecostal, evangélico indeterminado e, finalmente,

---

[516] WALLIS, 1984, p. 57-58.
[517] Ver STARK, 1999, p. 250, 253-254.
[518] STARK; BAINBRIDGE, 1987, p. 143-149, 312.

Nones.[519] A queda de católicos coincide com o crescimento acelerado de evangélicos e Nones. Os evangélicos cresceram de 5,2% para 22,2% da população entre 1970 e 2010. No mesmo período, os Nones passaram de 0,8% para 8,04% dos brasileiros.

O Brasil passou por uma série de mudanças desde o início do século XX em um processo de industrialização, urbanização e secularização para atender às demandas modernas, o que resultou em profundas mudanças sociais e religiosas para sua população. Houve uma explosão migratória para os centros urbanos, principalmente na região Sudeste, a mais industrializada do país, transformando a periferia das maiores cidades em bolsões populacionais. Com a abertura de novas fronteiras agrícolas, houve uma significativa migração do Sul para as regiões Centro-Oeste e Norte do país. Essa mobilização populacional e outros fatores contemporâneos associados à modernidade e mesmo à pós-modernidade são vistos como diretamente associados ao crescimento dos Nones, ao crescimento dos evangélicos e à queda acelerada do catolicismo no país.

O catolicismo manteve uma hegemonia quase exclusiva no Brasil por cerca de quinhentos anos, tornando o país a maior nação católica do mundo, ultrapassando a Itália na segunda metade do século XX.[520] No entanto, nos últimos anos, a Igreja Católica viu uma queda dramática no número de membros brasileiros e tornou-se um doador universal de membros para outras igrejas.[521]

A queda mais acentuada do catolicismo coincide com o crescimento dos evangélicos, principalmente pentecostais e, mais recentemente, evangélicos indeterminados. Coincide também com a ascensão dos Nones, que, em sua maioria, como os evangélicos indeterminados, mantêm sua espiritualidade sem relação institucional. A diferença é que os primeiros mantêm alguma identidade com os princípios evangélicos, e os segundos estão desvinculados de qualquer instituição religiosa – o que Oliveira chama de "descontentamento religioso", ou aversão a igrejas ou instituições.[522] A diminuição de católicos e o aumento de evangélicos e não religiosos ou Nones, é mais evidente nas periferias das regiões metropolitanas, nos grandes centros urbanos e nas frentes de ocupação do centro-norte do Brasil.[523]

---

[519] OLIVEIRA, 2012, p. 4.
[520] ALVES; BARROS; CAVENAGHI, 2012, p. 152.
[521] Ver tabelas 1 e 2. Ver também ALMEIDA; MONTEIRO, 2001, p. 97.
[522] OLIVEIRA, 2012, p. 4.
[523] CAMURÇA, 2013, p. 71.

Em sua pesquisa de qualificação para o doutorado, Nicolini apontou que o percentual de Nones no Brasil em 2012 foi surpreendente, tanto em cidades que compõem regiões metropolitanas (como Itanara na Bahia, com 33,33% de Nones, e Porto Rico no Maranhão, com 31,95%) quanto em pequenas cidades dos extremos do país (como Paranhos, no Mato Grosso, com 33,91%, e Chuí, no Rio Grande do Sul, com 54,4%).[524] Essa mudança marcante nos números religiosos no Brasil tem sido vista como uma mudança no paradigma cultural que deve ter implicações importantes para a coexistência das religiões no país.[525]

Diante do crescente e relativamente novo processo de diversificação religiosa no Brasil, o diálogo inter-religioso, com ênfase na flexibilidade e na abertura,[526] tem sido pauta contemporânea no país, visando "estreitar as relações entre religiões que emergem de troncos mais diversos", em oposição ao ecumenismo, que se restringe à aproximação e à ação conjunta entre diversas manifestações religiosas cristãs.[527]

Neste cenário de mudança religiosa, os Nones parecem ser o retrato mais honesto da natureza mutável e permanente da religião, refletindo as influências de forças pós-modernas como o individualismo, o relativismo e a subjetividade. Portela descreve os Nones como pessoas engajadas em uma busca interior e se esforçando para desenvolver a identidade própria e o potencial humano.[528] Luiz aponta que eles guardam o espírito e a alma do indivíduo que se sente no centro gravitacional.[529] Junto com as transformações do país, os Nones também mudaram, não no sentido de abandonar a religião, mas na forma de exercê-la. Como parte da vida humana, a religiosidade se manteve, mas passou a ser exercida de diferentes formas. Como Luiz claramente expressou, quando se imaginava uma ruptura da religião, ela ressurge em uma multiplicidade de formas e expressões, mantendo uma postura de diálogo ao se rearticular com a modernidade. Para ele, a secularização

---

[524] Ver NICOLINI, Marcos Henrique de Oliveira. *Religião e cidade*: a precariedade dos 'sem religião' como contestação da exclusão social em São Paulo. Tese (Doutorado em Ciência da Religião) – Universidade Metodista de São Paulo, São Paulo, 2012.

[525] CAMURÇA, 2013, p. 52-71.

[526] SANCHEZ, Wagner Lopes. *(Des)encontro dos deuses*: CNBB e pluralismo religioso no Brasil, um debate a partir dos Encontros Intereclesiais de Base de CEBs (1992-1997). Tese (Doutorado em Ciências da Religião) – Pontifícia Universidade Católica de São Paulo, São Paulo, 2001.

[527] VILHENA, 2013, p. 1016.

[528] PORTELA, 2018.

[529] LUIZ, 2013, p. 75.

pública trouxe uma espécie de renovação do sagrado na esfera privada, proporcionando uma pluralidade de crenças e uma reestruturação do cenário religioso.[530]

O cenário e o contexto do Brasil mudaram, mas a necessidade da religião continuou em uma realidade modernizada e pós-modernizada. A forte ênfase na liberdade de escolha, individualização, democratização e multiplicação das ofertas religiosas levou as pessoas a romper com o catolicismo. Novas escolhas religiosas foram feitas, com tendência a enfraquecer as fronteiras do pertencimento institucional, elevando o percentual de Nones no país.[531]

Da mesma forma, do lado americano, o surgimento da espiritualidade contemporânea, contrastando com a religião institucionalizada e dogmatizada, e envolvendo 27% dos americanos em geral e 37% dos Nones, é um exemplo de uma nova manifestação de religiosidade. Em sua pesquisa com a geração *baby boomers* na América, no início dos anos 1990, Roof foi o primeiro a descrever o fenômeno da espiritualidade abraçado pelas gerações mais jovens. Chamando esse grupo de "uma geração de buscadores", Roof observou sua busca por uma religiosidade marcada pela livre escolha, culminando em um "sistema de significados sob medida", ou um estilo de vida espiritual pessoal sem intervenção institucional e desprovido de pertencimento.[532]

Giordan aponta que a onda de espiritualização contemporânea que vigora não apenas nas sociedades americana e brasileira, mas também para além dos limites do cristianismo, é uma espécie de redescoberta da função do corpo no processo de relação com o sagrado. Para ele, a abordagem espiritual enfatiza o aspecto íntimo, subjetivo e pessoal da religião, que envolve o corpo, superando a justaposição dualista da alma e do corpo. Além disso, o corpo é visto como o ponto de partida para acessar a dimensão espiritual da existência. Nessa perspectiva, a espiritualidade contemporânea une corpo, alma, sentimentos e sensações, incluindo a experiência sexual, em termos espirituais, apontando para a transcendência do eu e união com as energias do universo.[533]

Wuthnow contrasta a espiritualidade contemporânea com as formas tradicionais e institucionalizadas, usando o termo "espiritualidade residente" para as últimas e "busca da espiritualidade" para a primeira. Para ele,

---

[530] LUIZ, 2013, p. 78.
[531] CAMURÇA, 2013, p. 71.
[532] ROOF, 1993, p. 310.
[533] ROOF, 1993, p. 310.

a espiritualidade residente está associada a templos, ritos, dogmas, limites claros e presença de autoridade institucional. A busca pela espiritualidade, por outro lado, não está associada ao espaço físico, mas às diversas experiências do cotidiano, implicando inclusão, hibridação e construção de um estilo de vida espiritual baseado em uma relação autônoma com o sagrado. Como Roof, Wuthnow acredita que as dimensões religiosa e espiritual do relacionamento transcendente não são mutuamente excludentes.[534] No entanto, outros estudiosos sustentam que religião e espiritualidade, tal como se apresentam na contemporaneidade, são incompatíveis, pois seus pressupostos se baseiam em polos opostos: externo e interno, institucional e individual, objetivo e subjetivo, entre outros.[535]

No entanto, há uma tendência crescente de secularização entre os americanos, o que desafia as previsões da natureza permanente da religião. Um estudo comparativo entre 2007 e 2014 mostra um aumento na proporção de ateus e agnósticos entre os Nones, de 25% para 31%. Além disso, em 2007, 69% dos Nones disseram acreditar em Deus ou em um espírito universal, baixando para 61% em 2014. Em relação à importância da religião, em 2007, 57,5% dos Nones disseram que a religião não era crucial para suas vidas, subindo para 64,7% em 2014. Em números absolutos, isso significa um salto de 21 milhões para 36,1 milhões de pessoas que disseram não ver a religião como importante para elas. Da mesma forma, houve uma diminuição na frequência de oração: a proporção dos Nones que afirmaram nunca ou raramente orar passou de 56% em 2007 para 62% em 2014.[536]

O fator geracional também confirma a tendência para o aumento da secularização entre os Nones. Na América, os Nones são mais comuns nas gerações mais jovens. Por exemplo, em 2014, apenas 11% da Geração Silenciosa (nascidos entre 1928 e 1945) declarou-se Nones, em comparação com 36% dos jovens *millennials* (nascidos entre 1990 e 1996)[537], e estudos mostram que os americanos mais jovens são menos comprometidos com crenças e práticas religiosas.[538]

---

[534] Ver WUTHNOW, 2007; ROOF, Wade Clark. *Spiritual Marketplace*: Baby Boomers and the Remarking of American Religion. Princeton, NJ: Princeton University Press, 1999.

[535] Ver HEELAS, Paul; WOODHEAD, Linda. *The Spiritual Revolution*: Why Religion Is Giving Way to Spirituality. Oxford: Blackwell, 2007; HOUTMAN; AUPERS, 2007; HEELAS, Paul. The Spiritual Revolution of Northern Europe: Personal Beliefs. *Nordic Journal of Religion and Society*, v. 20, n. 1, p. 1-28, 2007.

[536] Ver PEW RESEARCH CENTER, 2015g; PEW RESEARCH CENTER, 2015d.

[537] Pew Research Center - 2014 Religious Landscape Study, realizado de 4 de junho a 30 de setembro de 2014.

[538] PEW RESEARCH CENTER, 2015g.

Os Nones americanos estão tornando-se progressivamente mais seculares e, portanto, o conceito durkheimiano da natureza permanente e mutável da religião parece encontrar resistência no comportamento deles. Este grupo poderá nunca atingir o ponto da secularização completa, mas é uma tendência crescente.

Por outro lado, o declínio do valor da religião é acompanhado por uma valorização crescente da espiritualidade. Em outras palavras, há uma rejeição da religião institucionalizada, mas não da religiosidade em si. Quando os Nones foram questionados sobre sentimentos profundos de paz espiritual e bem-estar, o volume daqueles que disseram experimentar tais sentimentos regularmente aumentou de 35% para 40% entre 2007 e 2014. Além disso, 47% dos Nones em 2014 partilharam sentimentos profundos de admiração pelo universo, em comparação com 39% em 2007.[539]

Esses dados apenas confirmam o que outras pesquisas já demostraram sobre os 37% dos americanos Nones que afirmam ser espirituais, mas não religiosos. Eles estão se afastando da religião institucionalizada, para abraçar conteúdos teológicos independentes, sincréticos, metafísicos e diluídos.[540] Nessa perspectiva, a teoria de Durkheim sobre a natureza permanente e mutável da religião é uma experiência vivenciada, pelo menos por aquela parcela dos Nones americanos. A religião muda de forma, mas continua essencial na construção do sentido da vida.

Resumo da Categoria 4

A natureza permanente e mutável da religião, teorizada por Durkheim e alguns de seus discípulos, pode ser confirmada pela experiência dos Nones na América e no Brasil. Do lado brasileiro, o movimento religioso do católico para o evangélico tradicional, pentecostal, neopentecostal, evangélico indeterminado e, finalmente, para os Nones é uma evidência de que a maioria da população mantém a religiosidade no centro da vida. No país, menos de 5% dos Nones são ateus ou agnósticos. Apenas a forma de expressar a religiosidade mudou, acompanhando as transformações sociais do país. A população mantém sua crença no transcendente, e pratica a religiosidade sem associações institucionais, e com características sincréticas, subjetivas e particulares.

---

[539] PEW RESEARCH CENTER, 2015g.
[540] Ver PEW RESEARCH CENTER, 2017b; PARSONS, Williams B. (ed.). *Being Spiritual but Not Religious*: Past, Present, Future. New York: Routledge, 2018; MILLER, 2016, p. 833-894; HEELAS; WOODHEAD, 2007; HEEHS, 2019; FULLER, 2001.

Do lado americano, embora em menor grau, a mudança religiosa entre as denominações e o fato de a maioria expressar crença em Deus demonstram a natureza permanente e mutável da religião. Talvez a evidência mais significativa a favor da teoria seja o comportamento dos 37% dos Nones americanos que se declaram "espirituais, mas não religiosos". Significa uma ruptura com o dogma religioso ligado às instituições, em favor de uma religiosidade metafísica e particularizada, como ocorre com a maioria dos Nones brasileiros. Contudo, a pequena tendência de aumento do secularismo entre os Nones americanos é um desafio à natureza permanente da religião defendida pela escola durkheimiana. Se esse comportamento vai ter um teto, ou se poderá atingir o grupo majoritário, só pesquisas mais precisas e o tempo dirão.

Categoria 5: O secular contemporâneo

Resumo do tópico

Defendendo a ideia de que a secularização não é essencial para a modernidade, ou de que a modernidade não requer emancipação religiosa, Asad apresenta o que chama de "o secular contemporâneo", alguém que apoia ao mesmo tempo os valores modernos e os princípios de fé. Para ele, a religião contemporânea pode reter a fé e os princípios morais juntamente com os valores fundamentais do modernismo, como a liberdade individual de expressão e escolha, o apoio público à ciência, o respeito pelas diferenças e outras políticas modernas relacionadas com a educação, a economia e a vida na sociedade.[541] Davie expressa um pensamento semelhante ao salientar que a religião nunca desaparecerá em favor de uma sociedade totalmente secularizada. Para ela, é provável que algumas crenças religiosas continuem a acompanhar a compreensão mais secular da vida das pessoas.[542] Luckmann corrobora essas visões ao defender que as pessoas sejam incentivadas a exercer autonomia no contexto contemporâneo, construindo sua própria identidade por meio da livre escolha como consumidores, ao lidar tanto com a cultura quanto com o cosmos sagrado. O produto desse exercício de autonomia é a construção de um ser humano que absorva os princípios religiosos e, ao mesmo tempo, esteja alinhado à sociedade moderna.[543]

---

[541] Ver ASAD, 2006, p. 208-209; ASAD, 2003, p. 186-187; ASAD, 1999.
[542] DAVIE, 2007, p. 98, 140.
[543] LUCKMANN, 1967, p. 97-103.

Relacionando o tópico com os Nones do Brasil e nos Estados Unidos

Na contemporaneidade, o panorama religioso do Brasil tem sido descrito como uma mistura de secularização na esfera jurídico-estatal, liberdade religiosa no plano individual e movimento religioso no plano cultural.[544] Camurça chama esse fenômeno de sincretismo pós-moderno, em que há uma combinação de tendências modernas, como a primazia do indivíduo, a livre escolha e o pluralismo religioso, com tendências pré-modernas, como o holismo, o misticismo e a religiosidade.[545] O resultado é um quadro de modernização, liberalização e democratização vigente no país,[546] e uma expressão religiosa que denota uma modernização de hábitos aliada a uma religiosidade subjetiva e individualizada.[547]

Os Nones no Brasil sintetizam essa expressão religiosa que une a religiosidade aos princípios modernos na prática cotidiana. Houve aumento de casamentos sem legalização, diminuição da natalidade e aumento da escolaridade, priorizando escolhas individuais e outros hábitos modernos, juntamente com a busca pela religiosidade subjetiva.[548] Os Nones brasileiros são modernos, urbanos, jovens e localizados nas classes médias ou ascendentes; a maioria deles mantém uma religiosidade intrínseca separada das instituições.[549] Isso está muito próximo da descrição do contemporâneo secular feita por Asad e outros estudiosos, como alguém que habita a modernidade enquanto mantém a religião numa base subjetiva.

O mesmo se aplica ao lado americano. No seu trabalho sobre o significado de "não religião", especialmente no contexto americano, Lee pinta um quadro muito próximo do contemporâneo secular descrito por Asad. Segundo Lee, "não religião" não denota necessariamente uma ausência de religiosidade, mas uma separação da religião institucionalizada. Nesse caso, o termo reúne uma combinação de características religiosas, espirituais

---

[544] PIERUCCI, Antônio Flavio. De olho na modernidade religiosa. *Tempo Social*, v. 2, n. 20, 2008, p. 15.
[545] CAMURÇA, 2013, p. 74.
[546] CAMURÇA, 2013, p. 75.
[547] ANTONIAZZI, 2003, p. 87.
[548] ANTONIAZZI, 2003, p. 87.
[549] CAMURÇA, Marcelo. O Brasil religioso que emerge do censo 2010: consolidações, tendências e perplexidades. *In*: TEIXEIRA, Faustino; MENEZES, Renata (org.). *Religiões em movimento*: o censo de 2010. Petrópolis: Vozes, 2012; NOVAES, 2004, p. 321-330.

e seculares, denotando alguém que incorpora os conceitos seculares de liberdade e individualidade, sem renunciar a práticas espirituais vividas em contexto privado. Lee salienta que "protesto anticlerical", "humanista secular" e "espiritual, mas não religioso" são algumas das diversas formas de não religião contemporânea.[550]

Fuller destaca que os sem igreja contemporâneos buscam cumprir os pressupostos da cultura americana relacionados à responsabilidade moral, que pressupõe o livre-arbítrio, mas sem abrir mão da intervenção de poderes sobrenaturais. Para ele, esse grupo se espelha na classe média americana do século XIX, que, sentindo-se sufocada pela rigidez das igrejas, buscou energicamente formas de acomodar seus impulsos religiosos aos valores do mundo moderno. Para Fuller, os buscadores altamente ativos daquela época eram a vanguarda do que se tornaria a longa tradição americana de piedade sem igreja. Aqueles que se dizem espirituais sem religião procuram manter a dependência do sobrenatural, sem intervenção institucional, preservando ao mesmo tempo os valores liberais contemporâneos.[551]

Resumo da Categoria 5

O secular contemporâneo de Asad, que também pode ser visto nas descrições de Davis e Luckmann, se reflete nos Nones brasileiros e norte-americanos. Eles mantêm crenças espirituais, especialmente no nível subjetivo e intrínseco, e, ao mesmo tempo, incorporam práticas modernas e seculares, num exercício de autonomia. O contemporâneo secular é a figura de um ser humano alinhado aos hábitos modernos de liberdade, independência, relativismo, sincretismo e aceitação das diferenças, mantendo uma religiosidade subjetiva e individualizada. Em ambas as culturas, por exemplo, os Nones são o grupo que mais frequentemente casa com pessoas de outras religiões, mantém casamentos consensuais, sem vínculos legais, e defende uma política liberal que permite o aborto e o casamento entre pessoas do mesmo sexo.[552]

---

[550] LEE, Lois. Non-Religion. *In*: STAUSBERG, Michael; ENGLER, Steven. (ed.). *The Oxford Handbook*: The Study of Religion. Oxford: Oxford University Press, 2016, p. 84-86.
[551] FULLER, 2001, p. 43-44.
[552] Ver PEW RESEARCH CENTER, 2020b; RODRIGUES, 2009; VILHENA, 2013; MARIANO, 2003.

Categoria 6: Influência dos avanços tecnológicos e da comunicação de massa

Resumo do tópico

Embora os autores pesquisados não tenham se aprofundado na influência dos avanços tecnológicos e da comunicação de massa na religiosidade contemporânea, eles vislumbram a importância deste tema. Nos seus estudos sobre teorias de recrutamento, Stark e Bainbridge concluíram que as redes de interação são a ferramenta de recrutamento mais eficaz para cultos, seitas e religiões convencionais, bem como para prevenir deserções. Os autores afirmaram que os laços interpessoais são muito mais eficazes do que as próprias ideologias na manutenção de compromissos. Enfatizaram também que o sistema de recompensas é fundamental para o processo de recrutamento através de *networking*. As pessoas são atraídas quando suas necessidades são atendidas e suas privações reduzidas, seja no âmbito afetivo, físico, emocional ou espiritual.[553] Stark e Bainbridge concluíram que "as redes sociais são recompensas diretas".[554]

Por outro lado, Luckmann sustenta que a difusão da cultura urbana através dos meios de comunicação de massa é um dos fatores que geram o desinteresse religioso e a secularização.[555] Bryan Wilson aponta que a tecnologia minou o quase monopólio anterior da comunicação de propriedade da Igreja. A igreja, que outrora representou uma voz poderosa na comunidade local, tornou-se apenas mais uma voz entre muitas mensagens religiosas diferentes e depois competiu com vozes cada vez mais eficientes que, através de tecnologias de comunicação de massa, começaram a oferecer distrações não religiosas.[556]

Berger salienta que a literatura e a comunicação de massa permitem o acesso às crenças e valores das pessoas em todo o mundo, facilitando o pluralismo religioso, criando um ambiente propício para pessoas de diferentes origens viverem juntas com um espírito de tolerância. Para ele, essa tendência pluralista fortalecida pela comunicação de massa é um desafio para instituições com reivindicações de verdade absoluta.[557]

---

[553] STARK; BAINBRIDGE, 1980, p. 1392-1393.
[554] STARK; BAINBRIDGE, 1980, p. 1394.
[555] LUCKMANN, 1967, p. 29-30.
[556] WILSON, 1976a, p. 49.
[557] BERGER, 2004, p. 14-15. Ver também COX, 2013, p. xxxv, xxxvii-xxxix.

Relacionando o tópico com os Nones no Brasil e nos Estados Unidos

Estudos demonstram uma conexão direta entre o crescimento migratório, o avanço tecnológico e a expansão da diversidade religiosa na América. O movimento de pessoas de diferentes culturas, juntamente com a globalização da informação, proporcionou ampla exposição a diversas religiões, crenças e práticas que foram absorvidas pela sociedade.[558]

Há também uma relação estreita entre as origens da radiodifusão e a religião tanto nos Estados Unidos quanto no Brasil. Em 24 de dezembro de 1906, o inventor canadense-americano Reginald A. Fessenden conduziu a primeira transmissão experimental de rádio AM em Massachusetts, que incluiu a leitura de textos sobre o nascimento de Jesus no Evangelho de Lucas, junto com um solo de violino de "O Holy Night", e músicas de Handel (Largo).[559] No Brasil, muitos consideram o padre gaúcho Roberto Landell de Moura, formado em teologia, física e química em Roma, o pai do rádio brasileiro.[560]

Nos primeiros anos, o conteúdo do rádio era principalmente música e mensagens diversas, o que mudou a partir de 1920 com o surgimento de rádios comerciais e espaços para programas religiosos. Naquele ano, o Dr. Frank Conrad iniciou a primeira transmissão de rádio comercial em Pittsburgh, com o prefixo KDKA. Dois meses depois, a Igreja Episcopal do Calvário começou a transmitir as suas atividades religiosas. Um ano depois disso, a Igreja Presbiteriana Nacional de Washington fundou sua estação, seguida pela missionária Aimee McPherson em 1924. No início, as igrejas geralmente transmitiam seus cultos de adoração pelo rádio. Em 1925, 10% das 600 estações de rádio comerciais que operavam nos Estados Unidos estavam ligadas a movimentos religiosos.[561]

---

[558] Ver ROOF, 1999, p. 61, 70-73; FRENCH, Rebecca. Shopping for Religion: The Change in Everyday Religious Practice and Its Importance to the Law. *Buffalo Law Review*, v. 127, p. 133-136, 2003.

[559] CAMPOS, Leonildo Silveira. Evangélicos, pentecostais e carismáticos na mídia radiofônica e televisiva. *Revista USP*, n. 61, mar./maio 2004, p. 151; NORMANS, Jeremy. Reginald Fessenden Conducts the First Audio Radio Broadcast of Entertainment and Music. *Historyofinformation.com* (blog). Disponível em: http://www.historyofinformation.com/detail.php?entryid=1539. Acesso em: 4 abr. 2020.

[560] LOSI, Fabio S. Father Landell de Moura — Radio Broadcasting Pioneer. *Philatelia Chimica et Physica*, v. 34, n. 1, p. 18-26, 2012; RIEDINGER, Edward A. Landell de Moura, Father Roberto 1861-1928 Brazilian Wireless Pioneer. *In*: STERLING, Christopher (ed.). *Encyclopedia of Radio*. 3 v. New York: Routledge, 2003, p. 1696; KLOCKNER, Luciano; CACHAFEIRO, Manolo Silveiro (org.). *Por que o Pe. Roberto Landell de Moura foi inovador? Conhecimento, fé e Ciência*. Porto Alegre, RS: Edipucrs, 2012; TUFFANI, Maurício. O verdadeiro inventor do rádio. *Unespciência*, nov. 2010, p. 50. Disponível em: https://www.unesp.br/aci/revista/ed14/ponto-critico.

[561] GOMES, José Ozean. Diversidade religiosa e mídia radiofônica: O uso das rádios comunitárias por instituições evangélicas no Brasil. *2020 Azusa–Revista de Estudos Pentecostais*, v. 4, n. 2, 2013, p. 190; CAMPOS, 2004, p. 151.

Na década de 1960, surgiu o conceito de "igreja eletrônica". No contexto americano, essa expressão aplica-se à utilização dos meios de comunicação de massa, especialmente a televisão, para a transmissão de conteúdos religiosos, quase sempre de forma personalizada e relativamente independente das denominações cristãs convencionais, pelos chamados "televangelistas".[562] Rex Humbard é considerado o primeiro evangelista televisivo dos Estados Unidos; seus programas de rádio e TV começaram a ser transmitidos em 1949 na filial da CBS na cidade de Indianápolis e se espalharam pelo mundo.[563] Billy Graham foi outro televangelista pioneiro, tendo iniciado suas atividades em 1951 e suas cruzadas evangelísticas internacionais em 1954. Nesse mesmo ano, Oral Roberts também passou a apresentar programas na TV, após utilizar o rádio desde 1947 como meio de comunicação de massa para sua pregação, baseado em "cura pela fé".[564] Outros proeminentes evangelistas da televisão norte-americana incluem Robert Schuller, Pat Robertson, Jimmy Swaggart e James Bakker. Os dois últimos estiveram envolvidos em escândalos financeiros e sexuais.[565] A literatura destaca as técnicas extremas de comunicação verbal e visual praticadas pelos televangelistas americanos visando à arrecadação de fundos.[566]

A transmissão de conteúdo religioso pela mídia de massa no Brasil remonta à década de 1940. A Igreja Adventista do Sétimo Dia foi pioneira nesse processo. *A Voz da Profecia*, apresentado pelo Pr. Roberto Rabelo, junto com a música do quarteto Arautos do Rei, foi o primeiro programa de rádio brasileiro com conteúdo religioso, iniciado em 23 de setembro de 1943, e transmitido por dezessete rádios em sua versão histórica.[567] Foi uma versão do programa americano liderado pelo Pr. HMS Richards, que começou a transmitir uma série de temas bíblicos na rádio KNX em Los Angeles em 19 de outubro de 1929, apesar das críticas daqueles que pensavam que o rádio era um meio profano de pregação. Em 1937, o programa foi renomeado como *A Voz da Profecia* e transmitido em rede por diferentes estações de rádio em

---

[562] ASSMAN, Hugo. *A igreja eletrônica e seu impacto na América Latina*: convite a um estudo. Petrópolis: Vozes, 1986.
[563] THE REX HUMBARD FOUNDATION. Disponível em: http://www.rexhumbard.org.
[564] CAMPOS, 2004, p. 157.
[565] CAMPOS, 2004, p. 158.
[566] ASSMAN, 1986, p. 54; FORE, William F. The Electronic Church. *Ministry*, January 1979, p. 5; HORSFIELD, Peter G. *Religious Television*: The American Experience. New York: Longman, 1984; ARMSTRONG, Bem. *The Electric Church*. Nashville, TN: Thomas Nelson, 1979.
[567] CHAVES, Jolivê R. *Evangelismo integrado na Divisão Sul-Americana da Igreja Adventista do Sétimo Dia*: uma descrição. Tese (Doutorado em Teologia Pastoral) – Centro Universitário Adventista de São Paulo, São Paulo, 2014, p. 173; PRATA, Nair; LOPEZ, Debora Cristina; CAMPELO, Wanir. Panorama do rádio religioso no Brasil. Disponível em: http://www.intercom.org.br/papers/nacionais/2014/resumos/R9-0548-1.pdf. Acesso em: 23 abr. 2020.

vários estados americanos.[568] Outro programa religioso de destaque no cenário radiofônico brasileiro foi ao ar pela primeira vez em 30 de novembro de 1953, sob a liderança do presbiteriano Pr. José Borges dos Santos Jr. Intitulado *Meditação Matinal*, o programa foi transmitido pela Rádio Tupi de São Paulo, seguindo posteriormente para a Rádio Bandeirantes.[569]

Na década de 1950, o movimento de "cura divina" já presente nas rádios norte-americanas chegou ao Brasil por meio da Cruzada Nacional de Evangelização. As cruzadas pentecostais eram realizadas em tendas de lona e utilizavam o rádio para apoio e divulgação. Nesse processo, Manoel de Mello fundou a igreja "O Brasil para Cristo" e Davi Martins Miranda fundou a igreja "Deus é Amor", enfatizando a cura divina.[570] A partir da década de 1960, católicos, adventistas e representantes de igrejas pentecostais passaram a dividir espaço em redes de rádio no território nacional.[571]

Os adventistas também foram pioneiros na televisão: em 1962, o Pr. Alcides Campolongo iniciou o *Fé para Hoje*, o primeiro programa religioso da televisão brasileira.[572] Em 1978, a mídia brasileira começou a vender espaço para televangelistas dos Estados Unidos, especialmente Rex Humbard, Jimmy Swaggart e Pat Robertson. O modelo de programa desenvolvido por Robertson, combinando pregação, ênfase em milagres e maravilhas e a busca de saúde e prosperidade por meio da fé, influenciaria mais tarde os evangelistas da mídia brasileira.[573]

Na década de 1990, com o avanço do neopentecostalismo no Brasil,[574] iniciou-se um processo acelerado de competição pelas concessões de canais de televisão e emissoras de rádio para fins religiosos, especialmente entre

---

[568] VOICE OF PROPHECY. *About the Voice of Prophecy — Equipping the World for Christ to Come*. Disponível em: https://www.voiceofprophecy.com/about. Acesso em: 23 abr. 2020. Ver também KARR, Eldyn. Voice of Prophecy, Historic Adventist Media Outreach, Relocating to Colorado. *Adventist Review*, January 7, 2014. Disponível em: https://www.adventistreview.org/church-news/voice-of-prophecy,-historic-adventist-media-outreach,-relocating-to-colorado.

[569] PRATA; LOPEZ; CAMPELO, 2014, p. 3.

[570] GOMES, 2013, p. 192-193.

[571] SANTOS, Suzy dos; CAPPARELLI, Sérgio. Crescei e multiplicai-vos: A explosão religiosa na televisão Brasileira. *Intexto*, v. 2, n. 11, 2004, p. 3.

[572] CHAVES, 2014, p. 173; SANTANA, Luther King de Andrade. Religião e mercado: A mídia empresarial-religiosa. *Rever*, n. 1, 2005, p. 56-57.

[573] CAMPOS, 2004, p. 159.

[574] O neopentecostalismo foi estabelecido no Brasil nas décadas de 1970 e 1980. É considerado a "terceira onda" pentecostal no país e dá especial ênfase à guerra espiritual contra o diabo, à teologia da prosperidade e à libertação dos costumes. O "pentecostalismo clássico", que enfatiza o dom de línguas e o afastamento ascético do mundo, é chamado de "primeira onda". Foi trazido ao Brasil por missionários americanos em 1910 e 1911 com a fundação das Igrejas Congregação Cristã do Brasil e Assembleia de Deus, respectivamente. Na década de 1950, o "pentecostalismo de cura divina", chamado de "segunda onda", estabeleceu-se com a fundação da Igreja Evangélica Quadrangular em 1951 e da Igreja Brasil para Cristo em 1955. Ver SOUZA, André Ricardo de. *Igreja em concerto*: padres cantores, média e marketing. São Paulo: Annablume: Fapesp, 2005, p. 16.

as igrejas católicas e neopentecostais. Houve, com isso, uma mudança nas formas tradicionais de transmissão evangelística no protestantismo, e nas missas católicas, formato mais conectado com o pluralismo do mercado religioso. O conceito de "igreja eletrônica", presente nos Estados Unidos desde a década de 1960, foi transportado para o território brasileiro, iniciando uma batalha simbólica pelos fiéis por meio da mídia, tornando a comunicação de massa a principal ferramenta para atração de novos membros.[575]

A implantação da igreja eletrônica no Brasil acelerou o pluralismo religioso e a assimilação de características modernas e pós-modernas na religiosidade do país. O "marketing religioso" ou "marketing da fé" é uma dessas características: os potenciais membros são vistos como consumidores de produtos religiosos e devem ser conquistados por meio de estratégias de marketing. Frases como "pastores eletrônicos" e "religião comercial", além de "marketing de fé" e "igreja eletrônica", passam a designar o novo fenômeno da comunicação religiosa no país por meio de rádio e televisão. Nesse contexto, o fator central é a utilização de um modelo publicitário mais agressivo para conquistar novos adeptos para as congregações.[576]

No processo, como diz Berger, a religião não é mais vista como algo a ser imposto, mas comercializado, e a questão do resultado torna-se essencial. O perfil do ministro muda, diz, assumindo uma vertente sociopsicológica, com orientação ativista e pragmática, bem como elevada capacidade interpessoal. Da mesma forma, o conteúdo religioso vira "moda", ou seja, baseado nas preferências e sentimentos do público-alvo. Os produtos religiosos são preparados a partir da pressão do consumidor, e a religião já não é uma referência ao cosmos ou à história, mas à existência individual ou à psicologia, legitimada numa base empírica e não mais numa base de conteúdo cognitivo. Além disso, há o chamado fenômeno sociopsicológico da desmonopolização da fé, em que, em vez de descobrirem a religião através de uma instituição religiosa ou da investigação bíblica, as pessoas recorrem à consciência subjetiva para encontrá-la.[577]

No Brasil hoje, o rádio, a TV e as redes sociais têm sido as principais plataformas para a expansão das igrejas neopentecostais. A mídia destaca figuras como: Edir Macedo, da Igreja Universal do Reino de Deus; Val-

---

[575] PRATA; LOPEZ; CAMPELO, 2014, p. 4; DIAS, Arlindo Pereira. *Domingão do Cristão*: estratégias de comunicação da Igreja Católica. São Paulo: Salesiana, 2001.
[576] ASSMAN, 1986.
[577] BERGER, 1966, p. 270-277.

demir Santiago, da Igreja Mundial do Poder de Deus; Silas Malafaia, da Assembleia de Deus-Vitória em Cristo; RR Soares, da Igreja Internacional da Graça de Deus; e Estevam Hernandes Filho e sua esposa, Sônia, da Igreja Renascer em Cristo.[578] Os televangelistas brasileiros ampliaram a metodologia de seus colegas norte-americanos estabelecida no eixo salvação-milagres-coleta. A partir dessa plataforma, acrescentam ênfase na pregação da prosperidade econômico-financeira como sinal da bênção de Deus e associam problemas humanos como depressão, crises familiares e drogas à atuação dos espíritos.[579]

A Renovação Carismática Católica (RCC), fundada nos Estados Unidos em 1967, chegou ao Brasil no final daquela década e, na década de 1990, foi revivida para enfrentar a perda de membros da igreja, especialmente a perda para o neopentecostalismo. Combinando tradição católica, elementos carismáticos e ideias associadas à religiosidade de mercado, típica do pluralismo, a RCC repopularizou o catolicismo no país, especialmente entre as gerações mais jovens. A RCC mescla uma perspectiva psicológica, em que os problemas são atribuídos a fragilidades pessoais, com uma visão da ação demoníaca no cotidiano das pessoas. São utilizadas fórmulas repetitivas de oração, interpretadas pelos estudiosos como elemento de autoajuda, acrescidas de bênção divina. É dada forte ênfase à graça de Deus, à experiência com o Espírito Santo, à oração como combate às ações demoníacas e à música no estilo gospel com letras emocionais, de acordo com o padrão pentecostal e neopentecostal. No entanto, talvez o elemento mais marcante da RCC no Brasil tenha sido o uso da mídia e do marketing religioso para expandir e reter membros. A igreja utiliza

---

[578] Antunes descreve a ênfase na "teologia da prosperidade" como uma base sólida para a pregação das igrejas neopentecostais no país. Para ele, uma das principais causas do crescimento desse ramo evangélico no Brasil é a ideia de que o progresso material resulta, de alguma forma, do favor de Deus. Ele salienta que a pregação católica tradicional com "uma visão muito conservadora da vida após a morte em vez das riquezas terrenas" tem sido uma causa significativa da perda desenfreada de membros para denominações neopentecostais. Antunes descreve essas igrejas como negócios altamente lucrativos no Brasil, trazendo riqueza e uma vida de ostentação aos seus líderes. Sua lista dos pastores mais ricos do Brasil inclui Edir Macedo da Igreja Universal do Reino de Deus (US$ 950 milhões), Valdemir Santiago da Igreja Mundial do Poder de Deus (US$ 220 milhões), Silas Malafaia da Assembleia de Deus-Vitória em Cristo (US$ 150 milhões), RR Soares da Igreja Internacional da Graça de Deus (US$ 125 milhões) e Estevam Hernandes Filho e sua esposa, Sonia, da Igreja Renascer em Cristo (US$ 65 milhões). Ver ANTUNES, Anderson. The Richest Pastors in Brazil. *Forbes.com*, 17 jan. 2013. Disponível em: https://www.forbes.com/sites/andersonantunes/2013/01/17/the-richest-pastors-in-brazil/ Acesso em: 2 jan. 2025.

[579] CUNHA, Magali do Nascimento. *O conceito de religiosidade midiática como atualização do conceito de Igreja Eletrônica em tempos de cultura "gospel"*. (*paper* apresentado no 25.º Congresso Brasileiro de Ciência da Comunicação, Salvador, BA, 4 e 5 de setembro de 2002). Disponível em: http://intercom.org.br/papers/nacionais/2002/Congresso2002_Anais/2002_NP1cunha.pdf.

temas de mercado, forte presença midiática, missas em forma de concertos e padres cantores, vistos como estrelas pop e como produto lançado no mercado religioso.[580]

Campos sintetiza a pluralista realidade religiosa brasileira por meio da mídia, associando religião ao comércio e descrevendo a cosmovisão como um grande centro comercial no qual se fundem templos, mercados, religião e entretenimento. O resultado é a entrega de um amplo cardápio simbólico aos consumidores religiosos, que podem montá-lo a seu gosto, independentemente da tradição.[581]

A Agência Nacional de Cinema (Ancine) indica que 21% de toda a programação televisiva transmitida no Brasil em 2015 era religiosa.[582] Em uma visão mais abrangente, incluindo rádio, TV aberta e paga, mídia impressa e redes sociais, pesquisa do Media Ownership Monitor Brasil aponta que dos cinquenta veículos com maior audiência ou influência pública no Brasil, pelo menos nove são controlados por líderes religiosos cristãos, católicos ou evangélicos.[583] Juntamente com a utilização da televisão e do rádio como plataforma de marketing religioso, esses meios de comunicação e as igrejas que representam têm servido de palco eleitoral para pastores e outros políticos ligados a grupos religiosos.[584] Nos Estados Unidos, existem 2.400 estações de rádio e cem estações de televisão categorizadas como cristãs, das quais 80% são consideradas sem fins lucrativos ou não comerciais. As estações de rádio não comerciais com formato religioso representam 42%.[585]

Nos dois países em estudo, o negócio relacionado aos meios de comunicação religiosos é o resultado de um ambiente de pluralismo e de uma sociedade de mercado onde a religião perdeu o seu papel na definição da

---

[580] Ver SOUZA, 2005, p. 13-20; FERNANDES, Sílvia Regina Alves. Review of Igreja in concert: padres cantores, mídia e marketing by André Ricardo de Souza, Centro de Estatística Religiosa e Investigações Sociais – Brasil. *Horizontes Antropológicos*, v. 12, n. 25, p. 311-315, jan./jun. 2006a; FERNANDES, Sílvia Regina Alves. Renovação carismática e o demônio: notas do monitoramento da Revista Jesus Vive e é o Senhor. *Mneme-Revista de Humanidades*, v. 3, n. 6, 2002, p. 7-8; MARIZ, Cecília. Católicos da libertação, Católicos renovados e Neopentecostais — estudo de caso no Rio de Janeiro. *Cadernos CERIS*, v.1, n. 2, p. 17-42, 2001.

[581] CAMPOS, 2004, p. 163.

[582] AGÊNCIA NACIONAL DO CINEMA. Ancine divulga informe sobre programação na TV aberta do ano de 2015. *Ancine*, 17 jun. 2016. Disponível em: https://www.ancine.gov.br/pt-br/sala-imprensa/noticias/ancine-divulga-informe-sobre-programa-o-da-tv-aberta.

[583] MEDIA OWNERSHIP MONITOR BRASIL. *Brazilian Churches as Media Owners*. Disponível em: https://brazil.mom-rsf.org. Acesso em: 5 abr. 2020.

[584] GOMES, 2013, p. 187-191.

[585] RELIGIOUS BROADCASTING. Disponível em: https://transition.fcc.gov/osp/inc-report/INoC-11-Religious-Broadcasting.pdf. Acesso em: 17 nov. 2020.

vida quotidiana das pessoas. Especialmente no contexto neopentecostal brasileiro, produziu-se um visível acúmulo de bens e poder por parte de líderes religiosos. Os meios de comunicação de massa tornaram-se não só o principal instrumento para o aumento do número de membros e a expansão denominacional, mas também uma plataforma para a ascensão econômica e política, com a ênfase ao evangelho da prosperidade.[586] Esta versão neopentecostal brasileira da prosperidade através da fé reflete o que Weber defende como a ética protestante e o espírito do capitalismo, segundo o qual a prosperidade financeira não é apenas legítima para os cristãos, mas um sinal exterior da graça de Deus.[587]

Quanto ao alcance dos meios de comunicação religiosos de massa nos Estados Unidos, de acordo com o Pew Research Center, em 2014, 23% dos americanos em geral, 32% dos protestantes, 21% dos católicos e 7% dos Nones relataram ter assistido a um programa religioso na TV na semana anterior. Quanto ao rádio, 20% dos americanos em geral tinham ouvido um programa religioso na semana anterior, em comparação com 28% dos protestantes, 15% dos católicos e 8% dos Nones. Quanto ao uso das redes sociais para partilhar a fé, 20% dos americanos em geral disseram ter partilhado a sua fé *on-line*, enquanto 40% disseram que o fizeram *off-line*, numa situação da vida real. Entre os protestantes, 27% disseram que partilhavam a sua fé *online* e 45% *off-line*. Entre os católicos, 15% partilharam a sua fé *on-line* e 38% *off-line*.[588] Isso mostra que os protestantes são os mais alcançados pela rádio e televisão religiosa na América, enquanto os Nones são os menos alcançados por estes meios de comunicação religiosa de massa. Em geral, todos os grupos partilharam a sua fé de forma mais eficaz em situações da vida real do que através das redes sociais, mas a diferença mais significativa foi observada entre os Nones, que partilharam quase três vezes mais *off-line* do que *on-line*.

Resumo da Categoria 6

Os meios de comunicação de massa têm sido instrumentos eficazes de propagação religiosa em ambas as culturas, num processo de marketing religioso típico do pluralismo. Embora alguns dos Nones beneficiem-se de

---

[586] SANTANA, 2005, p. 67.
[587] WEBER, 2001, p. 105-112.
[588] PEW RESEARCH CENTER. *Religion in Electronic Media*: One-in-Five Americans Share Their Faith Online. November 6, 2014c. Disponível em: https://www.pewforum.org/2014/11/06/religion-and-electronic-media/.

produtos religiosos amplamente acessíveis através dos meios de comunicação de massa, outra parte do grupo, em ambas as culturas, percebe que as igrejas utilizam a comunicação de massa para competir por membros, espalhar o charlatanismo, procurar poder político e promover a acumulação de riqueza através de líderes religiosos. Neste caso, a comunicação religiosa de massa tem sido um incentivo para que os Nones critiquem as instituições religiosas e os seus líderes e procurem o afastamento institucional religioso. Na América, os Nones são o grupo que menos utiliza a comunicação de massa para divulgar suas crenças.

Resumo

De acordo com os estudos apresentados neste capítulo, o desencanto religioso, conforme descrito por Weber e alguns de seus discípulos, afeta mais os Nones no Brasil e nos Estados Unidos do que a população em geral – seja aplicado ao aspecto de secularização da legislação ou ao aspecto da consciência. No entanto, esta conclusão não é absoluta, porque, devido à diversificação dos Nones em ambas as culturas, a maioria do grupo continua a acreditar em Deus e a praticar uma espiritualidade pessoal, subjetiva, eclética e desinstitucionalizada. Em termos gerais, os dados mostram que os Nones brasileiros são menos afetados pelo desencanto no domínio da consciência do que os Nones americanos, que têm evidências mais significativas de secularização.

Os dados mostram também que os Nones de ambas as culturas defendem a privatização da religiosidade. Para eles, o Estado e a religião devem ser mantidos separados: o primeiro é responsável pelas políticas sociais através de legislação secular; a segunda deve ser confinada ao nível privado e individual. A maior parte do grupo acredita, inclusive, que as instituições religiosas não deveriam ser responsáveis pela religião, acusando-as de manipulação e má conduta política e financeira. Neste contexto, verifica-se um desvio do centro de poder das instituições religiosas para os sujeitos religiosos, bem como um enfraquecimento da influência pública e institucional da religião. No entanto, há também evidências de que os Nones atribuem um valor social à religião e tendem a simpatizar com instituições religiosas que promovem o bem-estar social das pessoas.

As ideias democráticas e a liberdade religiosa em ambos os países em estudo aprofundaram as raízes do pluralismo religioso em ambas as culturas. O marketing religioso e a espiritualização religiosa são dois elementos essenciais do pluralismo, resultando na multiplicação dos serviços religiosos – cristãos e não cristãos – bem como no relativismo religioso e no enfraquecimento do conteúdo da fé. Há também uma diluição das fronteiras institucionais e o fortalecimento de uma religiosidade sincrética, ecumênica, guiada por escolhas pessoais, em que cada cliente cria um cardápio espiritual de acordo com as conveniências pessoais. Em contraste com a religião institucional, a onda de espiritualização contemporânea, cujas bases foram lançadas pelo espiritismo no século XIX, está sendo impulsionada por propostas modernas e pós-modernas.

O grupo que se identifica como "espiritual, mas não religioso" (SMNR), que representa 37% dos Nones americanos e a maioria dos Nones brasileiros, é um produto desse movimento. Também está evidenciado que o pluralismo religioso aumenta a competição religiosa, reduz o compromisso com uma religião particular e institucional, enfraquece a identidade religiosa e, simultaneamente, aumenta a religiosidade intrínseca ou a procura pela espiritualidade. Nesse sentido, o pluralismo religioso aumenta a desfiliação religiosa, e contribui para o crescimento dos Nones no Brasil e nos Estados Unidos, gerando uma parcela de Nones secularizados – ateus, agnósticos e indiferentes – e aumentando o número de Nones espirituais, mas não religiosos.

O estudo também comprova a natureza permanente e mutável da religião, defendida por Durkheim e alguns de seus discípulos. As transformações sociais e o pluralismo religioso dos dois países geraram um tremendo movimento de afastamento das denominações tradicionais em direção às igrejas evangélicas pentecostais, neopentecostais e evangélicas independentes, culminando no aumento dos Nones. A maioria dos Nones continua a manter a crença em Deus ou numa entidade cósmica, mas prefere gerir a sua religiosidade de forma independente e sem associações institucionais. A maioria do grupo, portanto, mantém a sua religiosidade, mas mudou a forma de expressá-la. No entanto, há uma pequena tendência ao aumento da secularização entre os Nones americanos, o que desafia o caráter permanente da religião proposto pela escola durkheimiana. Se essa tendência for permanente e atingir a maioria das pessoas, só o tempo dirá.

Talvez o chamado "contemporâneo secular" descrito por Asad, que encontra ecos nas obras de Davis e Luckmann, seja a imagem mais adequada para descrever a maioria dos Nones nas sociedades brasileira e americana hoje. É a figura de quem assimilou os princípios da sociedade moderna e pós-moderna – liberdade, individualidade, relativismo, sincretismo e aceitação das diferenças, entre outros –, mantendo valores espirituais baseados numa religiosidade subjetiva e metafísica.

Finalmente, os meios de comunicação de massa têm sido úteis para a difusão da religião em ambas as culturas, especialmente no contexto do atual marketing religioso. Enquanto alguns Nones beneficiam-se da ampla quantidade de produtos religiosos fornecidos pelos meios de comunicação de massa, outros acreditam que as instituições religiosas utilizam os meios de comunicação para competir por membros, espalhar o charlatanismo, procurar poder político e enriquecer os seus líderes. Os dados também mostram que entre os grupos religiosos americanos, os Nones utilizam menos frequentemente a comunicação de massa para divulgar as suas crenças.

O próximo capítulo apresentará algumas implicações culturais e missiológicas para o trabalho com os Nones, com base nos estudos e descobertas até agora realizados.

CAPÍTULO IV

UM SUPORTE BÍBLICO PARA A MISSÃO ENTRE OS NONES

Introdução

O capítulo atual apresenta uma estrutura bíblica sugestiva para uma ação missiológica entre os Nones, com base em duas narrativas bíblicas do Antigo Testamento (AT) e duas do Novo Testamento (NT). Na ausência de um texto bíblico direto relacionado aos Nones, por se tratar de um fenômeno muito posterior ao período bíblico, foram escolhidas narrativas cujos personagens apresentam certas semelhanças com algumas representações dos Nones. É necessário considerar que os Nones não são um grupo uniforme, mas compostos por diferentes subgrupos, como visto nos capítulos anteriores. Nesse sentido, a narrativa de Noemi e Rute (livro de Rute) e a narrativa da cura e conversão de Naamã (2Rs 5:1-19) foram escolhidas para lançar as bases para o relacionamento inter-religioso. Assim como a cosmovisão de Rute e de Naamã era bastante distinta da cosmovisão dos judeus, dadas as diferenças religiosas e culturais envolvidas, a cosmovisão dos Nones é distinta daquela dos cristãos bíblicos devido às diferentes perspectivas e pressupostos que os cercam. Assim, a compreensão de como ocorreu a transformação da cosmovisão de Rute e Naamã pode fornecer *insights* para uma missão convincente entre os Nones.

No NT, a narrativa da conversão de Cornélio e seus parentes e amigos íntimos, chamados por Lucas de tementes a Deus ou adoradores de Deus (Atos 10), lança luz sobre a missão entre a parcela dos Nones definida como buscadores, ou aqueles que se denominam "espirituais e não religiosos". Os dois grupos são semelhantes em sua abertura ao espiritual e precisam conhecer o Deus bíblico em Sua singularidade e como ser pessoal. A segunda narrativa, envolvendo o discurso de Paulo em Atenas aos filósofos (Atos 17), abre uma perspectiva para a missão entre outros grupos de Nones, especialmente aqueles que se declaram ateus e agnósticos.

Nessas quatro narrativas, os personagens envolvidos são estrangeiros, cuja conversão é obra de Deus e de seus representantes humanos. As narrativas de conversão de estrangeiros podem apresentar princípios missiológicos apropriados para trabalhar com os Nones hoje. Assim como a cosmovisão de Naamã e Rute no AT e a cosmovisão de Cornélio e dos filósofos atenienses no NT eram muito diferentes da cosmovisão dos judeus e cristãos, da mesma forma hoje, a cosmovisão dos Nones é muito diferente da cosmovisão dos cristãos bíblicos contemporâneos. Isso significa que os cristãos brasileiros e americanos precisam pensar que os Nones em ambas as culturas são como estrangeiros porque a sua visão de mundo é diferente. Missão entre Nones é, portanto, como um empreendimento intercultural. A missão intercultural realizada em cada história evoca princípios aplicáveis ao trabalho intercultural com Nones contemporâneos. Com base nas narrativas, foram escolhidos quatro princípios bíblicos missiológicos:

1. Missão baseada em relacionamentos ou na atitude ḥesed
2. Missão baseada no poder salvador de Deus
3. Missão baseada na instrução bíblica
4. Missão baseada na contextualização

Princípio 1: Missão baseada em relacionamentos — uma ação de ḥesed

A propensão ao relacionamento tem sido apontada como um aspecto da imagem de Deus na humanidade.[589] Ou seja, criado à imagem do Deus da criação (Elohim), que vive em interação intradivina, o ser humano tem em sua natureza a necessidade de se relacionar.[590] Do ponto de vista espiritual, o relacionamento entre os humanos e Deus foi rompido com a entrada do pecado, mas Deus tomou a iniciativa da reconciliação, vindo ao encontro do ser humano (Gn 3:8–10, 15). *Missio Dei* não é apenas Deus reconciliando consigo o mundo através de Cristo, mas também o funda-

---

[589] Como Souza (2007, p. 16) afirma: "O Deus bíblico em sua autorrevelação, no Antigo Testamento, atua e se expressa em uma pluralidade de pessoas". Hasel (1975) explica que o termo hebraico para Deus no relato da criação (Elohim) é um plural que denota a plenitude das pessoas dentro da Divindade. "Feitos à imagem de Deus, em Sua interação intradivina (Gn 1:26; 11:7), os seres humanos têm uma espécie de 'DNA relacional' ou 'gene comunitário'" (Donahue; Robinson, 2003, p. 35).

[590] Souza (2007, p. 17) ressalta: "Era intenção de Deus que a comunhão Intradivina, desfrutada dentro da Divindade, fosse compartilhada pelas criaturas como um aspecto importante da imagem de Deus".

mento da missão da Igreja, que, segundo Paulo, é o ministério da reconciliação (2 Cor 5, 19).[591] Nessa perspectiva, João diz que aquele que anuncia o evangelho convida as pessoas a uma experiência de koinonia – comunhão com Deus, com Cristo e com aqueles que fazem parte do corpo de Cristo, sua igreja (1 João 1:3), designando a evangelização como instrumento para restaurar e aprofundar relações no sentido vertical e horizontal.[592]

Tompkins segue esse mesmo raciocínio quando defende a atitude *ḥesed*, tal como aparece na narrativa de Ruth, como fundamento para a missão, porque o termo se torna a base para restaurar relacionamentos, especialmente no contexto transcultural. No livro de Rute, a atitude *ḥesed* faz parte do relacionamento entre Noemi, uma crente em Yahweh, o Deus de Israel, e Rute, uma moabita cujo povo adora o ídolo Quemós.[593] *Ḥesed* é usado 245 vezes no Antigo Testamento, e geralmente está associado ao nome Yahweh. Apenas 63 vezes o termo é usado em um contexto secular.[594] Aparece três vezes em Rute (1:8; 2:20; 3:10), traduzido como "bondade", "favor", "benevolência", "fidelidade" ou "graciosidade".[595] Tomado como um termo bíblico de peso,[596] *ḥesed* não possui uma palavra correspondente em português ou inglês que transmita todo o seu significado, e deve ser visto como abrangendo atributos como lealdade, generosidade, deveres familiares tradicionais e abertura a estrangeiros, entre outros.[597] O significado envolve e é baseado em relacionamentos.[598]

Para Glueck, o termo prescreve uma conduta ética e responsável em um ambiente de comunidade religiosa, especificando a assistência como um dever para com os carentes.[599] Por outro lado, Sakenfeld argumenta que na tradição bíblica primitiva, *ḥesed* não era uma obrigação legal, mas uma assistência de caráter distintamente voluntário, que possivelmente ia além do que as leis civis e religiosas exigiam.[600] Para Sakenfeld, *ḥesed* era

---

[591] Ver KEMPER, Thomas. The Missio Dei in Contemporary Context. *International Bulletin of Missionary Research*, v. 38, n. 4, 188-190, 2014.

[592] Ver CALVIN, John. 1 John 1. *Bible Hub*. Disponível em: https://biblehub.com/commentaries/calvin/1_john/1.htm.

[593] TOMPKINS, Andrew J. *God's Mission to the 'Nations' and Hindus*: Three Old Testament Narrative Models. Master's thesis, Andrews University, Berrien Springs, MI, 2012, p. 32.

[594] SAXEGAARD, Kristin Moen. *Character Complexity in the Book of Ruth*. Tübingen: Mohr Siebeck, 2010, p.186.

[595] SAXEGAARD, 2010, 186.

[596] GLUECK, Nelson. *Khesed in the Bible*. Cincinnati, OH: Hebrew Union College Press, 1967.

[597] GLUECK, 1967.

[598] GLUECK, 1967.

[599] GLUECK, 1967, p. 38.

[600] SAKENFELD, Katharine Doob. *The Meaning of Hesed in the Hebrew Bible*. Missoula, MT: Scholars Press, 1978, p. 44-45.

praticado no antigo Israel como uma norma ética, num ambiente familiar, ou em relações comunitárias, para pessoas incapazes de se ajudarem num contexto de emergência.[601] LaCocque tem uma posição semelhante ao aplicar ḥesed a um contexto além de um padrão ou de uma moralidade legalmente imposta.[602]

Roop argumenta que ḥesed atende às demandas de justiça e retidão para com Deus e os pobres e necessitados.[603] Além disso, ḥesed só pode ser praticado entre pessoas que compartilham um relacionamento ético construído, exemplificado na Bíblia por parentes (Gn 47:29), marido e mulher (Gn 20:3), anfitrião e convidado (Gn 19:19; Josh 2:12, 14), aliados e seus parentes (1Sm 20:8, 14, 15), amigos (2Sm 16:17), governantes e súditos (2Sm 3:8; 2Cr 24:22), e como obrigações merecidas (Jz 1:24; 1Rs 2:7).[604] Segundo a Bíblia, o próprio Deus pratica ḥesed, através de atos de força e poder divino para conceder ajuda e salvação aos seres humanos.[605] Esta assistência ativa de Deus, que chega tanto aos indivíduos como à comunidade, baseia-se na liberdade divina e não em qualquer obrigação. Além disso, o ḥesed de Deus é baseado em suas promessas, como uma manifestação de sua graça, perdão ou resposta ao arrependimento humano.[606]

Em resumo, ḥesed refere-se a ações que preservam e promovem a vida em emergências.[607] O termo evoca a responsabilidade relacional na busca da justiça, baseada na conduta ética e voluntária, fruto do amor a Deus e aos necessitados.

Ḥesed na narrativa de Rute

Muitos estudiosos entendem ḥesed como um tema central em Rute,[608] cujo texto é visto como uma ilustração do termo, descrevendo atos inusuais e repletos de lealdade e compaixão.[609] Embora o termo apareça apenas

---

[601] SAKENFELD, 1978, p. 78-82.
[602] LACOCQUE, André. *Ruth: A Continental Commentary*. Minneapolis, MN: Fortress Press, 2004, p. 31.
[603] ROOP, Eugene F. *Believers Church Bible Commentary*: Ruth, Jonah, Esther. Scottdale, PA: Herald Press, 2002, p. 269.
[604] GLUECK, 1967, p. 37.
[605] Ver Gen 24; 32:10–13; 2 Sam 7; Mic 7:20; Ps 98; 136; GLUECK, 1967, p. 54-55, 68, 102.
[606] SAKENFELD, 1978, p. 147-150.
[607] ZOBEL, Hans-Jurgen. Khesed. *In*: BOTTERWECK, Gerhard Johannes; RINGGREN, Helmer (ed.). *Theological Dictionary of the Old Testament*. Grand Rapids, MI: Eerdmans, 1986, 5:51.
[608] Ver TOMPKINS, 2012, p. 34; ROOP, 2002, p. 19; CARPENTER, Holly M. Blackwelder. *A Comprehensive Narrative Analysis of the Book of Ruth*. Master's thesis, Andrews University, Berrien Springs, MI, 2005, p. 128; SAXEGAARD, 2010, p. 187-190.
[609] SAKENFELD, Katharine Doob. Louisville: Westminster John Knox Press, 1999, p. 11-14.

nos três versículos já mencionados (1:8; 2:20; 3:10), *ḥesed* está presente nas palavras e obras dos quatro personagens principais da narrativa: Deus, Noemi, Rute e Boaz.[610] Explicitamente, Noemi aplica *ḥesed* a Deus e suas noras Rute e Orfa: "... Ide, voltai cada uma à casa de sua mãe; e o Senhor use convosco de benevolência [*ḥesed*], como vós usastes com os falecidos e comigo (Rute 1:8).

Neste caso, a narrativa de Ruth confirma que *ḥesed* é aplicada em emergências. Como explica Roop, o termo pressupõe uma situação de emergência, que pode se apresentar na forma de perigo, angústia ou morte, exigindo uma ação que promova a vida na emergência. Além disso, *ḥesed* só acontece se a ajuda disponível decidir intervir.[611] Na narrativa, Noemi agradece a Rute e Orfa pela ação *ḥesed* que praticaram no contexto de angústia e morte que ela e sua família estavam vivenciando, e deseja que o Deus de Israel trate ambas com a mesma atitude de *ḥesed*.

Novamente em 2:20, Noemi confirmou a ação *ḥesed* de Deus. Na sua opinião, Deus continua a mostrar *ḥesed* tanto para com os vivos como para com os mortos, enviando Rute aos campos de Boaz, um parente próximo e um dos resgatadores da família. Além disso, no terceiro texto, Boaz refere-se a Rute como alguém que havia demonstrado duas vezes uma atitude *ḥesed*: ao ir ao campo em busca de alimento e na decisão de escolhê-lo como resgatador (3:10).

A atitude *ḥesed* de Rute é confirmada em muitos textos (1:10, 14, 16–18; 2:2–3, 10, 18; 3:5–15). Conforme indicado, além de Deus e Rute, Noemi e Boaz também são vistos na narrativa como pessoas que personificam uma atitude *ḥesed*. Abençoada com abundância de alimentos através da atitude *ḥesed* de Rute, que foi ao campo colher a respiga de cereais, Noemi desenvolve para com a sua nora a mesma atitude *ḥesed*, elaborando um plano que garantiria a segurança dela (3:1). Outros episódios da narrativa também demonstram a atitude *ḥesed* de Noemi (1:8, 11–13; 2:20, 22; 3:1–4, 18; 4:16).[612] A narrativa termina com Boaz definindo um plano legal para proteger Noemi e Rute, e estimular a fé delas no cuidado de Deus. O plano é consumado com seu casamento com Rute, assumindo o seu papel de resgatador.

---

[610] O conceito de *ḥesed* é apresentado em todos os quatro capítulos de Rute: 1:6, 8–10, 14, 16–17; 2:4, 8–9, 11–12, 14–16, 19–21; 3:1, 10–13, 15; 4:1–15.

[611] ROOP, 2002, p. 20.

[612] Verifique a lista completa de referências à atitude de ḥesed de Noemi em BLOCK, Daniel I. *Judges, Ruth*. New American Bible Commentary. Nashville: Broadman & Holman, 1999, p. 613.

Uma Teologia da Missão sobre o uso de *ḥesed* em Rute

Curiosamente, não há nenhuma evidência na narrativa da ação intencional de Noemi para converter as suas noras ao judaísmo. Como observa Tompkins, parece evidente que não existe tal ação intencional, pois ela tenta persuadir suas noras a regressarem não só a Moabe, mas também aos deuses do país (1:15).[613] Mesmo assim, Rute não apenas decide seguir a sogra, mas assume um compromisso audível com a nova cidadania e com o Deus de Noemi, recusando-se a retornar ao seu povo e aos seus deuses (1:17). A atitude de Ruth levanta a indagação de quais fatores são mais eficazes para motivar as pessoas a mudarem a sua cosmovisão, especialmente num contexto transcultural. Em outras palavras, que teologia pode ser extraída da atitude *ḥesed* de Noemi que se relaciona com o processo de missão transcultural?

Glueck argumenta que uma forma eficaz de praticar *ḥesed* e influenciar as pessoas a adotarem uma atitude favorável para com Deus é manter a confiança na fidelidade de Deus, independentemente das circunstâncias. Para o autor, o que há de mais crucial na vida, e até mesmo a razão humana de existir, é o relacionamento incondicional e de aliança com Deus, manifestado por uma atitude *ḥesed*. Isso significa manter a confiança de que Deus está no controle da vida e das circunstâncias, e um compromisso com a oração, na certeza da ação *ḥesed* de Deus em favor da pessoa.[614]

Para Hubbard, esta atitude de confiança incondicional é um testemunho positivo do caráter de Deus. Ele relembra que o Deus revelado no livro de Rute é Yahweh, o Deus da aliança de Israel (1:8, 9, 13, 20–21; 2:12; 3:10, 4:11–12). Yahweh quebra as garras da fome e dá pão a Israel (1:6), garante juramentos (1:17; 3:13) e dá refúgio a Rute (2:12).[615] Nesse sentido, o *ḥesed* humano expresso nos relacionamentos com os outros é uma demonstração positiva do caráter de Deus para aqueles que recebem os benefícios da ação *ḥesed*.

Outro elemento apontado por Hubbard é a visão da soberania de Deus sobre os acontecimentos da história. Segundo ele, a narrativa de Rute apresenta Deus como um governante cósmico, por cuja providência os acontecimentos se desenrolam, mas sem dispensar os agentes huma-

---

[613] TOMPKINS, 2012, p. 42.
[614] GLUECK, 1967, p. 92-93.
[615] HUBBARD JR., Robert L. *The Book of Ruth*. Grand Rapids, MI: Eerdmans, 1943, p. 67.

nos.[616] Devido ao processo narrativo em que o autor às vezes descreve a providência de Deus e às vezes a omite, Hals descreve o livro de Ruth como "uma história sobre o Deus oculto"[617], e Saxegaard fala do "Silêncio de Deus em Ruth".[618] A narrativa descreve os sinais da mão de Deus nos acontecimentos (2:19, 20; 4:14), depois não menciona Deus dirigindo o encontro entre Rute e Boaz (2:3), mas reconhece que Deus deu Davi, um descendente do casal, para Israel (4:17). Portanto, como diz Saxegaard, na narrativa, Deus está presente silenciosamente e, ao mesmo tempo, deixa os personagens agirem por si mesmos, como seus representantes.[619] Neste contexto do controle soberano de Deus, embora Noemi atribua a Ele os infortúnios de sua vida (1:20, 21), ela, ao mesmo tempo, permanece confiante de que Deus está no controle das circunstâncias, e se aproxima das duas viúvas com uma atitude de *ḥesed* (1:8–9; 2:20).

Finalmente, a narrativa reconhece que Deus age através de atos de *ḥesed* praticados por seus agentes humanos. Ou seja, a providência divina deve ser vista atuando na vida comum das pessoas descritas na narrativa.[620] Deus é soberano e tem controle supremo, mas também abençoa e prospera nas ações humanas, quando seus agentes se unem para cumprir sua vontade. Como diz Hubbard, onde quer que os agentes humanos pratiquem *ḥesed* em nome dos seus semelhantes, Deus está trabalhando neles e através deles. Nessa conduta, sua vontade é feita na terra e no céu (Mt 6:10).[621] Nesse sentido, as pessoas buscam a bênção de Deus e agem como seus agentes (2:12), e Deus responde às orações humanas e derrama bênçãos (1:8–9; 2:12, 19–20; 3:10; 4:11–12, 14). As ações e relacionamentos humanos apontam, em última análise, para Deus, que influencia essas ações e relacionamentos.[622] Resumindo, "Deus é aquele que cuida das pessoas de todas as nações".[623]

Voltando ao tema da conversão de Rute, a partir do relato narrativo, ela e a sogra viveram juntas por pelo menos dez anos antes do retorno a Judá (1:4). Como já mencionado, parece não ter havido nenhuma ação planejada por parte de Noemi para convertê-la (1:8), embora isso não signifique que uma missão planejada intencionalmente esteja errada. No

---

[616] HUBBARD JR., 1943, p. 69.
[617] HALS, Ronald M. *The Theology of the Book of Ruth*. Philadelphia: Fortress Press, 1969, p. 16.
[618] SAXEGAARD, 2010, p. 193.
[619] SAXEGAARD, 2010, p. 194.
[620] GOW, Murray D. *The Book of Ruth*: Its Structure, Theme and Purpose. Edmonds, WA: Apollos Press, 1992, p. 112.
[621] HUBBARD JR., 1943, p. 72. Ver também CAMPBELL JR., E. F. *Ruth*. Garden City: Doubleday, 1975, p. 29-30.
[622] TOMPKINS, 2012, p. 43.
[623] HUBBARD JR., 1943, p. 67.

entanto, os estudiosos viram na narrativa que a atitude *ḥesed* de Noemi deve ter desempenhado um papel fundamental na decisão de Rute de abandonar o seu povo e os deuses que eles adoravam em favor da sua sogra e do Deus de Israel. Noemi é um exemplo de atitude *ḥesed*, bem como dos resultados decorrentes dela. Tompkins afirma que a bondade, a lealdade e a atitude extremamente atenciosas de Naomi causaram uma forte impressão em Ruth ao longo dos anos, levando-a a optar por abandonar sua terra e cultura no momento crucial.[624] Para ele, o estilo de vida de Noemi, baseado nas ações *ḥesed*, não pode ser visto como separado de suas crenças religiosas. No entanto, ele ressalta que isso não significa uma ação planejada visando a conversão das noras, mas o cumprimento da promessa abraâmica de abençoar as nações.[625]

Implicações missiológicas da ação *ḥesed* entre os Nones

A teologia de *ḥesed* parece inteiramente apropriada para o contexto cultural daqueles que afirmam ser Nones. Primeiro, *ḥesed* aponta para o aspecto relacional da humanidade. Na narrativa de Ruth, *ḥesed* é a base para um relacionamento entre duas pessoas com origens culturais e religiosas totalmente diferentes. Os Nones do Brasil e dos Estados Unidos, com suas diferenças, peculiares às duas culturas, e suas especificidades decorrentes dos diferentes subgrupos que os compõem, têm uma visão de mundo bem diferente da visão de mundo dos cristãos que mantêm a Bíblia como regra de fé e prática. Como mostrado na narrativa de Ruth, a teologia de *ḥesed* pode ser a base para um relacionamento inter-religioso profundamente significativo.[626] Uma atitude *ḥesed* pode servir como uma ponte de reaproximação com os Nones e criar um relacionamento com eles.

Segundo, uma atitude *ḥesed* é um testemunho de fé genuína, que transmite uma imagem positiva do caráter de Deus. Noemi não adota a atitude *ḥesed* para converter suas noras, mas como uma experiência pessoal de fé, representando o próprio Deus em sua ação *ḥesed* em favor dos seres humanos. Da mesma forma, ações *ḥesed* expressando amor desinteressado podem representar o caráter de Deus para os Nones e ser um método eficaz para atraí-los para a fé e o Deus bíblico. É um tipo de

---

[624] TOMPKINS, 2012, p. 42.
[625] TOMPKINS, 2012, p. 42.
[626] TOMPKINS, 2012, p. 51.

evangelismo de amizade, ou um relacionamento genuíno vivido no contexto da fé, no qual a confiança é conquistada pelo exemplo de vida, o que pode despertar o interesse em copiar o mesmo estilo de vida.

Resumo do Princípio 1

A missão fundada em relacionamentos por meio de ações *ḥesed* baseia-se no pressuposto de que Deus assume uma atitude *ḥesed* para com os seres humanos. Aqueles que vivem uma experiência de fé com Deus conhecem o seu caráter e devem ser instrumentos d'Ele para transmitir a mesma atitude *ḥesed* aos seus semelhantes, independentemente da religião. O objetivo é levar as pessoas ao conhecimento de Deus como a única fonte do *ḥesed* manifestada pela experiência da fé genuína. Nesse sentido, relacionamentos profundos, desinteressados e intencionais, no contexto da fé e das ações *ḥesed*, podem ser úteis para alcançar aqueles que se identificam como Nones.

Princípio 2: Missão baseada no poder salvador de Deus

Com base na narrativa bíblica da conversão de Naamã (2 Rs 5:1-19), esta seção argumenta que as manifestações do poder salvador de Deus podem ajudar os Nones a identificá-lo como o verdadeiro Deus. No entanto, não preconiza esse milagre como um fim em si mesmo, ou como um ato isolado, mas como a culminação de um processo que marca a obra de Deus na vida das pessoas, sendo a manifestação do poder o ponto alto do processo. Antes de examinar a história de Naamã, uma análise histórica e crítica do "encontro de poder" ajudará a diferenciar o poder salvador de Deus, nesta obra, do conceito de encontro de poder que é comum no ambiente missiológico contemporâneo.

O encontro de poder

Todas as religiões contam histórias de batalhas entre o bem e o mal e encontros de poder entre deuses bons e demônios. No hinduísmo, Rama luta contra Ravana; no budismo, Buda luta contra Mara; no Islã, Alá luta contra Shaitan; e nas religiões tribais, deuses territoriais lutam entre si pela conquista.[627]

---

[627] HIEBERT, Paul G. Spiritual Warfare and Worldview. *Direction: A Mennonite Brethren Forum*, v. 29, n. 2, 2000, p. 115.

No contexto das religiões tribais, considera-se que deuses, espíritos e ancestrais residem em lugares ou objetos específicos e protegem as pessoas que fazem parte daquela localidade. Nesse sentido, as mudanças na lealdade religiosa estão associadas ao "encontro de poder". Quando uma comunidade é derrotada, as pessoas interpretam isso como significando que os deuses e espíritos da comunidade vencedora são mais fortes, e transferem sua lealdade espiritual para eles.[628]

O termo "encontro de poder" foi cunhado e introduzido na teoria missiológica por Tippett no final da década de 1980, por meio de sua abordagem científica social para descrever o movimento das pessoas em direção ao cristianismo nas ilhas do Pacífico Sul. Segundo Tippett, após um encontro de poder, as pessoas da região mudaram de religião, deixando de temer seus antigos deuses.[629] No entanto, o tema do poder de Deus associado ao processo de crescimento da igreja foi introduzido no Seminário Teológico Fuller em 1982 por C. Peter Wagner e Charles Kraft, com a participação de John Wimber como professor visitante. A classe MC510 – Sinais, Maravilhas e Crescimento da Igreja durou até 1985, terminando com uma votação do comitê do seminário.[630] Posteriormente, o seminário Fuller permitiu que Wagner e Kraft incorporassem os conceitos de evangelismo de poder em suas aulas e, em 1988, a escola da Missão Mundial patrocinou um simpósio acadêmico sobre o tema, ajudando a expandir o evangelismo de poder no ambiente missiológico.[631]

O encontro de poder é um episódio de confronto entre o reino de Deus e o reino de Satanás, tendo a expulsão de demônios (exorcismo) como sua forma mais dramática, embora possa ocorrer em outras circunstâncias, segundo seus defensores.[632] Este método foi identificado como um

---

[628] HIEBERT, 2000, p. 116.

[629] TIPPETT, Alan R. *Introduction to Missiology*. Pasadena, CA: William Carrey Library, 1987, p. 82-83. Ver também TIPPETT, Alan R. *Solomon Islands Christianity*. London: Lutterworth, 1967; TIPPETT, Alan R. *People Movements in Southern Polynesia: Studies in the Dynamics of Church-Planting and Growth in Tahiti, New Zealand, Tonga, and Samoa*. Chicago, IL: Moody Press, 1971.

[630] A comissão de estudos que encerrou a aula publicou um documento com o objetivo de diminuir a tensão entre quem defendia o tema da aula e quem discordava. Ver SMEDES, Lewis B. (ed.). *Ministry and the Miraculous*: A Case Study at Fuller Theological Seminary. Pasadena, CA: Fuller Theological Seminary, 1987.

[631] Ver KRAFT, Charles H. *Christianity with Power: Your Worldview and Your Experience of the Supernatural*. Ann Arbor, MI: Vine Books, 1989, p. 1-8; WAGNER, C. Peter. Missiology and Spiritual Power. *In*: VAN ENGEN, Charles E.; WHITEMAN, Darrel; WOODBERRY, J. Dudley (ed.). *Paradigm Shifts in Christian Witness*: Insights from Anthropology, Communication, and Spiritual Power. Maryknoll, NY: Orbis Books, 2008, p. 96-97.

[632] Ver WIMBER, John. Power Evangelism: Definitions and Directions. *In*: WAGNER, C. Peter; PENNOYER, E. F. Douglas. *Wrestling with Dark Angels*: Toward a Deeper Understanding of the Supernatural Forces in Spiritual Warfare. Ventura, CA: Regal Books, 1990, p. 27-35. Ver também ENGELSVIKEN, Tormod. Spiritual Conflict: A Challenge for the Church in the West with a View to Future. *In*: VAN ENGEN, Charles E.; WHITEMAN, Darrel; WOODBERRY, J. Dudley (ed.). *Paradigm Shifts in Christian Witness*: Insights from Anthropology, Communication, and Spiritual Power. Maryknoll, NY: Orbis Books, 2008, p. 116-125.

facilitador da evangelização. Para Wimber, quando os incrédulos experimentam ou testemunham um encontro de poder, eles são movidos para um nível mais profundo de consciência espiritual e decidem por Cristo.[633] Nessa perspectiva, ele defende o que chama de "evangelismo de poder", ou evangelismo que inclui encontros de poder e o ensino cognitivo do evangelho.[634] Para ele, enquanto a proclamação é a alma do evangelismo, as demonstrações de poder podem catalisar a tarefa de evangelização, produzindo resultados dramáticos.[635] Barrett e Johnson atestam que por muitos anos a única porção do cristianismo que cresceu mais rápido que a população mundial e o islamismo é a porção que pratica sinais e maravilhas sobrenaturais.[636]

Espíritos territoriais

O conceito de "espíritos territoriais", emprestado da cosmovisão tribal e associado ao tema do encontro de poder, tem sido questionado no contexto missiológico. Embora "espíritos territoriais" seja um termo cunhado por Wagner, o primeiro estudioso de missão a apontar esse conceito foi Timothy Warner, da Trinity Evangelical Divinity School. Em 1988 ele defendeu a ideia de que Satanás determina um demônio ou um corpo de demônios para cada unidade geográfica do mundo, que estão entre os principados e potestades mencionados por Paulo em Efés 6:12.[637] Para Wagner, é obra de Satanás "encobrir o Evangelho", e tentar impedir que ele se espalhe (2Cor 4:3; 2:11), mas não sendo onipresente, Satanás delega a responsabilidade dessa obra aos demônios.[638] De acordo com o autor, nações, regiões, cidades, tribos, bairros e outras redes sociais significativas e grupos de pessoas são controlados por demônios, espíritos malignos de alto escalão delegados por Satanás.[639]

---

[633] WIMBER, 1990, p. 31.
[634] WIMBER, 1990, p. 13-27.
[635] WIMBER, 1990, p. 27-28.
[636] BARRETT, David B.; JOHNSON, Todd M. *World Christian Trends AD 30–AD 2200*: Interpreting the Annual Christian Megacensus. Pasadena, CA: William Carey Library, 2003, p. 25.
[637] WARNER, Timothy M. The Power Encounter and World Evangelization, Part 4: The Missionary on the Attack. Palestras sobre Crescimento da Igreja, gravadas em áudio pelos Serviços de Mídia do Seminário Fuller, em 27 de outubro de 1988.
[638] WAGNER, C. Peter. Territorial Spirits. *In*: WAGNER, C. Peter; PENNOYER, E. F. Douglas. *Wrestling with Dark Angels*: Toward a Deeper Understanding of the Supernatural Forces in Spiritual Warfare. Ventura, CA: Regal Books, 1990, p. 73-76.
[639] WAGNER, 1990, p. 77.

Assim, Satanás é visto como tendo autoridade sobre a terra e delegando essa autoridade à sua hierarquia demoníaca, que governa jurisdições de vários tipos e tamanhos.[640]

Wagner argumenta que o avanço da evangelização e o crescimento da igreja em um determinado lugar ocorre depois que o controle dos espíritos é quebrado pelo poder de Deus.[641] Nessa perspectiva, os demônios reinantes são nomeados, seus territórios são identificados, sendo expulsos e amaldiçoados por meio da oração guerreira, abrindo caminho para a evangelização local.[642] A oração de guerra usada neste processo de ocupação territorial é chamada de "guerra espiritual de nível estratégico" (GENE).[643] O GENE substitui a abordagem usada pelo evangelismo tradicional, por uma abordagem inovadora, baseada em uma análise completa do inimigo — os demônios que governam o território a ser conquistado e os métodos operacionais usados.[644]

No entanto, a ideia de espíritos territoriais tem pouca justificativa bíblica.[645] Lowe observa que cidades-estados, nações ou impérios que se opunham ao antigo Israel serviram como instrumentos de Satanás contra o povo de Deus, mas o Antigo Testamento não apoia a ideia de que um demônio em particular dominava cada território.[646] Da mesma forma, ele argumenta que não há evidências no Novo Testamento de que cada igreja, religião ou nação esteja dentro da jurisdição de um demônio específico. Em vez disso, ele aponta que os textos comumente usados para defender espíritos territoriais (Dt 32:8-9; Sl 82:1-2; Is 24:21-22; Ez 28:12-19; Dan 10:13, 20; Rev. 2:9, 13, 24; 3:9; 17:9, 18) demonstram na verdade, que organizações, governos e até mesmo indivíduos que se opõem a Deus e sua obra e povo, estão sendo instigados por Satanás, tornando-se instrumentos do grande inimigo de Deus na tentativa de impedir a propagação

---

[640] LOWE, Chuck. *Territorial Spirits and World Evangelisation?* Borough Green, Kent, Great Britain: Mentor/OMF, 1998, p. 15.

[641] WAGNER, 1990, p. 77.

[642] WAGNER, C. Peter. *Warfare Prayer: How to Seek God's Power and Protection in the Battle to Build His Kingdom.* Ventura, CA: Regal, 1992, p. 143-150.

[643] Wagner propõe que existem três categorias de demônios: ao nível do solo – espíritos que possuem pessoas; nível oculto – espíritos que capacitam mágicos, bruxas, feiticeiros e xamãs; e nível estratégico – espíritos cósmicos ou territoriais, considerados por ele os mais poderosos das três categorias. WAGNER, 1992, p. 16-19; WAGNER, C. Peter. *Confronting the Powers: How the New Testament Church Experienced the Power of Strategic-Level Warfare.* Venture, CA: Regal, 1996, p. 21-22.

[644] LOWE, 2001, p. 11.

[645] LOWE, 2001, p. 29-43.

[646] LOWE, 2001, p. 37.

do evangelho e a salvação das pessoas.[647] Para o autor, a guerra espiritual é real, e o inimigo sempre se oporá à obra, aos mensageiros e à mensagem de Deus. No entanto, ao invés do GENE de ocupação territorial, ele propõe o aprendizado da língua e cultura locais, persistência na oração, trabalho diligente, resistência paciente, uso adequado das Escrituras, espera paciente pela libertação de Deus, e o uso da liderança nativa como métodos de evangelização transcultural, especialmente no contexto da guerra espiritual. Ele também destaca que as ações sobrenaturais de Deus ocorrem em tempos e formas que agradam a Deus, em resposta à oração, manifestada na forma de libertação, proteção, cura, transformação de corações, entre outras.[648]

É importante também pontuar que o conceito de espíritos territoriais nega a obra de Cristo na cruz.[649] Hiebert aponta que toda a autoridade de Satanás foi tirada dele pela morte e ressurreição de Cristo. Depois das palavras de Cristo: "Toda autoridade me foi dada no céu e na terra" (Mt 28:18), Satanás não tem mais autoridade sobre a terra, apenas a autoridade que lhe foi dada por seus demônios e seguidores humanos.[650] Antecipando a vitória da redenção, Jesus disse: "Vi Satanás cair do céu como um relâmpago" (Lucas 10:18). Além disso, descrevendo as consequências de sua morte na cruz para Satanás, Ele declarou: "Agora será expulso o príncipe deste mundo" (João 12:31), e "o príncipe deste mundo já está condenado" (João 16:11). O apóstolo Paulo deixa claro que Cristo não apenas providenciou a redenção e o perdão humanos, mas também nos libertou do domínio de Satanás e do império das trevas (Cl 1:13-14). Ele diz também que pelo triunfo da cruz, Cristo despojou os principados e potestades, e os expôs publicamente ao desprezo (Cl 2:15).

Portanto, de acordo com o ensino bíblico, na guerra espiritual, a cruz de Cristo representa o ápice da Sua vitória sobre Satanás no plano terreno (1 Co 1:18-25). Desde o nascimento de Cristo até Sua morte, o inimigo tentou derrotá-lo ou destruí-lo, usando governantes, líderes religiosos, sua família e seus discípulos, e agindo pessoalmente em confrontos com o Senhor (Mt 2:13-18; 4:1–11; 16:23; 26:36–46, 57–68; Lucas 22:3, 48; João 5:18; 7:1–9). Em todos os casos, Cristo foi o vencedor. A cruz foi a última tentativa e o ponto culminante do confronto. Satanás tentou fazer Jesus

---

[647] LOWE, 2001, p. 43.
[648] LOWE, 2001, p. 134-141.
[649] HIEBERT, 2000, p. 117.
[650] HIEBERT, 2000, p. 117.

pecar, desistir de sua missão ou fazer mau uso de seu poder divino. Se Jesus cedesse em qualquer um desses pontos, o inimigo seria vitorioso, e o plano de salvação seria maculado.[651] No entanto, Jesus venceu novamente, e definitivamente. A maldade do inimigo foi totalmente revelada, e Cristo morreu inocentemente e sem pecado. "Nas Escrituras, a cruz é a demonstração da vitória por meio da fraqueza."[652] É "a vitória da justiça sobre o mal, do amor sobre o ódio, do caminho de Deus sobre o caminho de Satanás".[653] "Todo o Céu triunfou na vitória do Salvador. Satanás foi derrotado e sabia que seu reino estava perdido".[654]

Guerra espiritual

O inimigo foi derrotado na cruz, mas não foi destruído, e os discípulos de Cristo ainda estão engajados em uma guerra real e perigosa para expandir o reino de Deus nesta terra. Paulo aponta,

> Porque não temos que lutar contra a carne e o sangue, mas, sim, contra os principados, contra as potestades, contra os príncipes das trevas deste século, contra as hostes espirituais da maldade, nos lugares celestiais. Portanto, tomai toda a armadura de Deus, para que possais resistir no dia mau e, havendo feito tudo, ficar firmes (Efes 6:12–13).

Nesta guerra espiritual, Satanás e os demônios que ele comanda estão zangados com os seguidores de Jesus (Ap 12:17, 1 Pe 5:8-9), mas Deus não abandona seus filhos; ele garante a vitória por meio de Jesus (1 Cor 15: 57), e indica a armadura com a qual enfrentar o inimigo (Ef 6:13-18). Nesse processo, as demonstrações mais eficientes do poder de Deus são a transformação de vidas, a firmeza na fé e o testemunho por Cristo, independentemente das circunstâncias.[655]

No entanto, se necessário, Deus pode manifestar seu poder em uma ação sobrenatural que liberta alguém da opressão do inimigo, e ainda mostra sua providência dirigindo vidas humanas e pregando o evangelho. Hiebert diz que, na questão da manifestação do poder de Deus, a igreja enfrenta dois perigos. Por um lado, pode evitar buscar essa manifestação

---

[651] HIEBERT, 2000, p. 122.
[652] HIEBERT, 2000, p. 122.
[653] HIEBERT, 2000, p. 122-123.
[654] WHITE, Ellen G. *The Desire of Ages*. Silver Spring, MD: Ellen G. White Estate, 2017c, p. 758.
[655] HIEBERT, 2000, p. 123.

por medo de que ela se torne mágica, levando a igreja a uma condição de empobrecimento e falta de vitalidade. Por outro lado, no zelo de manifestar o poder de Deus, pode haver a tentação de se apegar ao sensacionalismo e ao autoengrandecimento.[656] Há também o risco de ser enganado pelos sinais falsos e prodígios mentirosos do inimigo (2Ts 2:9-10; Ap 13:13-14; 16:13-14).[657] No entanto, como a mensagem do evangelho começou nos tempos apostólicos com uma grande manifestação de poder, deve terminar com não menos manifestação do poder de Deus (Joel 2:28-32; Atos 2:17, 21; Ap 18:1).[658]

Missão baseada no poder salvífico de Deus

Este estudo propõe, com base na narrativa da cura de Naamã, que as manifestações do poder de Deus podem influenciar positivamente os Nones para o conhecimento do Deus bíblico. A cura de Naamã não é a única narrativa do Antigo Testamento em que um estrangeiro declara fé no Deus das Escrituras após vivenciar ou saber da manifestação do poder salvador divino. Nas histórias do encontro de Raabe com os espias em Jericó (Josué 2:1–24), e da viúva de Sarepta com o profeta Elias (1 Reis 17:8–24), as declarações de fé em Deus resultam do conhecimento do poder salvador divino. Raabe declara:

> Porque temos ouvido que o Senhor secou as águas do mar Vermelho diante de vós, quando saíeis do Egito; e também o que fizestes aos dois reis dos amorreus, Seom e Ogue, que estavam além do Jordão, os quais destruístes. Ouvindo isto, desmaiou-nos o coração, e em ninguém mais há ânimo algum, por causa da vossa presença; porque o Senhor, vosso Deus, é Deus em cima nos céus e embaixo na terra (Josué 2:10,11).[659]

Depois de testemunhar a multiplicação de óleo e farinha, bem como a ressurreição de seu filho através da intervenção do profeta Elias, a viúva de Sarepta declara: "Nisto conheço agora que tu és homem de Deus e que a palavra do Senhor na tua boca é verdade" (I Rs 17:24). "Depois deste

---

[656] HIEBERT, 2000, p. 123.
[657] Ver WHITE, Ellen G. *The Great Controversy*. Silver Spring, MD: Ellen G. White Estate, 2017d, p. 513, 520.
[658] WHITE, 2017d, p. 520.
[659] Ver KAISER JR., Walter C. *Mission in the Old Testament: Israel as a Light to the Nations*. Grand Rapids, MI: Baker Books, 2000, p. 41-42.

segundo milagre de intervenção divina, em que o filho morto é trazido de volta à vida, a viúva reconhece sem qualquer dúvida que o Deus de Elias é um Deus de verdade".[660]

II Reis 5:1–19

A perícope relata a cura de Naamã, comandante do exército sírio. Este estudo não analisará todos os detalhes da narrativa, mas apenas os pontos que indicam uma conexão entre a manifestação do poder de Deus através da cura do comandante e sua declaração de fé no Deus bíblico. O texto diz que Naamã era um "grande homem", altamente considerado pelo rei da nação e considerado um "herói de guerra". Embora o relato não os mencione, os prováveis reis da Síria e de Israel na época eram Ben-Hadade II (que reinou por volta de 870-842 a.C.) e Jeorão (que reinou por volta de 852-841 a.C.), respectivamente.[661] Apesar de todo o prestígio, Naamã era leproso. A expressão hebraica "מְצֹרָע" (mə·ṣō·rā) é traduzida pela LXX (Septuaginta — tradução grega do AT) no grupo de palavras λέπρας (lepra), termo usado para muitos tipos de doenças de pele.[662]

A Manifestação de Deus na Experiência de Naamã

O relato bíblico dá evidências de que Deus já estava trabalhando na vida de Naamã de várias maneiras, buscando levar o comandante a reconhecê-lo como o único Deus verdadeiro. A conversão de Naamã resultou da obra de Deus em sua vida ao longo do tempo: a manifestação do poder curador foi apenas o ápice de um processo.[663] Em seu discurso na sinagoga de Nazaré, Jesus disse que Deus curou o comandante sírio da

---

[660] TOMPKINS, 2012, p. 59.
[661] KAISER, 2000, p. 42.
[662] Vários estudiosos acreditam que a doença de Naamã era menos grave que a lepra como é conhecida hoje. É provável que tenha sido psoríase, uma doença de pele menos grave, mas ainda desfigurante. Aquilo era embaraçante para ele devido ao seu status social. No mundo antigo, o termo "lepra" abrangia diversas doenças de pele. Traduções antigas como Vulgata e Peshitta e traduções modernas usam o termo "elefantíase" para designar a verdadeira lepra. As interpretações contemporâneas preferem usar a expressão "doença de pele". Ver PATTERSON, Richard D.; AUSTEL, Hermann J. *1 Kings–2 Kings*, The Expositor's Bible Commentary 3. Grand Rapids, MI: Zondervan, 2009, p. 832; KAISER, 2000, p. 43; MAIER, Walter A. III. The Healing of Naaman in Missiological Perspective. *Concordia Theological Quarterly*, n. 61, 1997, p. 178; AULD, Graeme A. *I & II Kings*: Daily Study Bible Series. Philadelphia: The Westminster Press, 1986, p. 167; HOBBS, T. R. *2 Kings*: Word Biblical Commentary 13. Grand Rapids, MI: Zondervan, 1986, p. 63.
[663] KAISER, 2000, p. 45.

lepra por meio de Eliseu porque seu coração estava mais aberto do Deus do céu do que até mesmo os leprosos de Israel (Lucas 4:16–28). Isso mostra que a graça de Deus e a manifestação de seu poder não são distribuídas de acordo com a nacionalidade ou qualquer característica externa, mas de acordo com a disposição humana de aceitar os desígnios de Deus.[664] Naamã foi fiel no que acreditava e respondeu positivamente à luz que recebeu do céu.[665]

A primeira evidência da obra de Deus na vida de Naamã aparece no primeiro versículo de 2 Reis 5, que diz que "por meio dele, o Senhor deu vitória a Aram", ou à Síria. Por mais embaraçoso que pareça o relato, o escritor bíblico afirma que YHWH, o Deus soberano e criador, usou um pagão, inimigo de seu povo, para realizar seus desígnios. A expressão "תְּשׁוּעָה" (tə·šū·'āh), traduzida como "vitória", também pode significar "salvação" ou "libertação", demonstrando que Deus usou o comandante do exército sírio como seu agente, o que envolvia proteção contra a agressão assíria, e punição para seu povo Israel, por seus pecados.[666] Deus permitiu as vitórias da Síria sobre Israel por amor ao seu povo, pretendendo resgatá-lo de sua fraqueza moral.[667] A providência divina na vida de Naamã, concedendo-lhe vitórias militares, inclusive contra o povo de Israel, enquadra-se no que os estudiosos chamam de revelação geral de Deus. A revelação geral refere-se à revelação de Deus fora das Escrituras e inclui natureza, história e experiência humana (Rm 1:20; Sl 19:1–4; Atos 7:1–53; Is 30:21). Segundo Gulley, a revelação geral somente é possível porque, embora a queda tenha desfigurado a imago Dei (imagem de Deus) nos seres humanos (Gn 3:26-27), ela não foi destruída totalmente, e por causa da "inimizade" (Gn 3:15) dada por Deus a todos os seres humanos, que é um ato da graça de Deus.[668] A revelação geral é um instrumento importante usado por Deus para se revelar à humanidade porque "exibe a existência, sabedoria, poder, bondade e justiça de Deus".[669] A narrativa não deixa claro se Naamã estava ciente da providência de Deus em sua vida, mas, de qualquer forma,

---

[664] MAIER, 1997, p. 196.
[665] WHITE, Ellen G. *Prophets and Kings*. Silver Spring, MD: Ellen G. White Estate, 2017a, p. 197.
[666] MAIER, 1997, p. 178; AULD, 1986, p. 167.
[667] WHITE, 2017a, p. 198.
[668] GULLEY, Norman R. *Systematic Theology: Prolegomena*. Berrien Springs, MI: Andrews University Press, 2003, p. 224.
[669] HORTON, Michael S. *Pilgrim Theology*: Core Doctrines for Christian Disciples. Grand Rapids, MI: Zondervan, 2012, p. 137.

Deus encontrou nele um coração sensível (Lucas 4:16–28) e trabalhou silenciosamente em sua vida, dando-lhe vitórias militares, tornando a revelação geral um importante instrumento divino no processo de sua conversão ao verdadeiro Deus.[670]

A segunda evidência da obra de Deus na vida de Naamã aparece nos versículos 2 e 3 da narrativa de 2 Rs 5. Havia uma escrava israelita, cujo nome é desconhecido, que ele possivelmente capturou em uma vitória sobre Israel e trouxe para servir a sua esposa.[671] Apesar de sua condição de escrava, ela deu ao capitão testemunho de uma fé resiliente no verdadeiro Deus, e mostrou confiança de que o poder de Deus poderia operar por um gentio pagão. Em sua teologia prática, ela demonstrou que a confiança de Deus não é negociável e não depende das circunstâncias. Sua condição desfavorável não impediu sua fé. Ela também demonstrou que seu senhor, por maior que fosse, não era superior ao homem de Deus que estava em Israel, e para ser curado deveria procurá-lo. Por fim, ela demonstrou confiança de que Deus poderia curar seu senhor, embora ele fosse um inimigo do povo de Deus.[672] Como testemunha do verdadeiro Deus, a cativa cumpriu o propósito que o Senhor tinha para Israel, seu povo escolhido.[673] Naamã levou a menina a sério e, impactado com seu testemunho e fala, decidiu ir ao profeta, ordenado por uma carta de Bem-Hadad II a Jeorão, rei de Israel (2Rs 5:4–5).

A terceira evidência da obra de Deus em Naamã é encontrada na convivência do comandante com a cultura e religião israelitas e na sua investigação sobre a religião e o Deus de Israel. Embora a situação religiosa do reino do norte naqueles dias não fosse favorável, sempre houve ali seguidores genuínos de Deus. Naamã talvez tenha feito contato com testemunhas fiéis de Deus na Síria por meio de negócios diplomáticos, relações comerciais ou guerra. Como diz Maier, o comandante do exército sírio devia querer saber mais sobre os seus vizinhos do sul, que eram frequentemente seus inimigos. Talvez ele estivesse interessado em aprender sobre alguns dos milagres que faziam parte da tradição israelita ou até mesmo em estudar o sistema de crenças que dominava a cultura dos seus vizinhos.[674] Seu conhecimento sobre o Deus de Israel

---

[670] MAIER, 1997, p. 178.
[671] PATTERSON; AUSTEL, 2009, p. 830.
[672] KAISER, 2000, p. 43-44.
[673] WHITE, 2017a, p. 190.
[674] MAIER, 1997, p. 185.

é evidente quando, mesmo antes da cura, o comandante se refere a Ele como Elohim, o uso do AT do substantivo plural para se referir ao único Deus de Israel (v. 11).[675]

A quarta evidência da obra de Deus em Naamã veio através da lógica simples usada por seus servos. Naamã ficou enojado por não ter sido recebido com honras reais por Eliseu e pela mensagem de que deveria ele ir ao rio Jordão e lavar-se sete vezes para ser curado e ter pele restaurada. Sentindo-se humilhado pela má etiqueta de exigir que um homem de sua posição mergulhasse nas águas lamacentas do rio Jordão, Naamã pensou que todo o seu esforço para viajar 190 quilômetros havia sido em vão e, considerando aquilo uma piada, decidiu voltar para o seu país.[676]

A atitude de Naamã mostra que ele era orgulhoso e se considerava superior a Eliseu, e também considerava sua cultura, seu país e os rios Abana e Farpar de Damasco superiores ao que testemunhou em Israel (2Rs 5:11-12) – uma espécie de grandeza obsessiva, na linguagem de Moore.[677] Para Naamã, como Eliseu lhe era étnica e socialmente inferior – como ele pensava –, a sua recusa em recebê-lo e honrá-lo era uma falta grave, uma atitude muito diferente dos "profetas" da sua terra,[678] resultando num insulto nacional.[679] Nessa perspectiva, o infinitivo absoluto יֵלֵא ('ê·lay), "para mim mesmo", aparece no versículo 11, na abertura do discurso de Naamã, para mostrar uma ênfase na certeza de que ele deveria ser recebido com honra pelo profeta. O infinitivo também enfatiza que Naamã considerava dever de Eliseu encontrá-lo porque era "inferior" ao comandante.[680] Desapontado e ofendido, Naamã decidiu abandonar o projeto.

Naquele momento, os oficiais servos do exército sírio que o acompanhavam usaram a lógica simples dada por Deus para persuadir Naamã a obedecer à ordem de Eliseu. Eles disseram: "Meu pai, se o profeta lhe tivesse

---

[675] MAIER, 1997, p. 186.
[676] KAISER, 2000, p. 45.
[677] MOORE, Rick D. *God Saves*: Lessons from the Elisha Stories. Journal for the Study of the Old Testament Supplement Series 95. Sheffield, England: JSOT, 1990, p. 76.
[678] PATTERSON; AUSTEL, 2009, p. 191.
[679] AULD, 1986, p. 168.
[680] Ver MAIER, 1997, p. 180; LAMBDIN, Thomas O. *Introduction to Biblical Hebrew*. New York: Charles Scribner`s Sons, 1971, p. 158; SEOW, Choon L. *A Grammar for Biblical Hebrew*. Nashville: Abingdon Press, 1987, p. 182; COGAN, Mordechai; TADMOR, Hayim. *II Kings, Anchor Bible 11*. New York: Doubleday, 1988, p. 64; GRAY, John. *I & II Kings*. 2nd ed. The Old Testament Library. Philadelphia: Westminster Press, 1970, p. 506.

dito para fazer algo grandioso, você não o teria feito? Quanto mais, então, quando ele te diz: 'Lava-te e fica purificado!'" (v. 13). Depois de trabalhar silenciosamente na vida de Naamã através das vitórias na guerra dadas à Síria e do testemunho da menina cativa, agora Deus estava trabalhando através da lógica irrefutável dos servos do comandante.[681] Nesse sentido, os servos tinham mais experiência do que seu senhor. Eles estavam mais acostumados a submeter-se às ordens e comandos de um oficial superior e a mostrar a Naamã o benefício prometido pela obediência.[682] Diante dessa lógica, Naamã decidiu obedecer e foi até o rio Jordão para o ritual da lavagem, exatamente como havia sido ordenado por Eliseu.

A quinta evidência da obra de Deus para a conversão de Naamã foi a atitude de Eliseu. Porta-voz de Deus e movido pela sabedoria do Espírito Santo, o profeta foi o instrumento divino para ajudar o comandante a dar mais um passo em direção à conversão ao verdadeiro Deus. Nessa perspectiva, ele não recebeu Naamã pessoalmente. Primeiro, ele queria demonstrar que não era digno das honras que Naamã queria lhe prestar, porque Deus era quem daria a cura esperada. Além disso, ele não queria demonstrar admiração excessiva por Naamã e sua comitiva e presentes, pois o comandante precisava ter seu orgulho quebrado e humilhar-se, entendendo que todos os seres humanos são iguais diante de Deus. Henry ressalta que "todos os mandamentos de Deus testam o espírito dos homens, especialmente aqueles que orientam um pecador a solicitar as bênçãos da salvação".[683] O profeta ainda queria mostrar a Naamã que sua cura não viria de seu próprio poder ou de qualquer ritual, encantamento ou palavra mágica dita por ele. Além disso, nenhum ato heroico ou conquistador lhe daria a cura. Ele precisava compreender que riqueza, status, prestígio, pompa, realeza, poder humano ou esforço não seriam nem a fonte nem o meio da cura.[684]

A viagem entre a casa do profeta e o rio Jordão serviu de instrumento de reflexão para Naamã, levando-o à consciência de que se a cura acontecesse não seria por causa do profeta, que ficou longe. Nem seria por sua riqueza ou méritos, que em nada influenciaram o profeta. Nem poderia a cura vir das propriedades curativas do rio Jordão; caso contrário, não

---

[681] KAISER, 2000, p. 45.
[682] AULD, 1986, p. 168.
[683] HENRY, Matthew. *Matthew Henry`s Concise Commentary on the Bible*. Grand Rapids, MI: Christian Classics Ethereal Library, 1922, p. 444.
[684] MAIER, 1997, p. 182.

haveria leprosos em Israel.[685] Foi também uma oportunidade para Naamã refletir que Israel tinha um Deus e que Eliseu era o seu porta-voz. No caso da cura, seria obra de Deus, sua bondade e seu poder.[686]

A Manifestação do poder salvador de Deus

Finalmente, depois da obra anterior de Deus na vida de Naamã – isto é, a sua ação silenciosa comunicando as vitórias militares, o testemunho da menina cativa, a convivência com a cultura religiosa de Israel, a lógica irrefutável dos argumentos dos oficiais, e a recusa de Eliseu para recebê-lo –, veio a ação divina mais excelente e evidente: a sua cura. Naamã mergulhou sete vezes no rio e foi curado. A transformação envolveu não só a sua pele, mas também o seu coração. A partir daí, o comandante apresentou uma mudança interna que se refletiu em sua atitude e nas palavras subsequentes.

Naamã voltou ao profeta com uma postura muito humilde, bem diferente de antes, apresentando-se quatro vezes como servo de Eliseu, e com uma atitude de gratidão, oferecendo ao profeta os presentes que ele havia trazido. Eliseu recusou-se a receber os presentes para esclarecer que ele não era como os falsos profetas que, egoisticamente, buscavam ganhos financeiros com seu trabalho. Além disso, Eliseu queria reforçar que foi Deus, e não ele, que havia feito o milagre, e que as bênçãos de Deus eram fruto de sua graça e não podiam ser compradas (vv. 15–18).[687]

Acima de tudo, Naamã deu provas de conversão ao verdadeiro Deus através de uma profunda declaração de fé: "Agora sei que não há Deus em todo o mundo, exceto em Israel" (v. 15). É verdade que ele ainda mantinha o conceito de divindades localizadas, ou a ideia de que cada nação tinha uma divindade que reinava suprema naquela terra. Ao fazer isso, ele limitou o alcance da autoridade de Deus, vendo-o apenas como o Deus do território de Israel. No entanto, ele compreendeu que os deuses de outras nações eram falsos e que apenas o Deus de Israel era verdadeiro. Portanto, a manifestação do poder de Deus foi um instrumento salvador para Naamã, coroando com sucesso um processo de intervenção divina na vida do comandante. O milagre foi o culminar de um processo e não apenas um ato isolado.

---

[685] LUMBY, J. *The Second Book of the Kings*. The Cambridge Bible for Schools and Colleges. Cambridge: Cambridge University, 1892, p. 51.
[686] MAIER, 1997, p. 182.
[687] MAIER, 1997, p. 186.

Há evidências bíblicas de que um milagre divino por si só não garante a conversão de alguém ao Deus verdadeiro, mas pode, em vez disso, resultar em endurecimento e resistência mais significativos (Mateus 12:38–42; João 5:1–18; Atos 16:16–23); I Coríntios 1:18–23). Porém, quando o poder de Deus se manifesta como culminação de um processo em que Ele já está conseguindo tocar a vida de uma pessoa, especialmente num contexto politeísta, este ato pode ser esclarecedor e decisivo para uma conversão ao verdadeiro Deus. Na experiência de Naamã, o poder salvador de Deus foi decisivo para sua entrega, conversão e determinação de servir somente ao Deus do céu. Nesse sentido, pode-se dizer que o poder salvador de Deus é um instrumento missiológico eficaz quando segue um processo em que Deus, de diversas maneiras, já está trabalhando na vida de uma pessoa, e encontrando uma resposta positiva.[688]

O poder salvador de Deus aplicado aos Nones

Assim como a cosmovisão de Naamã era bastante diferente da cosmovisão dos judeus do seu tempo, também a cosmovisão da maioria dos Nones é bastante diferente da cosmovisão dos cristãos que professam acreditar no Deus da Bíblia. Os Nones não são um grupo uniforme em suas crenças sobre Deus, na forma de lidar com a religião, e mesmo na prática devocional. Apesar de 29% dos americanos Nones se declararem como ateus ou agnósticos, a maior parte do grupo, 68%, diz que acredita em Deus. No entanto, dos que dizem acreditar em Deus, 53% veem-no como uma energia ou força espiritual, e apenas 17% acreditam no Deus da Bíblia. Em relação à "religião" – expressão interpretada pelos Nones como filiação religiosa –, 18% dizem que são religiosos, enquanto 37% dizem que são espirituais, mas não religiosos – significa que procuram uma espiritualidade independente da religiosidade institucional. Sobre a prática devocional, 41% deles dizem que oram, enquanto 58% nunca oram.[689] Do lado brasileiro, os ateus e agnósticos representam apenas cerca

---

[688] Há uma ampla discussão sobre os pedidos de Naamã ao profeta Eliseu e a resposta do profeta: "Vá em paz" (2Rs 5:17-19). Estaria Naamã pedindo permissão para a religiosidade sincrética ou uma mistura da cosmovisão pagã de Deus com sua recém-descoberta fé em Deus? Se sim, o profeta estava aprovando esta adoração? Este pesquisador acredita que não, mas devido às limitações de espaço, tempo e finalidade da pesquisa em andamento, recomenda-se a leitura dos seguintes trabalhos para esclarecimento do tema: TOMPKINS, Andrew. A More Appropriate Mission to Hindus: Another Look at Syncretism in Light of the Naaman Narrative. *Journal of Adventist Mission Studies*, v. 9, n. 1, p. 60-68, 2013; MAIER, 1997, p. 188-196; KAISER, 2000, p. 47-50.

[689] PEW RESEARCH CENTER, 2018a.

de 5% dos Nones, enquanto 95% deles dizem acreditar em Deus ou numa força cósmica. A maioria, portanto, busca desenvolver a espiritualidade, mas sem vínculo institucional.[690]

Assim, muitos dos Nones estão abertos à espiritualidade e buscam contato com a força divina. Contudo, a identidade de Deus não é clara para a maioria deles, que o vê como uma energia, uma força cósmica ou um poder espiritual. Apenas uma minoria entre os Nones acredita no Deus da Bíblia. Como a maioria não tem uma ideia bem formada sobre Deus, mas acredita n'Ele, e está aberta à espiritualidade, e responde de alguma forma à obra do Espírito Santo, à luz do que sabe, a manifestação do poder salvador de Deus pode ser um instrumento valioso para a sua conversão. Porém, como no caso de Naamã, a manifestação do poder de Deus não deve ser um ato isolado, mas a culminação de um processo, servindo de divisor de águas, dirimindo dúvidas e proporcionando-lhes convicção e certeza sobre a veracidade e singularidade do Deus bíblico. Tais circunstâncias mostram não apenas o poder do Deus verdadeiro, mas também o seu amor, providência e interesse na vida humana (Gn 17:1; Sl 139; 145:9, 17–19; Mt 10:29–30). A manifestação do poder de Deus pode assumir diferentes formas, como cura, respostas à oração, libertação do poder do inimigo, proteção e libertação de vícios, entre outras.[691] Contudo, a igreja deve sempre manter a centralidade do evangelho e da cruz de Cristo, e nunca ver os milagres como um fim em si mesmos.[692]

Resumo do Princípio 2

A missão baseada no poder salvador de Deus é apoiada pela suposição de que o poder de Deus pode se manifestar na forma, no lugar e no momento que Ele achar adequado para ajudar as pessoas a decidir segui-lo. Neste caso, o milagre não é um fim em si mesmo ou um ato isolado, mas o culminar de um processo caracterizado pela ação de Deus na vida da pessoa com respostas positivas, dentro da luz recebida. Nessa perspectiva, a manifestação do poder de Deus pode ser um instrumento missiológico no trabalho com os Nones, uma vez que muitos estão abertos à espiritualidade e acreditam em Deus ou na energia cósmica. O contato com o poder de Deus, como culminação de um processo, pode ajudá-los a compreender a singularidade e pessoalidade do Deus bíblico.

---

[690] INSTITUTO BRASILEIRO DE GEOGRAFIA E ESTATÍSTICA, 2012.
[691] LOWE, 2001, p. 134-141.
[692] HIEBERT, 2000, p. 116.

Princípio 3: Missão baseada na instrução bíblica

A narrativa bíblica da conversão de Cornélio e da sua família e amigos íntimos, descrita em Atos 10, demonstra que a instrução bíblica é uma parte fundamental da missão cristã, especialmente num contexto transcultural. A atitude *ḥesed* e as manifestações do poder de Deus, descritas nas seções anteriores deste capítulo, não devem substituir a instrução bíblica, mas servir de meios pelos quais as pessoas interessadas se qualifiquem para receber o ensino bíblico. Classificados como tementes a Deus, Cornélio e sua família eram estrangeiros simpatizantes e semiaderentes ao judaísmo. Esta seção argumenta que os Nones, especialmente aqueles que manifestam interesse espiritual, como no caso de Cornélio e seus familiares, precisam de instrução bíblica para ter uma conversão estável ao Cristianismo bíblico. Antes de analisar a narrativa, será fornecida uma breve descrição dos chamados "tementes a Deus" e algumas evidências que comprovam a existência deste grupo, para melhor compreensão do tema em estudo.

Tementes a Deus

A diáspora do povo judeu é uma referência às comunidades judaicas formadas em muitas partes do mundo. Em 722 a.C., os assírios conquistaram o reino do norte. Em 586 a.C., os babilônios conquistaram o reino de Judá, no sul, e em 70 d.C., os romanos destruíram Jerusalém. Após esses momentos de derrota, o povo judeu se espalhou por diversos países e os conquistadores ocuparam suas terras.[693] Na época do Império Romano, alguns dos costumes e rituais da comunidade judaica foram criticados e ridicularizados pelos seus vizinhos gentios, especialmente a circuncisão, as leis alimentares e a observância do sábado.[694] No entanto, muitos gentios admiravam a religião judaica por causa de sua antiguidade, monoteísmo estrito, sabedoria antiga e código de moralidade, e do tipo de comunidade em que viviam seus praticantes.[695]

A partir do final do período do Segundo Templo, muitos gentios tornaram-se intimamente relacionados com as comunidades judaicas e suas práticas, e foram identificados como prosélitos (προσήλυτον), temen-

---

[693] Ver BEN-SASSON, Haim Hillel. Galut. *In*: *Encyclopaedia Judaica*. 2nd ed. New York: Macmillan, 2007, v. 7, p. 352-363.

[694] Ver FELDMAN, Louis H., *Jew and Gentile in the Ancient World*: Attitudes and Interactions from Alexander to Justinian. Princeton: Princeton University Press, 1993, p. 123-176.

[695] FELDMAN, 1993, p. 177-287.

tes a Deus (φοβούμενος τὸν Θεὸν) ou adoradores de Deus (σεβομένου τὸν Θεόν).[696] Enquanto os prosélitos eram gentios que se converteram totalmente ao judaísmo através da circuncisão e do batismo, os tementes ou adoradores de Deus eram simpatizantes gentios que tinham algum compromisso com a religião e a comunidade judaica local.[697] Embora alguns estudiosos vejam os tementes a Deus como uma mera invenção de Lucas (10:2, 22, 35; 13:16, 26, 50; 16:14; 17:4, 17; 18:7),[698] muitos outros acreditam que, apesar de o apóstolo usá-los para defender sua agenda teológica de evangelização aos gentios, há muitas evidências para apoiar o testemunho de Atos sobre o grupo.[699]

A principal evidência da historicidade do relato de Atos sobre os tementes a Deus inclui declarações dos historiadores Flávio Josefo e Fílon, da literatura rabínica e da inscrição de Afrodísias. Josefo diz que muitos gentios aderiram às cerimônias judaicas em Antioquia e, até certo ponto, foram incorporados à comunidade judaica.[700] Ele menciona muitas mulheres gentias atraídas pelo judaísmo em Damasco[701] e outras que adoravam a Deus em Charax-Spasini,[702] e menciona Popeia Sabina, esposa de Nero, como uma adoradora de Deus que agiu em favor dos

---

[696] SIM, David C. Gentiles, God-Fearers and Proselytes. In: SIM, David C.; MCLAREN, James S. (ed.). *Attitudes to Gentiles in Ancient Judaism and Early Christianity*. New York: Bloomsbury T&T Clark, 2013, p. 9, 15.

[697] SIM, 2013, p. 15.

[698] Ver KRAABEL, A. T. The Disappearance of the God-Fearers. In: OVERMAN, J. Andrew; MACLENNAN, Robert S. (ed.). *Diaspora Jews and Judaism*: Essays in Honour of, and in Dialogue with, A. Thomas Kraabel. Atlanta, GA: Scholars Press, 1992, p. 119-130; MACLENNAN, Robert S.; KRAABEL, A. T. The God-Fearers — A Literary and Theological Invention. In: OVERMAN, J. Andrew; MACLENNAN, Robert S. (ed.). *Diaspora Jews and Judaism*: Essays in Honour of, and in Dialogue with, A. Thomas Kraabel. Atlanta, GA: Scholars Press, 1992, p. 131-143.

[699] Ver SIM, 2013, p. 15; FELDMAN, 1993, p. 342-382; LEVINSKAYA, Irina. *The Book of Acts in its First Century Setting*: Diaspora Setting. Grand Rapids, MI: Eerdmans, 1996, v. 5, p. 51–126; SCHÜRER, Emil et al. *The History of the Jewish People in the Age of Jesus Christ (175 B.C.–A.D. 135)*. Edinburgh: T. & T. Clark, 1973-1987, 3:160-169; COHEN, S. J. D. *The Beginnings of Jewishness*: Boundaries, Varieties, Uncertainties. Berkeley: University of California Press, 1999, p. 171-174; DONALDSON, T. L. *Judaism and the Gentiles*: Patterns of Universalism. Waco: Baylor University Press, 2008, p. 469-482; TREBILCO, P. *Jewish Communities in Asia Minor*. Cambridge: Cambridge University Press, 1991, p. 145-166; OVERMAN, J. A. The God-Fearers: Some Neglected Features. In: OVERMAN, J. Andrew; MACLENNAN, Robert S. (ed.). *Diaspora Jews and Judaism*: Essays in Honour of, and in Dialogue with, A. Thomas Kraabel. Atlanta, GA: Scholars Press, 1992, p. 145-152; REYNOLDS, J.; TANNENBAUM, R. *Jews and Godfearers at Aphrodisias*: Greek Inscriptions with Commentary. Cambridge: Cambridge Philological Society, 1987, p. 48-66.

[700] JOSEPHUS, Flavius, *Bellum Judaicum*, in *The Latin Josephus Project*, eds. Edward Cardwell and Robert McQueen Pollard, book 7, chap. 45 (2017), disponível em: https://sites.google.com/site/latinjosephus/, acesso em: 22 jan. 2025.

[701] JOSEPHUS, *Bellum Judaicum*, book 2, chap. 560.

[702] JOSEPHUS, Flavius, *Antiquities*, tradução em latim, eds. R. M. Pollard, J. Timmermann, J. di Gregorio, M. Laprade, e J.-F. Aubé-Pronce, 2013-2019, disponível em: https://sites.google.com/site/latinjosephus, acesso em: 22 jan. 2025.

judeus.[703] Philo refere-se a um gentio chamado Petronius, que assimilou alguns elementos da religião e da cultura dos judeus, e também foi útil à comunidade judaica.[704] A literatura rabínica enfatiza a diferença entre os gentios totalmente convertidos ao judaísmo e aqueles que eram simpatizantes, mas não seguiam todas as leis mosaicas.[705] A inscrição de Afrodísias, datada do século III d.C., no período da terceira diáspora judaica, menciona de um lado uma lista de membros de uma instituição chamada "o decanato", que faziam doações a uma comunidade judaica na Ásia Menor. A lista de doadores inclui treze judeus de nascimento, três prosélitos e dois adoradores de Deus. Do outro lado da inscrição há outra lista de doadores, supostamente considerados menos críticos, incluindo 53 judeus de nascimento e 22 adoradores de Deus.[706]

Lucas demonstra que muitos dos tementes a Deus de seu tempo frequentavam sinagogas; alguns oravam e devam esmolas (Atos 13:13–16; 10:2). Fílon e Josefo confirmam o relato de Lucas, enfatizando que muitos deles observavam o sábado, jejuavam durante o Dia da Expiação, e alguns regulamentos dietéticos judaicos. Outros tementes a Deus contribuíam para a taxa anual do templo.[707] A literatura, em geral, confirma que os tementes a Deus simpatizavam com alguns aspectos do judaísmo, tornando-se muitas vezes membros da comunidade judaica, mas não se converteram completamente à religião judaica. Provavelmente continuaram a adorar outros deuses além do Deus de Israel, e permaneceram fora da comunidade da aliança. Os judeus esperavam que eles se convertessem, mas não foram forçados a fazê-lo.[708]

Lucas aponta o esforço de Deus em liderar a igreja cristã primitiva na evangelização dos gentios. Os estudiosos entendem que fazia parte da agenda teológica do apóstolo mostrar a transição da evangelização dos judeus para o mundo gentio, e a aceitação da conversão dos gentios

---

[703] JOSEPHUS, *Antiquities*, book 20, chap. 195.

[704] PHILO *Legatio ad gaium*. Trans. E. M. Smallwood. Leiden: E. J. Brill, 1961, p. 245.

[705] Ver BRAUDE, W. G. *Jewish Proselyting in the First Five Centuries of the Common Era*: The Age of the Tannaim and Amoraim. Providence: Brown University Press, 1940, p. 137-138; FELDMAN, 1993, p. 353-355.

[706] Ver SIM, 2013, p. 16-17; WILLIAMS, Margaret H. The Jews and Godfearers Inscription from Aphrodisias: A Case of Patriarchal Interference in Early 3rd Century Caria?. *Historia*: Zeitschrift für alte Geschichte, v. 41, n. 3, p. 297-310, 1992. Disponível em: http://www.jstor.org/stable/4436248.

[707] Ver PHILO. *On Abraham. On Joseph. On Moses*. Trans. F. H. Colson. Loeb Classical Library 289. Cambridge, MA: Harvard University Press, 1935, p. 459-461; JOSEPHUS. *Antiquities*. book 214, chap. 110; JOSEPHUS. *Bellum Judaicum*. book 2, chap. 463.

[708] Ver CORNTHWAITE, Christopher J. Wayward Jews, God-Fearing Gentiles, or Curious Pagans? Jewish Normativity and the Sambathions. *Journal for the Study of Judaism*, n. 48, 2017, p. 285; WILLIAMS, 1992, p. 301; SIM, 2013, p. 17.

ao cristianismo, sem a necessidade de primeiro se tornarem convertidos completos ao judaísmo.[709] Nesse sentido, destaca-se a conversão do eunuco etíope, funcionário da rainha Candace, o primeiro gentio a tornar-se cristão (Atos 8:26-40). Ele dá ainda mais ênfase a Cornélio, um centurião romano que se converteu junto com sua família e amigos íntimos (Atos 10:1-48). Através de ambas as narrativas da conversão dos gentios tementes a Deus, e principalmente através da ratificação apostólica que ocorreu no Conselho de Líderes de Jerusalém (Atos 15), Lucas aponta a continuidade entre a herança judaica da igreja, iniciada em Jerusalém, e descrita nos Evangelhos, e a missão gentia descrita em Atos.[710] Como diz Keener, Lucas enfatiza que a missão gentia é uma ideia de Deus.[711]

Ambos os episódios de conversão dos tementes a Deus ao cristianismo, segundo a descrição de Lucas, tiveram fundamento essencial na instrução bíblica. Será feita uma análise mais detalhada da narrativa de conversão de Cornélio devido à riqueza de informações contidas no texto. Com base nesta narrativa, presume-se que a instrução bíblica é fundamental para a conversão dos Nones, muitos dos quais, como os tementes a Deus, estão abertos à comunicação com o transcendente. A análise narrativa limitar-se-á aos aspectos relevantes para este estudo e não abrangerá todos os detalhes do texto bíblico.

Atos 10:1–48

A narrativa descreve a conversão de um oficial romano temente a Deus, com toda a sua família, sem primeiro passar pela circuncisão ou tornar-se prosélito. Cornélio era um centurião do exército romano, servindo em Cesareia, em uma das coortes auxiliares estacionadas na Judeia.[712]

Um centurião comandava um grupo de sessenta a cem soldados e também desempenhava uma função administrativa em uma pequena região.[713] Naquela época, Cesareia era dominada por gentios[714] que tinham

---

[709] Ver SIM, 2013, p. 15; KEENER, Craig S. *Acts: An Exegetical Commentary*. Grand Rapids, MI: Baker Academic, 2013, v. 2, p. 862.
[710] KEENER, 2013, 2:833-834.
[711] KEENER, 2013, 2:863.
[712] Uma coorte auxiliar era um grupo de 1.000 soldados. Ver BRUCE, F. F. *The Book of the Acts*. New International Commentary on the New Testament. Grand Rapids, MI: Eerdmans, 1998, Kindle Location 7805.
[713] KEENER, 2013, v. 2, p. 847, 849.
[714] BULL, Robert J. A Mithraic Medallion from Caesarea. *Israel Exploration Journal*, v. 24, n. 3-4, p. 187-190, 1974; LEASE, Gary. The Caesarea Mithraeum: A Preliminary Announcement. *Biblical Archaeologist*, v. 38, n. 1, p. 2-10, 1975.

a deusa Fortuna como divindade padroeira.[715] Temente a Deus, Cornélio era piedoso, dava esmolas ao povo e orava regularmente ao Deus de Israel. O relato mostra que ele foi lembrado e respeitado por sua devoção e caridade não só por Deus, mas também pela comunidade judaica local (vv. 4, 22). No entanto, faltava-lhe conhecimento dos detalhes essenciais que envolviam o plano redentor de Deus, que só a instrução bíblica poderia remediar.

O poder salvador de Deus

Na narrativa, Deus se manifestou de diversas maneiras para converter Cornélio e realizar seu plano para a missão gentia. Um anjo apareceu a Cornélio numa visão por volta da hora nona (vv. 3, 4) – três da tarde. A ocorrência da visão na hora nona, uma das horas de oração no templo (3:1), e o uso pelo anjo dos termos "ascendente" e "memorial" (10:4) sobre as orações e esmolas de Cornélio, aludem ao sistema sacrificial de Levítico, e podem ser uma evidência de que o centurião praticava oração regular.[716] Na visão, o anjo disse a Cornélio que mandasse chamar o apóstolo Pedro, que estava na cidade de Jope, a cerca de cinquenta quilômetros de distância,[717] para ser instruído por ele (vv. 5, 22, 11:13, 14).

No dia seguinte, Deus se manifestou a Pedro em Jope, na casa de Simão, curtidor, profissão de baixo status social no mundo romano.[718] Por volta do meio-dia, Pedro estava orando quando recebeu uma visão de Deus, assim como Cornélio quando o anjo o visitou (9:30). Embora a hora sexta não fosse um momento para oração pública, os judeus piedosos, como Daniel, oravam três vezes ao dia e praticavam-na (Dn 6:10; Sl 55:17).[719] Esta oração fora do horário regular praticada pelos judeus em geral também reforçou o objetivo apostólico de dedicação à oração e ao ministério da Palavra (Atos 6:4). Na visão, Pedro viu um lençol descendo do céu cheio

---

[715] KEENER, 2013, v. 2, p. 839.

[716] A expressão "ascendido" (ἀνέβησανis) refere-se à fumaça de um holocausto, ʽôlāh de Levítico, e a expressão "memorial" (μνημόσυνον) refere-se à oferta de cereais queimada e apresentada a Deus (Lev 2:2). Ver BRUCE, 1998, Kindle Locations 7484-7485, 7837-7838.

[717] De acordo com Bock, Jope ficava a trinta e uma milhas de Cesareia. Ver BOCK, Darrell L. *Acts*, Baker Exegetical Commentary on the New Testament. Grand Rapids, MI: Baker Academic, 2007, 1146, iBook.

[718] KEENER, 2013, 2:865.

[719] Os estudiosos veem a oração como uma questão central nos livros de Lucas. Nesse sentido, não é por acaso que ele associa a manifestação de Deus na narrativa da conversão de Cornélio à prática da oração. Ver BRUCE, 1998, Kindle Location 7519; KEENER, 2013, 2:870; OESTERLEY, William Oscar Emil. *The Jewish Background of the Christian Liturgy*. Oxford: Clarendon, 1925, p. 125; JEREMIAS, Joaquim. *New Testament Theology*. New York: Scribner's, 1971, p. 188.

de animais limpos e imundos, e ouviu a voz de Deus dizendo-lhe: "Mata e come" (v. 13). Pedro recusou-se a comer animais impuros, seguindo a orientação de Levítico 11, mas Deus lhe disse três vezes para não considerar impuro o que ele havia purificado (vv. 14–16). Pedro estranhou aquela ordem de Deus e meditou, tentando entendê-la. Naquele instante, Deus se manifestou novamente para dizer ao apóstolo que os mensageiros do gentio Cornélio estavam vindo buscá-lo, e que ele deveria acreditar no que eles diriam e segui-los porque haviam sido enviados por Ele mesmo (vv. 17–21, 11:12).

Pedro concluiu que a visão não era sobre comida, mas sobre o propósito de Deus de salvar os gentios. Ele disse: "Deus me mostrou que não devo chamar ninguém de comum ou impuro" (v. 28) e: "Verdadeiramente entendo que Deus não faz acepção de pessoas" (v. 34). O apóstolo esclareceu que Cristo é Senhor de todos (v. 36). Em outras palavras, Deus não tem nação favorita, mas aceita qualquer pessoa de qualquer nação que responda ao seu chamado (vv. 34-35).[720] Para mostrar ainda mais que a salvação não é apenas um privilégio dos judeus, e que a igreja deveria seguir o mandato de Cristo de alcançar o mundo inteiro com o evangelho (Mateus 28:18-20), o Espírito Santo foi derramado sobre Cornélio e aqueles que estavam com ele, mesmo quando Pedro ainda os ensinava (vv. 4–48, 11:15–18). O Espírito Santo estava assim capacitando o grupo a participar da mesma missão para o resto do mundo.[721]

Portanto, a manifestação do poder salvador de Deus nestas visões paralelas foi crucial tanto para convencer Pedro sobre a missão gentia, como para converter Cornélio com a sua família e amigos. O fato de as visões serem paralelas e complementares reforçou a sua validade, e acrescentou credibilidade à missão gentia, como antídoto para a subjetividade individual.[722] Os diversos elementos envolvidos nas visões, como a presença angélica, a voz de Deus, a manifestação do Espírito Santo, e a direção divina em cada detalhe da narrativa, encheram de confiança o coração dos envolvidos a ponto de se submeterem à vontade de Deus.[723] A reconciliação inicialmente exigiu intervenção divina.[724]

---
[720] KEENER, 2013, 2:904, 908.
[721] KEENER, 2013, 2:917.
[722] KEENER, 2013, 2:867.
[723] Segundo Bock, a narrativa revela claramente a providência divina. Tudo nela é coordenado por Deus. Ver BOCK, 2007, 1124, 1166, 1169.
[724] KEENER, 2013, 2:888.

Missão baseada na instrução bíblica

Lucas aponta várias informações na narrativa que demonstram o papel central da instrução bíblica na conversão à fé cristã. As ações *hesed* e a manifestação do poder de Deus não substituem a instrução bíblica, mas são meios pelos quais a pessoa interessada abre-se para ouvir as instruções básicas para a conversão. Nesse sentido, Deus sempre usa os humanos como seus agentes. O processo de discipulado requer a participação de alguém que já é discípulo e pode testemunhar do poder do evangelho por meio da experiência.

Ao orientar Cornélio a buscar a mensagem salvadora por meio de Pedro, em vez de comunicá-la diretamente, ou por meio de seu anjo, Deus estava mantendo o padrão de entregar a mensagem bíblica por meio de agentes humanos (Atos 1:8; Mt 24:14; 28:18-20; Marcos 16:15–16).[725] White enfatiza que Deus escolheu usar seres humanos, não anjos, como seus agentes, por meio dos quais o evangelho exerce seu poder transformador nas mentes e corações dos buscadores. "Deus não escolhe anjos que nunca caíram, mas seres humanos, homens de paixões semelhantes às daqueles que procuram salvar."[726]

O anjo claramente instruiu Cornélio a mandar chamar Pedro, dando detalhes de onde ele estava em Jope, porque a instrução do apóstolo seria vital para ele e sua casa (v. 5). Quando os mensageiros de Cornélio encontraram o apóstolo, explicaram que um santo anjo havia instruído seu mestre a chamar Pedro à sua casa e ouvir suas palavras (v. 22). Finalmente, quando Pedro descreveu a conversão de Cornélio no concílio de Jerusalém, ele disse que o anjo havia dito ao Centurião que o chamasse porque ele diria palavras pelas quais ele e toda a sua casa seriam salvos (11:14).

Portanto, fica claro que a instrução de Pedro foi fundamental para a decisão do grupo em seguir a fé cristã e para seu amadurecimento na experiência espiritual. Por isso, os ouvintes pediram que Pedro ficasse com eles alguns dias (v. 48).

Embora não se saiba como Pedro terminou seu ensino naquele primeiro encontro com os gentios interessados na casa de Cornélio, devido à interrupção feita pelo Espírito Santo (v. 44), os tópicos apresentados são

---

[725] Pankau e Siemon-Netto destacam que vários relatos de revelações diretas de Deus a não cristãos nos dias de hoje frequentemente incluem a instrução para buscar pessoas específicas já maduras na fé, a fim de receber ensino bíblico sobre a fé cristã. Ver PANKAU, Matthias; SIEMON-NETTO, Uwe. The Other Iranian Revolution. *Christianity Today*, July 2012, p. 45.

[726] WHITE, Ellen. *The Acts of the Apostles*. Silver Spring, MD: Ellen G. White Estate, 2017b, p. 134.

esclarecedores. O apóstolo primeiro rejeitou a idolatria, impedindo Cornélio de adorá-lo (vv. 25-26).[727] A expressão "*προσεκύνησεν*" (*prosekynēsen*) pode significar "prestar homenagem" ou "adorar". Pedro entendeu que o ato de Cornélio era mais do que um tributo e mostrou excessiva deferência a ele, por isso não o permitiu. A expressão "eu também sou homem" (v. 26) significa que Pedro não era um "homem divino" no sentido grego do termo.[728] Como temente a Deus, Cornélio talvez não fosse tão ortodoxo quanto ao assunto da adoração. Os tementes a Deus viviam em um contexto pagão, e muitos deles adoravam outros deuses junto com o Deus de Israel que eles passaram a admirar.[729] Além disso, sendo um centurião romano, Cornélio pode ter tido que venerar César como uma divindade, uma prática comum no império. Assim, ele pode ter considerado Pedro um homem divino ou um anjo, e o apóstolo precisava corrigir esse erro. A instrução de Pedro tornou-se ainda mais significativa porque eles estavam em Cesareia, cidade que levava o nome do imperador.[730]

Jesus foi o tema central do discurso de Pedro. Lucas diz que Pedro "abriu a boca" (*ανοίξας* - anoixas) (v. 34), expressão solene com raízes bíblicas (Jó 3:1; Mt 5:2; At 8:35; 18:14), mostrando a comunicação de conteúdo autoritativo.[731] O apóstolo apresentou sua nova visão teológica de que Deus não faz acepção de pessoas (vv. 34, 35), uma expressão tipicamente cristã, encontrada apenas no NT (Rm 2:11; Ef 6:9; Col 3:25; Tg 2:1; 1Pe 1:17).[732] Ele continuou dizendo que Jesus foi enviado por Deus para anunciar o evangelho da paz (*εἰρήνην* - eirēnēn), que não fazia distinção entre os seres humanos, e que Deus era o Senhor de todos (v. 36). Esse conceito de paz proporcionado pelo evangelho não só une todos sob o senhorio de Cristo, eliminando distinções, mas também se relaciona com o conceito de *shalom* do AT, que significa bem-estar, resultado da relação entre a pessoa e Deus (Sl 29: 11; 72:7; 85:8-10; Pv 3:17; Is 48:18; 54:10; Ez 34:25-29).[733] Em outras palavras, Pedro estava dizendo que não é possível avaliar o potencial de conversão de uma pessoa com base em sua etnia.[734]

---

[727] POLHILL, John B. *Acts*. New American Commentary 26. Nashville: Broadman Press, 1992, p. 258.

[728] BOCK, 2007, 1163.

[729] Ver CORNTHWAITE, 2017, p. 285; SIM, 2013, p. 17.

[730] LEVINSKAYA, 1996, v. 5, p. 121; KEENER, 2013, v. 2, p. 890-892.

[731] BASSLER, J. M. Luke and Paul on Impartiality. *Biblica*, n. 66, p. 546-552, 1985; BRUCE, 1998, Kindle Location 7673.

[732] BOCK, 2007, 1170.

[733] BOCK, 2007, 1173.

[734] KEENER, 2013, v. 2, p. 897.

Barrett destaca que Paulo desenvolveu o mesmo tema ao enfatizar que judeus e gentios, sem distinção, estão sob o senhorio de Cristo, sendo responsáveis perante Deus pelo pecado.[735]

Nesta sequência, Pedro apresentou a divindade como unida em torno do plano de salvação, estendida a toda a raça humana. Deus, o Pai, foi a fonte do plano, tomou a iniciativa e enviou Jesus. Jesus era o ponto central do plano, como o redentor da humanidade. Além disso, o Espírito Santo foi o transmissor do poder divino, ungindo Jesus para a missão salvífica. O Espírito também confirmou a missão do evangelho aos gentios caindo sobre o grupo reunido e mostrando que judeus e gentios são iguais em Cristo (vv. 38, 44).[736] Essa confirmação da missão gentílica, pelo Espírito, representou a ação e a vontade de Deus, em relação à evangelização dos não judeus, uma base importante para o trabalho harmonioso que deveria se seguir.[737]

Pedro continuou seu discurso demonstrando que Jesus era o Messias prometido da profecia bíblica, por meio de quem havia remissão de pecados e perdão sob o testemunho de todos os profetas – uma forma típica de Lucas resumir a mensagem bíblica.[738] Ele explicou que Cristo cumpriu seu ministério terreno, morreu e ressuscitou no terceiro dia. Finalmente, Pedro explicou que a pregação do evangelho era um mandato de Cristo. Ele também destacou que Cristo exerce um ministério celestial como Salvador, para aqueles que crerem em seu nome, e como juiz dos vivos e dos mortos (vv. 39-43).

De acordo com Keener, nesse ponto, Pedro estava esclarecendo a imparcialidade de Deus no julgamento entre judeus e gentios, um tópico também abordado por Paulo em Rm 2.[739] Além disso, a maneira como Pedro explicou a divindade de Jesus visava corrigir o uso típico que os gentios faziam do termo "senhor", aplicado por eles aos "senhores exaltados", uma espécie de semideuses.[740] Além disso, a ressurreição explica a posição e o papel que Jesus desempenha hoje no céu,[741] algo tão essencial quanto o ato da cruz, na visão de Stott. Para o autor, sem a pessoa de Jesus e seu ministério celestial em nosso favor, não há evangelho.[742]

---

[735] BARRETT, C. K. *Acts 1–14*. International Critical Commentary. Edinburgh: T&T Clark, 1994, p. 519.
[736] GAVENTA, B. R. *Acts*. Abingdon New Testament Commentaries. Nashville: Abingdon, 2003, p. 173-174.
[737] BOCK, 2007, 1190.
[738] KEENER, 2013, 2:916.
[739] KEENER, 2013, 2:904.
[740] KEENER, 2013, 2:908.
[741] BOCK, 2007, 1192.
[742] STOTT, John R. W. *The Message of Acts*. The Bible Speaks Today. Downers Grove, IL: InterVarsity, 1990, p. 190-191.

Portanto, a história de Cornélio demonstra a insuficiência do processo de busca. Não basta o interesse e a busca por Deus. Há uma diferença entre ser um buscador ou interessado e entrar em um relacionamento íntimo com Deus. A jornada de Cornélio só foi completada quando ele recebeu instrução bíblica e pôde solidamente e conscientemente aliar-se ao Deus bíblico.[743] Witherington observa que Lucas foi sensível ao uso retórico que Pedro fez das Escrituras no contexto gentio: ele usou menos as Escrituras do que em seus discursos de Atos 2 e 3 para uma audiência judaica. No entanto, as Escrituras permaneceram como a fonte e o modelo de seu ensino.[744] Pedro adaptou a instrução bíblica às necessidades de seus ouvintes, pontuando os tópicos que eram mais relevantes para seu público.

Ele também centrou seu ensino das Escrituras na pessoa de Jesus, mostrando que toda instrução bíblica não deve apenas apontar para Cristo, mas centrar-se nele. Assim como não pode haver conversão completa sem conteúdo e parâmetros bíblicos, a instrução bíblica deve centrar-se em Cristo ou se tornará árida e sem vida.[745]

Implicações missiológicas da instrução bíblica para os Nones

A instrução bíblica é tão pertinente para a conversão dos Nones como era para converter os tementes a Deus no tempo de Pedro, pelo menos para aqueles abertos ao relacionamento transcendental. Como já visto, 37% dos Nones americanos e uma grande proporção de Nones brasileiros afirmam ser espirituais, mas não religiosos (SBNR).[746] Este grupo não aceita alternativas puramente científico-ateístas, acreditando que lhes falta uma base espiritual que dê sentido e direção à vida humana.[747] Ao mesmo tempo que defendem uma visão de mundo que reconhece um nível cósmico de existência, esse grupo quer uma relação com o transcendente sem parâmetros religiosos ou dogmáticos.

Valorizam uma espiritualidade experiencial, subjetiva e centrada no eu interior, refletindo o que Gedicks chama de "espiritualidade contemporânea", representada por crenças pós-modernas como liberdade,

---

[743] BOCK, 2007, 1193.
[744] Ver WITHERINGTON, Ben III. *The Acts of the Apostles*: A Socio-Rhetorical Commentary. Grand Rapids, MI: Eerdmans, 1988, p. 355-356.
[745] Ver HODGKIN, A. M. *Christ in All the Scriptures*. Westwood, NJ: Barbour, 1989; CHAPELL, Bryan. *Christ-Centered Preaching*: Redeeming the Expository Sermon. Grand Rapids, MI: Baker Academic, 2018, p. 247-285; KAISER JR., Walter C. *The Messiah in the Old Testament*. Grand Rapids, MI: Zondervan, 1995, p. 232-233.
[746] FULLER, 2001, p. 19.
[747] FULLER, 2001, p. 19; ROOF, 1993, p. 33, 41.

individualidade, relativismo e pluralismo.[748] Por esse motivo, os SBNRs são chamados de "crentes metafísicos"[749], "pessoas sem igreja"[750], "buscadores espirituais"[751] ou seguidores da "espiritualidade da Nova Era"[752], "espiritualidade líquida"[753] e "religião à la carte"[754], entre outros. Eles escolhem crenças e práticas com base no significado e benefícios que proporcionam para suas vidas pessoais.[755]

Conforme demonstrado pela experiência de Cornélio, a espiritualidade por si só não é suficiente para uma conversão completa e precisa a Deus e ao cristianismo bíblico. O processo de busca só pode ser satisfatório quando a parte interessada faz um profundo compromisso com Deus de forma consciente com base na instrução bíblica; pois não há conversão real no vazio.[756]

No entanto, a retórica de Pedro em seu discurso aos tementes a Deus também nos ensina que a instrução bíblica deve ser adaptada às necessidades dos interessados. Os temas devem ser relevantes para o público e seu contexto. Além disso, a instrução bíblica para os Nones deve centrar-se em Cristo como o grande médico da alma, que pode atender às necessidades mais profundas da pessoa humana.[757] As crenças e práticas bíblicas, quando pontuadas de acordo com as necessidades dos ouvintes, e quando centradas em Cristo, trarão significado e benefícios para a vida dos Nones em nível individual.

Resumo do Princípio 3

A narrativa da conversão de Cornélio, sua família e amigos – os tementes a Deus –, atesta o papel fundamental da instrução bíblica no processo de conversão, especialmente em contextos transculturais. A instrução bíblica é essencial para uma conversão sadia e consciente, pois não há conversão no vazio. A atitude *ḥesed* e a manifestação do poder salvífico

---

[748] GEDICKS, 2005, p. 1197-1208.
[749] ROOF, 1993, p. 178.
[750] FULLER, 2001, p. 4.
[751] ROOF, 1993, p. 8.
[752] ROOF, 1993, p. 98–99; D'ANTONIO, 1992, p. 20.
[753] BAUMAN, 2001, p. 8-46.
[754] ROOF, 1993, p. 73.
[755] ROOF, 1993, p. 57; GEDICKS, 2005, p. 1218.
[756] BOCK, 2007, 1193.
[757] HODGKIN, 1989; CHAPELL, 2018, p. 247-285; KAISER, 1995, p. 232-233.

de Deus são essenciais, mas apenas como meio pelo qual o interessado se abre aos ensinamentos bíblicos. Deus sempre usa instrumentos humanos para esse ensino porque o testemunho de discípulos que já experimentaram o poder salvador de Deus é irrefutável e terá forte influência nos ouvintes.

A narrativa também demonstra que Cristo deve ser o centro do ensino bíblico, e os temas devem ser adaptados ao contexto dos ouvintes e suprir suas necessidades. O processo de busca não é suficiente. Cornélio só se tornou um cristão pleno quando, baseado na instrução bíblica que recebeu, assumiu um compromisso pessoal com o Deus bíblico e a salvação por meio de Cristo.

Assim como a instrução de Pedro foi essencial para converter o grupo de tementes a Deus à fé cristã, a instrução bíblica é essencial para a conversão dos Nones, especialmente para aqueles classificados como buscadores. Eles estão abertos à experiência espiritual, e, se as crenças e práticas bíblicas forem apresentadas de acordo com suas necessidades e centradas em Cristo, trarão significado e benefícios a eles no nível individual. Como no caso dos tementes a Deus, a espiritualidade dos Nones se tornará completa e estabelecida na base concreta da instrução bíblica.

Portanto, a atitude de *hesed* e a manifestação do poder salvador de Deus, seguidas de instrução bíblica, são princípios missiológicos altamente recomendados para a evangelização dos Nones. A próxima seção esclarecerá ainda mais a adaptação da instrução bíblica ao público, ao descrever o princípio 4 deste estudo: missão fundamentada na contextualização.

Princípio 4: Missão baseada na contextualização

Como já visto nas seções anteriores, a atitude *hesed*, a manifestação do poder salvador de Deus e a instrução bíblica são três princípios fundamentais para a missão transcultural e o trabalho entre os Nones. A contextualização é o quarto princípio da série. Usados de forma complementar, esses princípios formam um conjunto básico de ações positivas que facilitam a missão transcultural, inclusive entre os Nones.

Stan May escreve que o grande desafio da contextualização é transmitir a "Palavra de Deus que nunca muda em um mundo que sempre muda."[758] Embora o termo "contextualização" tenha sido cunhado nos

---

[758] Ver MAY, Stan. Ugly Americans or Ambassadors of Christ? *Evangelical Missions Quarterly*, v. 41, n. 3, p. 346-352, 2005.

círculos teológicos no início dos anos 1970 para designar uma série de modelos teológicos que tentavam tornar o evangelho relevante para a cultura atual,[759] os registros do NT apontam para princípios de contextualização usados por Jesus, bem como por Paulo e outros apóstolos.[760] Acomodação, inculturação e indigenização são alguns termos usados como sinônimos para contextualização. Significa o processo de tornar o evangelho culturalmente relevante.[761] Como Bosch aponta, a fé cristã só existe quando "traduzida" em uma cultura,[762] e Kraft lembra que é intenção de Deus que o cristianismo seja reencarnado em todas as línguas ao longo da história.[763]

A contextualização visa tornar o cristianismo relevante para a solução de problemas que as pessoas enfrentam no contexto em que vivem. Como Kraft argumenta, quando adequadamente contextualizado, o cristianismo se torna verdadeiramente relevante e genuinamente significativo.[764] No entanto, para evitar o sincretismo, ou a mistura de premissas cristãs com premissas culturalmente incompatíveis com o cristianismo bíblico, a contextualização precisa ser biblicamente apropriada. "Contextualização crítica" – uma dupla exegese da cultura e das Escrituras foi proposta para minimizar o risco de sincretismo no processo de contextualização.[765]

---

[759] BOSCH, David J. *Transforming Mission*: Paradigm Shifts in Theology of Mission. Maryknoll, NY: Orbis Books, 2004, p. 420-421.

[760] Müller ressalta que o próprio processo de revelação e inspiração da Bíblia implica algum tipo de contextualização. Ou seja, Deus falou ao ser humano em um tempo, situação e cultura específicas e comunicou sua mensagem de forma contextualizada. Para o autor, o clímax desse processo foi alcançado com a encarnação de Cristo. O Deus encarnado (Hb 1:1-2) revelou, ou "traduziu", contextualizou certos aspectos da divindade em termos humanos para que a humanidade pudesse capturar atributos essenciais do caráter e da personalidade do Deus transcendente. Contudo, Müller destaca que a encarnação de Jesus não foi uma forma de contextualização acrítica. Embora Jesus tenha adotado um estilo de vida judaico (Mateus 17:24–27; Lucas 4:15–16), ao mesmo tempo ele rejeitou certos costumes daquela cultura (João 4:9; Marcos 7:1–17) quando estes entravam em conflito com o sistema de crenças e valores que ele defendia como imutáveis. Ver MÜLLER, Ekkehardt. Contextualization in the New Testament. *In*: KLINGBEIL, Gerald (ed.). *Misión y Contextualizacion: Llevar el Mensaje Bíblico a un Mundo Multicultural* (Libertador Samartín, Entre Rios, Argentina: Editorial Las Americas, 2005), p. 176-177. Ver mais sobre contextualização em Jesus, Paulo e outros apóstolos, em KRAFT, Charles H. Culture, Worldview and Contextualization. *In*: WINTER, Ralph D.; HAWTHORNE, Steven C. *Perspectives on the World Christian Movement*. Pasadena, CA: William Carey Library, 2009, p. 404.

[761] WOGU, Chigemezi-Nnadozie. Constructs in Contexts: Models of Contextualizing Adventist Theology. *International Bulletin of Mission Research*, v. 43, n. 8, 2018, p. 3. DOI: https://doi.org/10.1177%2F2396939318754759.

[762] BOSCH, 2004, p. 447.

[763] KRAFT, 2009, p. 404.

[764] KRAFT, 2009, p. 405.

[765] Ver HIEBERT, Paul G. Critical Contextualization. *IBMR*, v. 11, n. 3, 1987, p. 10; DOSS, Gordon R. Too Far or Not Far Enough: Reaching out to Muslim People. *Ministry*, February 2005, p. 6-7; WOGU, 2018, p. 8.

Embora existam diferentes modelos de contextualização,[766] em geral, eles podem ser agrupados em duas abordagens. A primeira abordagem entende as Escrituras como uma revelação completa de Deus, cuja autoridade deve ter precedência sobre a cultura. Nesse sentido, a revelação é Deus compartilhando informações sobre si mesmo, seu plano redentor e sua vontade. O modelo de contextualização de tradução é um exemplo da primeira abordagem. A segunda abordagem entende as Escrituras como culturalmente condicionadas e incompletas. A revelação é vista como um achado subjetivo ou ação de Deus no mundo e nas culturas. Representando essa segunda abordagem estão a teologia feminista, a teologia negra, a teologia da libertação e outras teologias contextuais relacionadas ao pós-modernismo, pluralismo e relativismo. Os modelos de contextualização que usam essa abordagem substituem a autoridade das Escrituras pela autoridade da cultura.[767]

A seção atual usa o modelo narrativo centrado no conceito do propósito salvífico de Deus para todos os povos, ou a *Missio Dei* – também com base na primeira abordagem de contextualização exposta antes.[768] Para tanto, será analisado o discurso de Paulo aos filósofos atenienses no Areópago. A intenção é detectar sinais de contextualização no discurso de Paulo e verificar sua adequação para a instrução bíblica dos Nones.

Atos 17: 16–34

Novamente, esta seção não faz uma abordagem detalhada da perícope em estudo, mas se limita a analisar temas que demonstram o foco contextualizado da comunicação de Paulo com os filósofos atenienses.

---

[766] Em seu estudo sobre modelos de contextualização, Stephen Bevans propõe seis modelos: 1) tradução, 2) antropológico, 3) práxis, 4) sintético, 5) transcendental e 6) contracultural. Exceto pelo modelo de tradução, esses modelos veem as Escrituras como culturalmente condicionadas e incompletas. Ver BEVANS, Stephen B. *Models of Contextual Theology*. New York: Orbis Books, 2002, p. 37-126. Ver mais sobre modelos de contextualização aplicados à perspectiva adventista em WOGU, 2018.

[767] Ver MÜLLER, 2005, p. 174-175. Ver também CARSON, Donald A. *The Gagging of God: Christianity Confronts Pluralism*. Grand Rapids, MI: Zondervan, 1996, p. 540.

[768] Para obter mais informações sobre modelos narrativos de contextualização, ver KIM, Sung Ik. *Proclamation in Cross-Cultural Context*: Missiological Implications of the Book of Daniel. PhD diss., Andrews University, Berrien Springs, MI, 2005; TOMPKINS, 2012. Para outros modelos de contextualização, ver WOGU, 2018; BOSCH, 2004.

Ao Deus desconhecido

Fontes extrabíblicas confirmam o relato de Lucas de um altar dedicado ao "Deus desconhecido" em Atenas (Atos 17:13) e fornecem informações sobre como essa adoração era praticada na cidade. O autor grego Laércio, do século III d.C., descreve uma tradição de sua época, segundo a qual Epimênides, um herói, poeta e profeta cretense, fora chamado por Nicias à cidade de Atenas para aconselhar os líderes locais sobre como deter uma praga. De acordo com o relato, Epimênides os instruiu a oferecer sacrifícios a um deus diferente da multidão de deuses a que eles já haviam pedido sem sucesso. Ele os aconselhou a colocar ovelhas brancas e negras na colina de Marte no início da manhã, seguir as ovelhas e marcar onde elas se deitaram, supondo que quando se deitassem, seria um sinal de que foram escolhidas e aceitas por Deus para o sacrifício. Os atenienses construíram altares sem nome nos locais marcados e ofereceram as ovelhas que se deitavam como sacrifícios, e a praga acabou. Segundo Laércio, altares sem nome gravado podiam ser vistos em diferentes partes da região da Ática, servindo como memoriais ao fim da peste.[769]

Enquanto Laércio menciona altares sem nomes, Pausânias e Filóstrato aludem a "altares de um deus desconhecido", o que implica que eles carregam esta inscrição, confirmando o relato de Lucas.[770] Um desses altares foi o ponto focal da mensagem contextualizada de Paulo em seu discurso aos filósofos atenienses.

Idolatria

Quando Paulo chegou a Atenas como parte de sua segunda viagem missionária,[771] diz Lucas, o espírito do apóstolo se revoltou contra a idolatria em vigor na cidade (v. 16). Como aponta Richardson, os homens que rejeitam o Deus bíblico acabam descobrindo, em frustração, que um número infinito de divindades menores é necessário para preencher o espaço deixado pelo Deus verdadeiro.[772] Paulo começou a ensinar na sinagoga para

---

[769] Ver LAERTIUS, Diogenes. *Lives of Eminent Philosophers, Volume I*. Trans. R. D. Hicks. Loeb Classical Library 184. Cambridge, MA: Harvard University Press, 1925, p. 110. Ver também ARISTOTLE. *The Art of Rhetoric*. Trans. J. H. Freese. Loeb Classical Library 193. Cambridge, MA: Harvard University Press, 2020, p. 17.10.

[770] Ver PAUSANIAS. *Description of Greece*. New York: G. P. Putnam's Sons, 1918, 1:7; PHILOSTRATUS. *The Life of Apollonius of Tyana: The Epistles of Apollonius and the Treatise of Eusebius*. New York: G. P. Putnam's Sons, 1921, 6:13.

[771] BOCK, 2007, 1519.

[772] RICHARDSON, Don. *Eternity in Their Hearts*: Startling Evidence of Belief in the One True God in Hundreds of Cultures Throughout the World. Bloomington, MN: Bethany House, 2005, Kindle Locations 192-193.

judeus e para gentios tementes a Deus (v. 17), possivelmente porque os via como acostumados com a idolatria da cidade. Ele também ensinava na praça todos os dias, falando aos atenienses em geral.[773] Lucas diz que os filósofos epicureus e estoicos contenderam com Paulo na praça enquanto ele lutava contra a idolatria e pregava sobre Jesus e a ressurreição (v. 18). Eles trouxeram o apóstolo ao Areópago, pedindo-lhe que esclarecesse seus ensinamentos, visto que os temas eram estranhos para eles e, como Lucas aponta, eles gostavam de coisas novas (vv. 19–21).

Estoicismo e epicurismo

A escola filosófica do estoicismo foi fundada pelo cipriota Zenão (340-365 a.C.) e recebeu seu nome porque seus membros se reuniram na *stoa poikilē*, ou "colunata pintada" no mercado em Atenas onde Zenão ensinava.[774] Os estoicos defendiam a vida sob a natureza e colocavam grande ênfase na primazia da razão e na autossuficiência humana individual. Eles eram essencialmente panteístas, vendo o divino como a alma do mundo, e também defendiam a liberdade e a igualdade de direitos entre os seres humanos. Na melhor das hipóteses, o estoicismo defendia grande seriedade moral e um alto senso de dever. Em seu espírito independente, os estoicos citaram o provérbio "Agradeço a todos os deuses por minha alma invencível."[775]

A escola epicurista foi fundada por Epicuro (340-370 a.C.) e apresentava o prazer como o objetivo principal da vida. Para eles, uma vida tranquila, livre de dores e medos supersticiosos, incluindo o medo da morte, era a que mais valia a pena. Os epicureus não negavam a existência dos deuses, mas os viam como tendo uma perspectiva distante e indiferente da vida humana.[776] Eles podem ser comparados aos agnósticos secularistas de hoje.[777]

Embora estoicos e epicureus se apresentassem como rivais filosóficos, ambos os grupos concordaram que a mensagem de Paulo era irracional e uma filosofia de segunda classe. Alguns chamaram Paulo de "tagarela",[778]

---

[773] RICHARDSON. 2005, Kindle Location 193.
[774] BRUCE, 1998, Kindle Location 11510.
[775] BRUCE, 1998, Kindle Locations 11531–11532.
[776] BRUCE, 1998, Kindle Locations 11537-11543.
[777] BOCK, 2007, 1643.
[778] BOCK, 2007, 1645.

ou um ignorante que falava do que ele não sabia. Outros interpretaram suas menções de Jesus e da ressurreição como a personificação dos poderes divinizados de cura e restauração.[779] Em suma, o público de filósofos de Paulo sofria de arrogância intelectual.[780]

Missão baseada na contextualização

O discurso de Paulo no Areópago precisava responder às perguntas dos filósofos, que o acusaram de ser um pregador de deuses estranhos por ter lutado contra a idolatria e falado sobre Jesus e a ressurreição na praça da cidade (vv. 18-20). Paul percebeu que ele devia adaptar seus grandes temas a esse ambiente de comunicação transcultural, tornando-os atraentes e compreensíveis para seus ouvintes. Bock aponta que é necessário apreciar a capacidade do apóstolo de contextualizar nesse sentido.[781] O Areópago, também chamado de "A Sociedade da Colina de Marte", era onde um grupo de sábios atenienses se reunia para discutir história, filosofia e religião. Era a mesma colina onde, seis séculos antes, Epimênides resolvera o problema da peste em Atenas, estabelecendo na cidade os altares ao deus desconhecido.[782]

Nesse ambiente, Paulo usou alguns princípios que facilitam a comunicação. Primeiro, o apóstolo procurou um objeto familiar aos estudiosos para introduzir um tema desconhecido. Ele lhes contou sobre o altar que havia encontrado no meio dos incontáveis altares pagãos, com a inscrição "Ao deus desconhecido". Esse exemplo foi uma cunha, criando uma abertura para alcançar os corações e mentes dos ouvintes com o anúncio do Deus criador. Bruce ressalta que quando o evangelho era pregado a um público pagão, mesmo um formado por pessoas instruídas como os membros do Areópago, geralmente começava com uma declaração sobre o Deus vivo e verdadeiro.[783] Tendo encontrado uma maneira de despertar o interesse de seus ouvintes para que eles estivessem abertos para as verdades profundas que se seguiriam, o apóstolo então começou a apresentar o Deus criador.

---

[779] Ver CHASE, Frederic Henry. *The Credibility of the Book of the Acts of the Apostles*. Eugene, OR: Wipf and Stock, 2005, p. 205-206.
[780] CHASE, 2005, p. 205-206.
[781] BOCK, 2007, 1635.
[782] RICHARDSON, 2005, Kindle Locations 230-231.
[783] BRUCE, 1998, Kindle Locations 11598–11599.

Richardson argumenta que, ao usar uma ilustração para capturar a atenção dos ouvintes para a mensagem que apresentaria, Paulo estava colocando em prática o que Jesus havia prometido a ele no momento de sua chamada na estrada de Damasco.[784] Jesus disse ao apóstolo que ele seria enviado para evangelizar os gentios, "para lhes abrir os olhos e convertê-los das trevas à luz, e do poder de Satanás a Deus, para que recebam o perdão dos pecados e um lugar entre aqueles que são santificados pela fé em mim" (Atos 26:18). Richardson também diz que, para as pessoas serem libertadas do poder de Satanás e transportadas das trevas para a luz, seus olhos devem ser abertos para ver a diferença.[785] O abridor de olhos que Paulo usou aqui foi o altar dedicado ao deus desconhecido. Abrir os olhos é um pré-requisito para transformar as pessoas das trevas na luz.

Paulo apresentou seu tema com palavras cautelosas, mais uma vez mostrando sua intenção de contextualizar sua comunicação. Ele disse: "Povo de Atenas! Vejo que em tudo você é muito religioso" (v. 22). Essas foram palavras educadas, vindas de alguém que odiava a idolatria. No entanto, era fundamental construir uma ponte e não levantar barreiras desnecessárias.[786] Enquanto ele estava irritado com a idolatria, ele também entendeu que o caminho de Deus deve ser pavimentado graciosamente.[787] Enquanto os gregos interpretavam "muito religioso" como expressão de pena, os judeus viam isso como superstição.[788] Em qualquer caso, a expressão foi positiva para o público do apóstolo. Paulo continuou: "Pois enquanto eu caminhava e olhava atentamente para seus objetos de adoração, eu até encontrei um altar com esta inscrição: A um Deus Desconhecido" (v. 23). Ele poderia ter expressado horror aos incontáveis altares pagãos, mas preferiu se referir a "objetos de adoração". Isso evitou barreiras de comunicação desnecessárias, enfatizando o valor positivo e expressando valor em vez de defeitos.[789] Bruce diz que Paulo sabiamente adaptou seu tom e abordagem para o público ouvinte, tornando a mensagem relevante para eles.[790] Para Bock, o tom do discurso do apóstolo foi conciliador com sua cultura.[791] Como alternativa, como diz Witherin-

---

[784] RICHARDSON, 2005, Kindle Locations 217.
[785] RICHARDSON, 2005, Kindle Locations 218.
[786] RICHARDSON, 2005, Kindle Locations 236-237.
[787] BOCK, 2007, 1635.
[788] BRUCE, 1998, Kindle Locations 11615-11616.
[789] Ver HUBBARD JR., 1943, p. 38.
[790] BRUCE, 1998, Kindle Locations 11603-11604.
[791] BOCK, 2007, 1637.

gton, Paulo procurou criar uma ponte para alcançar a cultura pagã com o evangelho.[792] White pondera que se Paulo tivesse feito um ataque direto aos deuses e aos grandes líderes da cidade, ele não apenas teria perdido sua audiência, mas arriscado a sentença de morte dada a Sócrates em circunstâncias semelhantes.[793]

Em seguida, Paulo fez a declaração de que, como afirma Richardson, esperou seis séculos para ser pronunciado: "Portanto, o que vocês adoram como desconhecido, isso eu proclamo a vocês" (v. 23).[794] Paulo estava respondendo aos filósofos que o acusaram de ensinar sobre um deus estranho. De acordo com o raciocínio do apóstolo, $Θεω$ (Theō), ou o Deus que ele proclamou, estava representado nos altares de Epimênides e, portanto, não era estranho aos atenienses. Deus já havia influenciado a história da cidade e, portanto, sua proclamação em Atenas foi legítima.

Em seguida, em sua comunicação contextualizada, Paulo utilizou o princípio da "lógica contínua", que consistia em enunciados sucessivos obedecendo a uma sequência lógica, sem deixar espaço para desenvolver o raciocínio deles. Isso evitou que os filósofos o interrompessem. Richardson aponta que a regra da educação filosófica determinava que nenhum espaço deveria ser deixado no desenvolvimento lógico do discurso. Qualquer estranho que alegasse ter uma proposição digna de atenção deveria seguir essa lógica.[795]

O apóstolo conseguiu resistir ao severo escrutínio dos filósofos na maior parte de seu discurso. Após o testemunho sobre os altares de Epimênides, ele passou pelas evidências da criação e, a partir daí, para a inconsistência da idolatria (vv. 24-29). Paul aproveitou a oportunidade para aproximar ainda mais as mentes dos ouvintes, citando trechos de dois poemas de renomados estudiosos de seu público: "'Nele vivemos, nos movemos e temos nosso ser'; como até mesmo alguns de seus poetas disseram: 'Pois somos de fato sua descendência'" (v. 28). Para tornar o discurso atraente e compreensível para seus ouvintes, Paulo aludiu aos princípios estoicos e epicureus e citou poetas gregos em vez de citar as Escrituras Hebraicas como fazia em discursos a seus conterrâneos. Foi uma estratégia para facilitar o contato. No entanto, seus argumentos e mesmo

---

[792] WITHERINGTON, 1988, p. 533-535.
[793] WHITE, 2017b, p. 238, 243.
[794] RICHARDSON, 2005, Kindle Location 239.
[795] RICHARDSON, 2005, Kindle Locations 261-262.

seu uso de textos poéticos tinham a intenção de confirmar a revelação bíblica.[796] Polhill aponta que cada declaração de Paulo estava enraizada no pensamento do AT.[797] Sobre a afirmação de Paulo de que somos uma geração de Deus, Bruce pondera que o apóstolo não estava pensando em um sentido panteísta, como muitos de seu público acreditavam, mas no sentido bíblico de ver o ser humano criado à imagem de Deus.[798] Nesse sentido, Paulo enfatizou a responsabilidade humana de honrar a Deus como criador. Para ele, essa honra não era prestada se o divino fosse visualizado na forma de uma imagem, expondo os ouvintes à loucura da idolatria (v. 29).[799]

O uso de citações diretas da poesia grega mostra que Paulo conhecia o pano de fundo histórico do altar dedicado a Deus em Atenas sob a orientação de Epimênides. A primeira parte da linha de Paulo "Porque vivemos nele, nos movemos e existimos" cita Epimênides, e em Tito 1: 12-13 Paulo cita a parte inicial do mesmo poema.[800] A outra parte da citação de Paulo, "porque também somos uma geração", é atribuída a Arato, um poeta que escreveu sobre Deus e os planetas.[801] Além de citar o poeta cretense, Paulo o chamou de profeta, usando o mesmo termo que costumava usar para os profetas do Antigo e do Novo Testamento. Os membros da sociedade do Areópago podem ter conhecido a história de Epimênides por meio das obras de Platão e Aristóteles e devem ter ficado surpresos que o apóstolo começou seu discurso de uma perspectiva transcultural.[802]

Como Richardson observa, naquela época, Paulo chegou a uma posição em que ele poderia até mesmo identificar a idolatria ateniense como "ignorância" sem perder seu público.[803] O apóstolo concluiu sua sequência lógica de raciocínio apontando que o único Deus Criador ordenou à humanidade que se arrependesse, porque um dia todos seriam

---

[796] Ver BRUCE, 1998, Kindle Locations 11606-11607.
[797] Polhill, 1992, p. 373.
[798] BRUCE, 1998, Kindle Locations 11708-11709.
[799] BRUCE, 1998, Kindle Locations 11711-11712.
[800] Ver CLEMENT of Alexandria. The Stromata or Miscellanies: Book 1. *Early Christian Writings*. Disponível em: http://www.earlychristianwritings.com/text/clement-stromata-book1.html; *Encyclopaedia Britannica*, s.v. "Epimenides". Disponível em: https://www.britannica.com/biography/Epimenides.
[801] Ver ARATUS. Phaenomena. *Theoi Classical Texts Library*. Disponível em: https://www.theoi.com/Text/AratusPhaenomena.html.
[802] Ver RICHARDSON, 2005, Kindle Location 255.
[803] RICHARDSON, 2005, Kindle Location 265-266.

julgados por um homem que ele ressuscitou dos mortos (vv. 30-31). Aqui, pela primeira vez, houve uma interrupção na lógica do discurso de Paulo. Ele mencionou a ressurreição do homem que Deus designou para julgar o mundo, sem primeiro explicar como e por que ele deveria morrer, e os filósofos reagiram imediatamente.[804] Lucas diz que alguns zombaram de Paulo e outros disseram que o ouviriam novamente sobre o assunto da ressurreição, e o apóstolo retirou-se imediatamente (vv. 32-33).

Infelizmente, os estudiosos da audiência de Paulo estavam mais preocupados com sua técnica de comunicação do que com a busca pela verdade. Esquecendo o conteúdo de seu discurso, o condenaram por sua falha técnica, impedindo-o de continuar. No entanto, Lucas mostra que alguns dos ouvintes acreditaram e aceitaram as instruções de Paulo, entre eles um membro do Areópago chamado Dionísio e uma mulher chamada Damaris. O nome Dionísio deriva do deus grego cuja teologia continha um conceito de ressurreição; talvez a familiaridade com este conceito tenha levado o estudioso a aceitar a exposição de Paulo sobre a ressurreição dos mortos.[805] A tradição do segundo século indica que Dionísio mais tarde se tornou o primeiro bispo de Atenas.[806]

Bruce destaca que o discurso de Paulo é um resumo de como apresentar o evangelho a uma cultura pagã.[807] Com o objetivo de fazê-los abandonar os ídolos por Deus, o apóstolo dedicou a maior parte de seu discurso ao conhecimento correto de Deus.[808] Nesse sentido, o conteúdo essencial do discurso é bíblico, mas a apresentação é helenística.[809] Bock resume a metodologia de Paulo em Atenas, apontando que ele estava diretamente envolvido em sua cultura. Para ele, Paulo compartilhou o evangelho com um espírito de amor generoso, mas honesto. Ele estava conectado com a sociedade deles, mostrando que tanto a mensagem quanto o tom são importantes ao compartilhar o evangelho.[810] Este episódio é um exemplo

---

[804] Os gregos não tinham uma posição uniforme em relação ao estado dos mortos. As posições sobre esta questão oscilavam entre a crença na completa extinção do corpo e da alma, a crença na vida após a morte no Hades, e a crença na imortalidade limitada da alma em vez da imortalidade eterna. Ver CROY, N. C. Hellenistic Philosophies and the Preaching of Resurrection. *Novum Testamentum*, n. 39, p. 21-39, 1997; BOCK, 2007, 1674.

[805] RICHARDSON, 2005, Kindle Location 279-280.

[806] Ver ISHO'DAD OF MERV. *Horae Semiticae no. X: The Commentaries of Isho'Dad of Merv* Cambridge, UK: Cambridge University Press, 1913, p. 28.

[807] BRUCE, 1998, Kindle Locations 11733-11734.

[808] DIBELIUS, M. Paul on the Areopagus. In: *Studies in the Acts of the Apostles*. New York: Charles Scribner's Sons, 1956, p. 71.

[809] BRUCE, 1998, Kindle Location 11739.

[810] BOCK, 2007, 1680-1681.

de como contextualizar a metodologia de acordo com as necessidades do público, preservando os princípios do evangelho, considerando que a mensagem essencial do evangelho transcende a cultura.[811]

Implicações missiológicas da contextualização para os Nones

Como já foi descrito, o público principal de Paulo no Areópago eram os filósofos estoicos e epicureus. Os estoicos estavam abertos à espiritualidade baseada numa visão panteísta. Eles colocavam grande ênfase na integração com a natureza, bem como na liberdade humana e na autossuficiência. Por outro lado, os epicureus eram mais secularizados e, embora admitissem a existência de deuses, viam-nos como distantes e indiferentes aos humanos. Para eles, o prazer era o centro da vida.

Muitos Nones brasileiros e americanos têm algumas semelhanças com os ouvintes de Paulo. Mais da metade (53%) dos americanos Nones afirmam acreditar em forças espirituais, mas apenas 17%, acreditam em Deus conforme descrito na Bíblia.[812] Ou seja, este grupo, em sua maioria, não tem uma visão clara de Deus como pessoa, vendo-o como uma energia ou uma força impessoal. Além disso, 37% dos Nones americanos e a maioria dos Nones brasileiros se declaram espirituais, mas não religiosos,[813] o que significa estarem abertos à espiritualidade e ao relacionamento com o transcendente, mas de forma fluida e existencialista.[814] Na linguagem de Suede, eles expressam uma religiosidade holística, mística e metafísica.[815] Acham um desafio aceitar os parâmetros bíblicos, e colocam a liberdade e a individualidade humanas no centro da devoção.[816] Roof os chama de geração de buscadores.[817] Este grupo de Nones pode ser comparado aos estoicos do público de Paulo, principalmente por causa da visão deles sobre a impessoalidade de Deus, bem como por causa da visão que nutrem sobre a liberdade, individualidade e centralidade humana.

---

[811] Ver SANTOS, Silvano Barbosa. *Revelation and Contextualization*: A Seventh-day Adventist Approach. Disponível em: https://www.academia.edu/11050512/Revelation_and_Contextualization_A_Seventh_day_Adventist_Approach. Acesso em: 2 set. 2020.
[812] PEW RESEARCH CENTER, 2018a.
[813] Ver FULLER, 2001, p. 2; GODINHO, 2018; NOVAES, 2004, p. 321-330.
[814] Ver BAUMAN, 2001, p. 8-46.
[815] CAMURÇA, 2013, p. 74.
[816] Ver MILLER, 2016, p. 855.
[817] ROOF, 1993, p. 33, 41.

Por outro lado, 29% dos americanos Nones declaram-se ateus ou agnósticos, enquanto a proporção é de cerca de 5% no Brasil.[818] Tal como os epicuristas, este é um grupo secularizado, enquadrado por uma sociedade que funciona sem dependência de conceitos sobrenaturais e pressupostos morais. Para eles, as ações devem ser baseadas em pressupostos técnicos e instrumentais, e não em misticismos.[819] Pierucci destaca que o processo de desencanto das leis nas sociedades democráticas leva as pessoas a uma postura autônoma nas decisões cotidianas, excluindo a religião como arcabouço que direciona suas vidas.[820] Esta porção menor dos Nones nas duas culturas reflete a postura mais racional e secular dos epicureus. Portanto, os princípios de comunicação contextualizada que Paulo usou em seu discurso aos filósofos atenienses poderiam tornar o trabalho missionário com os Nones brasileiros e americanos mais eficaz.

Resumo do Princípio 4

No seu discurso aos filósofos atenienses, o apóstolo Paulo apresentou o evangelho num contexto transcultural, seguindo princípios que facilitam a comunicação. A contextualização da mensagem visa preservar o conteúdo bíblico e torná-lo compreensível e relevante para os ouvintes. Os temas devem ser adequados ao público e atender às suas necessidades. Além disso, exemplos familiares, um tom conciliatório, uma exposição sequencialmente lógica e citações de literatura poética familiar foram alguns dos elementos que Paulo usou para chegar aos filósofos. Tais elementos podem facilitar a comunicação com os Nones hoje.

Também pode ser dito que, em maior ou menor grau, os quatro princípios para a missão transcultural estudados neste capítulo estão todos presentes no discurso de Paulo aos atenienses. A atitude *ḥesed* é notada na forma educada com que Paulo abordou temas específicos, utilizando um tom conciliatório. Embora implícita, há também uma referência à manifestação do poder salvador de Deus, na medida em que o altar ao Deus desconhecido prestava homenagem a Deus, por Ele ter salvado a cidade da peste.

---

[818] PEW RESEARCH CENTER, 2018a; INSTITUTO BRASILEIRO DE GEOGRAFIA E ESTATÍSTICA, 2012.
[819] Ver WILSON, 1976a, p. 266-267.
[820] PIERUCCI, 1998, p. 43-73.

A instrução bíblica foi central no discurso do apóstolo: ele abordou a singularidade de Deus, a criação, a redenção, o julgamento, a nulidade da idolatria e a ressurreição, entre outros temas bíblicos relevantes naquele contexto. Por fim, Paulo contextualizou seu discurso para tornar o conteúdo relevante para os atenienses, mas quando ele quebrou a lógica do desenvolvimento do seu raciocínio, acabou perdendo a atenção dos ouvintes.

Os quatro princípios para a missão transcultural apresentados (atitude *ḥesed*, manifestação do poder salvador de Deus, instrução bíblica, e contextualização) são indispensáveis e complementares, e podem contribuir para uma missão útil e relevante entre os Nones.

Resumo

Através da análise de narrativas bíblicas envolvendo a conversão de estrangeiros, o capítulo atual demonstrou quatro princípios que são recomendados para a missão transcultural e aplicáveis ao trabalho com os Nones. Primeiro, como representante de Deus, o missionário deve revelar o Seu caráter, manifestando uma atitude *ḥesed* para com os outros, independentemente da religião e cultura professadas. O objetivo é fazer com que as pessoas conheçam Deus como a fonte de *ḥesed* manifestada pela experiência de fé genuína. Tal como a relação entre Noemi e Rute, relações profundas, desinteressadas e ao mesmo tempo intencionais, no contexto da fé e das ações *ḥesed*, podem ser úteis para alcançar aqueles que se declaram Nones.

Em segundo lugar, o poder de Deus, manifestado na forma, no lugar e no momento que Ele achar adequados, pode ser um fator decisivo na conversão de pessoas à fé cristã. Como se vê na história de Naamã, um milagre não deveria ser um fim em si mesmo, nem um ato isolado. Pelo contrário, deve ser o ápice da ação de Deus na vida da pessoa, com respostas positivas de acordo com a luz recebida. Nesse sentido, a manifestação do poder de Deus, como culminação de um processo, pode ser um instrumento eficaz para ajudar os Nones a conhecerem e a posicionarem-se ao lado do Deus bíblico.

Terceiro, a instrução bíblica desempenha um papel fundamental no processo de conversão, especialmente em missões transculturais. Como se vê na narrativa da conversão de Cornélio, não há conversão estável e consciente no vazio. Neste caso, a ação *ḥesed* e a manifestação do poder salvador de Deus não eliminam a necessidade do ensino bíblico, mas tornam a pessoa interessada aberta para recebê-lo. Também está claro que o processo de busca não é suficiente. Cornélio só se tornou um cristão pleno quando, baseado na instrução bíblica que recebeu, assumiu um compromisso pessoal com o Deus bíblico e com a salvação por meio de Cristo. Deus usa instrumentos humanos para este propósito porque o testemunho dos discípulos que já experimentaram o poder salvador de Deus tem uma forte influência nos ouvintes.

A narrativa também demonstra que Cristo deve estar no centro da instrução bíblica, e os temas devem ser adaptados às necessidades dos ouvintes. Assim como o ensinamento de Pedro foi essencial para a conversão dos tementes a Deus, a instrução bíblica é essencial para a conversão dos Nones, especialmente aqueles classificados como buscadores. Ele estão abertos à experiência espiritual, e se as crenças e práticas bíblicas forem apresentadas de acordo com suas necessidades e centradas em Cristo, trarão significado e benefícios a esses indivíduos. A espiritualidade que exercem se tornará completa e estabelecida sobre o fundamento da instrução bíblica.

Finalmente, a exposição do evangelho num contexto transcultural precisa ser contextualizada e guiada por princípios que facilitem a comunicação, como o discurso de Paulo no Areópago em Atenas. A fim de preservar o conteúdo bíblico e ao mesmo tempo tornar a instrução compreensível e relevante para os ouvintes, Paulo escolheu temas adequados ao público, exemplos familiares, um tom conciliatório, uma exposição lógica e contínua de temas, e citações da literatura poética da cultura deles. Tais elementos podem tornar a comunicação com os Nones mais significativa hoje. Estes quatro princípios são indispensáveis e complementares e podem contribuir para uma missão transcultural convincente, constituindo uma estrutura bíblica para a missão aos Nones.

CAPÍTULO V

IMPLICAÇÕES CULTURAIS E MISSIOLÓGICAS

Como visto nos capítulos anteriores, os Nones no Brasil e nos Estados Unidos refletem as influências modernas e pós-modernas do secularismo contemporâneo, sendo um produto do desenvolvimento do pensamento humano. No período pré-moderno, também chamado de "mito"[821] ou "tribo",[822] a religião estava no centro da vida das pessoas e acreditava-se que os poderes sobrenaturais eram a fonte de todo o conhecimento, compreensão e existência. Tradição, autoridade e valores foram enraizados e moldados pela religião. Durante esse período, acreditava-se que a verdade só poderia ser encontrada no sacerdócio ou na igreja.[823]

A Reforma Protestante inaugurou o Cristianismo moderno, iniciando o "período ontológico",[824] também conhecido como o período da "cidade".[825] Nessa "sociedade pensante" ou fase "pré-industrial", a religião foi sistematizada, organizada e institucionalizada, mantendo-se ainda como fonte de controle, força e identidade humana.[826] No período, a verdade não era mais vista como residindo nos sacerdotes ou na igreja, mas na Bíblia. A busca pela verdade tornou-se um ato da razão e lógica através do estudo cuidadoso das Escrituras. O conceito de *Sola Scriptura*, característico da época, estabeleceu a Bíblia como a única regra de fé e prática e a fonte última, e salvaguarda da verdade.[827]

No final do século XVIII, com a chegada do Iluminismo, iniciou-se uma transição do cristianismo moderno para o secularismo moderno, que se tornou a visão de mundo dominante no Ocidente nas primeiras

---

[821] Ver VAN PEURSEN, Cornelis A. Man, and Reality — the History of Human Thought. *Student World*, n. 1, p. 13-21, 1963.
[822] COX, 2013, p. 1-12.
[823] PAULIEN, Jon. The Post-Modern Acts of God. *Scribd*, November 18, 2004. Disponível em: https://www.scribd.com/document/7240142/The-Post-Modern-Acts-of-God.
[824] PEURSEN, 1963, p. 13-21.
[825] COX, 2013, p. 1-12.
[826] OOSTERWAL, Gottfried. The Process of Secularization. *In*: RASI, Humberto M. R.; GUY, Fritz. (ed.). *Meeting the Secular Mind*: Some Adventist Perspectives. Berrien Springs, MI: Andrews University Press, 1985, p. 52-53.
[827] PAULIEN, 2004, p. 2.

décadas do século XX. O cristianismo conservador não era mais a força dominante, e a fé ou crença no sobrenatural não era mais um padrão. No período, a razão humana estabeleceu-se como o centro da existência; nessa nova concepção, a verdade não era mais encontrada na igreja ou na Bíblia, mas descoberta através do processo científico newtoniano de observação e experimentação cuidadosas. A ciência forneceria a verdade e a tecnologia forneceria o poder para transformar o mundo, dando aos seres humanos o controle sobre o seu ambiente e destino.[828] Cox chama este período de "Tecnópolis",[829] enquanto Peursen o denomina de "período da função", levando em conta a tendência de classificar todas as coisas de acordo com sua função, incluindo a religião.[830] No entanto, as duas guerras mundiais, os genocídios, as armas de destruição em massa, o terrorismo e outros males potenciados pela ciência e pela tecnologia trouxeram grande desilusão e a humanidade começou a procurar a verdade noutras direções.

Na segunda metade do século XX, a visão de mundo pós-modernista foi estabelecida – a de que a verdade não se encontra na igreja, na Bíblia ou na ciência, mas nos relacionamentos e na narrativa. A tendência pós-moderna é confiar em emoções e experiências subjetivas. A ideia de uma verdade (com V maiúsculo) foi eliminada e a possibilidade de uma variedade de verdades foi considerada a nível individual. Nesta perspectiva, ninguém tem uma compreensão completa da verdade. Cada pessoa constrói a sua própria verdade – a verdade evidente, para o benefício da comunidade como um todo, porque "na multidão de conselhos há sabedoria".[831] De acordo com Paulien, na maioria dos países do Ocidente, as pessoas com menos de trinta e cinco anos tendem a ser pós-modernas, enquanto as pessoas com sessenta anos ou mais tendem a ser modernas, optando pelo cristianismo moderno ou pelo secularismo moderno. Aqueles entre essas duas idades tendem a ficar confusos.[832]

Os Nones contemporâneos, nas suas diferentes representações, são um produto deste processo de mudança do pensamento humano. O grupo reflete muitas características do secularismo moderno e pós-moderno, tornando a missão cristã entre eles um desafio. Neste capítulo serão discutidos oito temas, alguns dos quais considerados críticos e outros como

---

[828] PAULIEN, 2004, p. 2-3.
[829] COX, 2013, p. 1-12.
[830] PEURSEN, 1963, p. 13-21.
[831] PAULIEN, 2004, p. 3.
[832] PAULIEN, 2004, p. 3.

oportunidades no relacionamento missional com os Nones. As principais características desses tópicos serão resumidas com base na discussão dos capítulos anteriores, seguidas de sugestões de princípios missiológicos e sociológicos para a missão que, se aplicados, poderão preencher lacunas em cada área.

A identidade de Deus

A maioria dos Nones professa acreditar em Deus, mas apenas uma minoria acredita no Deus bíblico. Nos EUA, 53% dos Nones acreditam em Deus como energia ou força espiritual, enquanto apenas 17% acreditam em Deus conforme descrito na Bíblia.[833]

Como princípio, propõe-se uma abordagem que enfatiza o caráter pessoal, poderoso e amoroso do Deus bíblico, conforme os três exemplos a seguir.

Manifestação do poder salvador de Deus

Como visto na história de Naamã descrita no capítulo anterior, a manifestação do poder de Deus, como culminação de um processo no qual Deus já está trabalhando na vida de quem busca, com respostas positivas, pode ser um passo definitivo para uma decisão pelo Deus Criador. Assim, as manifestações do poder salvador de Deus são propostas como um instrumento positivo. Embora um milagre divino por si só não garanta a conversão de alguém ao Deus verdadeiro, como culminação de um processo mais longo, ele pode servir como um divisor de águas, resolver dúvidas e proporcionar certeza sobre a verdade e a singularidade do Deus bíblico. O poder de Deus pode se manifestar de diversas formas, como cura, resposta à oração, libertação do poder do inimigo, proteção e libertação de vícios, entre outras.[834] Contudo, é preciso manter a centralidade do Evangelho e da cruz de Cristo, nunca vendo o milagre como um fim em si mesmo.[835] Como nos casos de Naamã (2Rs 5:1-19), da viúva de Sarepta (1Rs 17:8-24) e de Raabe (Josué 2:1-21), experimentar o poder salvador de Deus pode ser um fator decisivo para os Nones reconhecerem Seu caráter pessoal, amoroso e poderoso.

---

[833] PEW RESEARCH CENTER, 2018a.
[834] LOWE, 2001, p. 134-141.
[835] HIEBERT, 2000, p. 116.

Manifestação da "Energia de Deus"

Uma abordagem que explore o foco do NT na manifestação da energia de Deus, conforme descrita pelo apóstolo Paulo, pode ser eficaz na apresentação do Deus bíblico aos Nones. Como já descrito, a maioria deles vê Deus como uma energia, e a abordagem bíblica do tema pode ser de interesse para este grupo.

Em seus livros *A energia de Deus* e *Deus é indestrutível*, Schwarz ressalta que as traduções ocidentais do NT não se referem à energia de Deus ao traduzir a expressão grega *"enérgeia"* (ἐνέργεια, ας, ἡ) e seus cognatos.[836] O termo e seus derivados aparecem trinta e quatro vezes no NT: dez vezes como um nome (seja *enérgeia* ou *energema*), vinte e uma vezes como verbo (*energeo*) e três vezes como adjetivo (*energes*).[837] As versões em inglês traduzem as expressões como "operação", "poder" ou "trabalho" para o substantivo; "eficaz", "poderoso" ou "forte" para o adjetivo; e "trabalhar", "executar" ou mesmo "fazer" para o verbo. Para Schwarz, os diferentes significados que aparecem em cada texto na tradução inglesa obscurecem o fato de que todos provêm de um grupo homogêneo de palavras, com profundas implicações teológicas.[838] O termo *"enérgeia"* e seus derivados

---

[836] Schwarz ressalta que as versões ocidentais do NT não traduzem literalmente o termo *enérgeia* e seus derivados, preferindo outros termos que nem sempre alcançam o significado original das expressões. Ele discute o uso quase inexistente do termo *energia* até duzentos anos atrás, a alienação entre o Oriente grego e o Ocidente latino em termos de língua, cultura, espiritualidade e teologia, e o desejo de evitar a associação com o esoterismo. Ele argumenta que a expressão *energia* foi cunhada por Aristóteles no século IV a.C., como um termo técnico, para contrariar o sentido de *dúnamis*, que tem um duplo significado: poder e possibilidade. Neste caso, ao contrário dos *dúnamis*, a energia não se refere à capacidade, mas ao exercício ativo da capacidade, incluindo os resultados. Ou seja, a energia transforma o potencial em realidade e aponta o processo e os resultados. Schwarz observa que, ao contrário de Aristóteles, que cunhou o termo *energia* para contrariar e expandir o sentido de poder, muitos grupos no cristianismo ocidental escolheram a palavra *poder* para dar significado ao termo *energia*, empobrecendo a natureza do termo. Ele ainda diz que foram necessários cerca de duzentos anos no período do NT para que o termo *enérgeia* se difundisse no uso cotidiano, como a expressão *energia* no contexto ocidental hoje. Muito do significado original da expressão foi preservado, especialmente por Paulo, mas o apóstolo destaca a expressão exclusivamente para agentes sobrenaturais: Deus e Satanás, e nunca para seres humanos. Isto é, Deus energiza os seus discípulos e Satanás energiza os seus seguidores, mas teologicamente falando, nenhum ser humano energiza outra pessoa. Por fim, Schwarz menciona que, pelo fato de essas expressões não aparecerem nas versões bíblicas ocidentais, as principais obras da teologia sistemática e prática também excluem o conceito de *energia* de Deus da teologia cristã. Segundo ele, apenas a versão grega utilizada na Igreja Evangélica Grega manteve fielmente o significado literal dos termos. Ver SCHWARZ, Christian A. *God's Energy*: Reclaiming a New Testament Reality, Energy Trilogy 1. Emmelsbüll, Alemanha: NCD Media, 2020b, p. 29-65, Apple Books.

[837] Ver Matt 14:2; Mark 4:14; Rom 7:5; 1 Cor 12:6, 10, 11; 16:9; 2 Cor 1:6; 4:12; Gal 2:8; 3:5; 5:6; Eph 1:11, 19, 20; 2:2; 3:7, 20; 4:16; Phil 2:13; 3:21; Col 1:21; 2:12; 2 Thess 2:7, 9, 11; Phlm 1:6; Heb 4:12; Jas 5:16.

[838] SCHWARZ, Christian A. *God Is Indestructible*: 12 Responses to the Relevance Crisis of Christianity. Emmelsbüll, Germany: NCD Media, 2020a, p. 941, Apple Books.

no NT apontam para a ação divina na execução do plano da salvação, que envolve todos os aspectos da vida cristã, incluindo crescimento pessoal, missão, dons espirituais, oração, unidade na diversidade, liderança, desenvolvimento da igreja, sofrimento, as Escrituras, Satanás, predestinação, pecado, graça e fé, entre outros.[839] Schwarz observa que a supressão da energia de Deus nas traduções impede o leitor de perceber o esforço divino para mover a realidade do tempo e do espaço para comunicar o seu poder aos humanos no cumprimento do plano da salvação.[840] Para ele, o tema da energia de Deus ocupa lugar de destaque no NT, abordando questões teológicas críticas relacionadas à redenção, ao cumprimento da missão e à prática da vida cristã. Através da energia divina, os humanos participam da natureza divina, sem se tornarem parte da essência de Deus.[841]

Schwarz descreve vários benefícios do paradigma da energia de Deus. Primeiro, o Deus transcendente também se torna imanente, fazendo diferença em todas as esferas da vida humana, não apenas na esfera religiosa. A presença da energia de Deus dá ao ser humano uma motivação intrínseca para a vida e especialmente para o cumprimento da missão cristã: torna-se um instrumento para o cumprimento dos propósitos de Deus. Nesse sentido, a energia divina é dada para ser compartilhada com outras pessoas. Outro benefício é a sinergia ou cooperação entre Deus e o agente humano. O humano permanecerá, mas o divino o santifica para que os atos humanos se tornem a simples realização da vontade de Deus. Schwarz destaca ainda que a energização proporcionada pela ação divina resulta em maturidade espiritual, pois, embora não elimine a adversidade, ela garante à pessoa a força sobrenatural para lidar com ela.[842]

Embora a expressão "Deus é energia" não apareça na Bíblia, há muitas evidências de que o Deus criador está presente em sua energia, intervindo em favor da salvação humana. A energia de Deus, descrita no NT, aponta para o próprio Deus e é aplicada à trindade como um todo. Exceções aparecem em 2 Tessalonicenses 2:9 e Efésios 2:2, onde o termo se aplica a Satanás.[843] A energia de Deus não é uma ferramenta ou força que Deus criou para dar aos seres humanos, mas uma forma de descre-

---

[839] SCHWARZ, 2020b, p. 284-285.
[840] SCHWARZ, 2020a, p. 967.
[841] SCHWARZ, 2020a, p. 907.
[842] SCHWARZ, 2020a, p. 1086-1146.
[843] Ver KITELL, Gerhard (ed.). *Theologisches Wörterbuch zum Neuen Testament*. Stuttgart, Germany: W. Kohlhammer, 1935, v. 2, p. 649.

ver a presença de Deus e testemunhar Sua pessoa. O tema aponta para a dimensão transpessoal de Deus. Ele é uma pessoa, não menos que uma pessoa e, ao mesmo tempo, mais que uma pessoa.[844] Schwarz aponta que os dois extremos são visões antibíblicas de Deus: perceber Deus apenas como pessoal é tão incompleto quanto percebê-lo apenas como impessoal, ou apenas como energia.[845] Para ele, a visão bíblica da dimensão transpessoal de Deus pode ser usada como uma ponte para o diálogo com as religiões não cristãs no que diz respeito às experiências espirituais.[846] Através desse diálogo, escreve ele, eles podem descobrir que existe um Deus amoroso e ativo por trás da energia experimentada, que pode ser encontrado por meio da oração.[847]

Seguindo esse raciocínio, pode-se dizer que focar na energia de Deus, conforme apresentada no NT, é uma forma de descrever Deus em uma linguagem que faça sentido para os Nones. Uma abordagem puramente racional e cognitiva que negligencia a categoria da energia de Deus pode ser percebida como fria e distante por esse grupo.[848] O foco bíblico num Deus pessoal que se torna conhecido e se manifesta na sua energia também ajudará a esclarecer a identidade de Deus para os Nones. Segundo a Bíblia, Deus é uma pessoa e não apenas uma energia ou uma força. Sua energia é uma manifestação de sua pessoa agindo pela salvação humana.[849] Ambas as dimensões de Deus, a pessoal e a transpessoal, estão presentes nas Escrituras e se harmonizam.

Jesus como a revelação perfeita de Deus

Uma das declarações bíblicas mais convincentes de Jesus é encontrada em João 10:30: "O Pai e eu somos um". Em outra ocasião, ele contestou o pedido de Filipe para mostrar o Pai a ele e aos seus companheiros discípulos, dizendo: "Quem me vê a mim, vê o Pai" (João 14:9). Através desses textos, Jesus não só defendia a sua origem divina, mostrando que era o Messias anunciado pela profecia bíblica, mas também afirmava ser a revelação perfeita de Deus. Como diz Keener, o neutro "um" sugere uma

---

[844] SCHWARZ, 2020b, p. 301.
[845] SCHWARZ, 2020a, p. 1164-1165.
[846] SCHWARZ, 2020b, p. 303.
[847] SCHWARZ, 2020a, p. 1274.
[848] Ver SCHWARZ, 2020b, p. 30.
[849] Ver SCHWARZ, 2020b, p. 331-333.

unidade de propósito e não uma identidade pessoal. Em outras palavras, Jesus não quis dizer que era Deus Pai, mas que veio ao mundo como o Messias divino para cumprir o plano salvífico, revelando o caráter de Deus Pai e realizando a sua vontade.[850] Seguindo o mesmo raciocínio, Brodie argumenta que a tentativa dos judeus de apedrejar Jesus por blasfêmia depois de ouvirem sua declaração de unidade com o Pai foi um sinal de que eles entendiam Jesus como se declarando divino, ou se tornando igual a Deus (vv. 31, 33).[851] Eles já haviam acusado Jesus de blasfêmia num contexto semelhante, dizendo que, ao se declarar Filho de Deus, Jesus estava se tornando igual a Deus (5:18).

O contexto dos discursos de Jesus a respeito da sua unidade com o Pai mostra que a sua intenção era mais do que se apresentar como o Messias esperado. Ele também queria mostrar que cumpriu a missão e o propósito de Deus ao executar o plano de salvação. Sua unidade com seu Pai foi manifestada em seu caráter divino e também em seu caráter salvador. Nesse sentido, cada palavra proferida por Cristo, cada milagre que realizou e até o seu estilo de vida revelaram o caráter pessoal, amoroso e poderoso de Deus ao serviço da salvação humana.[852]

A ênfase bíblica em Jesus como a revelação perfeita de Deus fica ainda mais evidente em Hebreus 1:3. No texto, o autor inspirado chama Jesus de "o reflexo da glória de Deus". Como pecadores, os seres humanos não podem ver Deus pessoalmente e contemplar a Sua glória, mas, velada na humanidade de Cristo, a glória de Deus é revelada à humanidade. Em outras palavras, o ser humano pode ver a glória de Deus e compreender Seu caráter através de Cristo.[853] O autor também diz que Jesus é "a imagem expressa de Sua pessoa". "Imagem expressa" é a tradução da palavra grega "$\chi\alpha\rho\alpha\kappa\tau\grave{\eta}\rho$" (caráter), termo por vezes utilizado para designar a impressão produzida por um selo na cera ou a representação estampada numa moeda.[854] Portanto, o autor bíblico está dizendo que Jesus se parece perfeitamente com Deus, e se quisermos ver Deus, devemos ver Jesus, pois o pai é visto no filho.[855]

---

[850] KEENER, Craig S. *The Gospel of John*: A Commentary. Grand Rapids, MI: Baker Academic, 2003, v. 1, p. 826.
[851] BRODIE, Thomas L. *The Gospel According to John*: A Literary and Theological Commentary. New York: Oxford University Press, 1993, p. 377.
[852] Ver RIDDERBOS, Herman N. *The Gospel of John*: A Theological Commentary. Grand Rapids, MI: Eerdmans, 1997, p. 371-372.
[853] SEVENTH-DAY ADVENTIST COLLEGE PRESIDENTS. *Education*: Sabbat School Bible Study Guide. Silver Springs, MD: Pacific Press, 2020, p. 39.
[854] Ver SEVENTH-DAY ADVENTIST COLLEGE PRESIDENTS, 2020, p. 39.
[855] Ver SEVENTH-DAY ADVENTIST COLLEGE PRESIDENTS, 2020, p. 39, 40.

Ao simpatizar com as multidões e curá-las (Mateus 14:14), ao evangelizar os pobres, ao libertar os cativos e os oprimidos (Lucas 4:18-19) e, finalmente, ao dar a sua vida para salvar os pecadores, Jesus revelou o caráter de Deus. Portanto, o ministério de Jesus pode ser um instrumento positivo para apresentar os Nones ao Deus bíblico. Os atributos de Jesus – humildade, autoridade, sacrifício em favor da humanidade, poder, justiça – também podem ajudar os Nones a conhecer o caráter pessoal de Deus.

A Bíblia como a fonte da verdade

Sob a influência da pós-modernidade, os Nones tendem a relativizar o conteúdo da fé, a rejeitar o conceito de verdade absoluta, e a reduzir a verdade a um conceito pessoal. Rejeitando histórias abrangentes (metanarrativas), eles veem a narração de histórias em nível local como uma fonte de verdade.[856] Portanto, propõe-se que os temas bíblicos sejam apresentados aos Nones através da narração de histórias e não na forma lógico-cognitiva, conforme acontece com os estudos bíblicos em geral. Esta abordagem está de acordo com a forma como a Bíblia foi escrita: como uma coleção de histórias. A narração de histórias pode despertar o interesse dos Nones pelos temas apresentados, e também facilitará a compreensão ao seguir seu padrão de pensamento.[857] Neste caso, os princípios doutrinários devem ser inseridos e enfatizados na medida em que a exposição histórica ocorre.

Propõe-se também que a instrução bíblica aos Nones siga o princípio da adequação: ou seja, deve atender às necessidades deles através de temas pertinentes e contextualizados, como demonstra a retórica de Pedro em seu discurso aos tementes a Deus (Atos 10). Paulien enfatiza que é essencial permitir que os ouvintes expressem as necessidades que sentem que têm, em vez de definir uma agenda baseada naquilo que o orador pensa que eles precisam. Só então será possível encontrá-los com o Evangelho.[858]

Uma parcela dos Nones considera-se buscadora espiritual, manifestando uma sensação de quebrantamento e necessidade de cura interior.[859] São pessoas à procura de sentido para a vida, semelhantes aos tementes a

---

[856] Ver GONÇALVES, Kleber de Oliveira. Witnessing to Christ in a Secular, Post-Christian, Postmodern Context. In: BAUER, Bruce L.; GONÇALVES, Kleber de Oliveira (ed.). *Revisiting Postmodernism*: An Old Debate on a New Era. Benton Harbor, MI: Patterson, 2012, p. 135-138.
[857] Ver PAULIEN, 2004, p. 5.
[858] PAULIEN, 2004, p. 6.
[859] Ver PAULIEN, 2004, p. 4.

Deus no NT.⁸⁶⁰ Contudo, como se vê na narrativa da conversão de Cornélio, esta atitude por si só não é suficiente para uma conversão estável.⁸⁶¹ Assim como na narrativa de Lucas, o contato com o conteúdo bíblico é essencial para produzir uma conversão sólida, que não pode ocorrer no vazio, ou apenas pela busca espiritual.

Propõe-se que a exposição dos temas bíblicos obedeça ao princípio da aplicação relacional, para que os Nones entendam esses temas como benéficos para eles no seu cotidiano individual. Além disso, propõe-se que o princípio da centralidade de Cristo seja seguido. Cristo é o grande médico da alma, capaz de satisfazer as necessidades mais profundas do ser humano.⁸⁶² Como expresso por Stackhouse, a apresentação de Cristo como o salvador humano, do jugo da condenação, é atraente para este grupo, devido ao seu desgosto pelos líderes opressores. Neste caso, Cristo é visto como Aquele que liberta, e não como aquele que subjuga, tornando a mensagem positiva para a mentalidade dos Nones.⁸⁶³

A tendência pós-moderna dos Nones de ser inclusivos e tolerantes aos opostos assemelha-se à lógica hebraica. Ao contrário da lógica grega, que via o oposto da verdade como falsidade, a lógica hebraica via o contraste de ideias não em termos de verdadeiro e falso, mas em termos de uma tensão entre dois polos opostos.⁸⁶⁴ Assim, propõe-se utilizar a lógica hebraica de tensão entre polos no estudo com os Nones. Nessa perspectiva, temas que exemplificam essa tensão, como Cristo ser 100% divino e 100% humano, a relação entre fé e obras, os aspectos presentes e futuros da salvação, e a derrota e vitória da cruz, entre outros, podem ser uma atração para eles.⁸⁶⁵

Muitos dos Nones incorporam o chamado "secular contemporâneo", defendido por Asad, mantendo os hábitos modernos e pós-modernos de liberdade, independência, relativismo, sincretismo e inclusivismo, sem renunciar à espiritualidade subjetiva.⁸⁶⁶ Eles analisam temas religiosos de um ponto de vista funcional, e não de um ponto de vista lógico-racio-

---

[860] ROOF, 1993, p. 8.
[861] Ver BOCK, 2007, 1193.
[862] Ver HODGKIN, 1989; CHAPELL, 2018, p. 247-285; KAISER, 1995, p. 232-233.
[863] STACKHOUSE JR., John G. Postmodern Evangelism: Sharing the Gospel as a Nonviolent Metanarrative. In: BAUER, Bruce L.; GONÇALVES, Kleber de Oliveira (ed.). *Revisiting Postmodernism*: An Old Debate on a New Era. Benton Harbor, MI: Patterson, 2013, p. 37.
[864] PAULIEN, 2004, p. 5.
[865] PAULIEN, 2004, p. 5.
[866] ASAD, 2003, p. 1, 15.

nal. Nesse sentido, o que determina a aceitação ou a rejeição dos temas são os benefícios ou a falta deles, percebidos através do estudo.[867] Assim, propõe-se que os temas bíblicos não sejam apresentados como fatos cognitivos e primariamente como verdades racionais.

Em vez disso, os temas sejam apresentados de acordo com o princípio funcional, de tal maneira que os Nones possam ver significado neles. Oosterwal salienta que esta abordagem é bíblica, porque a palavra hebraica para "verdade" (אֱמֶת' ĕ·me<u>t</u>) refere-se ao que é seguro e confiável, em vez de algo racionalmente elaborado e colocado num sistema. Ele salienta que a verdade é um processo que envolve todas as áreas do desenvolvimento humano, ao invés de ser apenas uma proposição no nível cognitivo.[868]

Nessa perspectiva, Rodriguez observa que uma das principais características da religião bíblica é o seu impacto em todos os aspectos da vida humana. Para ele, os preceitos bíblicos são um modo de vida e não apenas uma forma de pensar ou um conjunto de conceitos e crenças.[869] Num estudo sobre Deus, por exemplo, ao invés de tentar expor os atributos que provam a existência da divindade, ou de mostrar quem Deus é através da abstração racional, é melhor concentrar-se na experiência e nos benefícios do relacionamento com Ele – em outras palavras, tornar Deus conhecido pelos seus atos e pelo seu poder salvador, que pode ser experimentado com grandes benefícios.[870] A ideia é fazer do Evangelho uma experiência de vida para que os Nones contemporâneos possam sentir e viver os benefícios da fé.

No caso de um estudo sobre o sábado, em vez de provar cognitivamente que este é o dia bíblico de adoração, a melhor maneira de alcançar os Nones é mostrar os benefícios da observância do sábado. Apontar o sábado como uma bênção planejada por Deus para administrar o estresse, a distância familiar, a correria da vida contemporânea, e até mesmo para a necessidade de maior intimidade com Jesus. Tal enfoque pode tornar o sábado desejável e atrativo para o grupo.

Considerando que os Nones contemporâneos rejeitam a fragmentação do conhecimento e da experiência proposta pelo modernismo, que divide cada aspecto da vida humana em especializações,[871] o princípio integrativo

---

[867] PATRIOTA, 2008, p. 82.
[868] OOSTERWAL, 1985, p.
[869] RODRIGUEZ, Ángel Manuel. Oneness on the Church in Message and Mission: Its Ground. *In*: RODRIGUEZ, Ángel Manuel (ed.). *Message, Mission, and Unity of the Church*. Silver Springs, MD: Biblical Research Institute, 2013, p. 252.
[870] OOSTERWAL, 1985, p. 51.
[871] POE, Harry L. *Christian Witness in a Postmodern World*. Nashville, TN: Abingdon, 2001, p. 28.

é proposto como uma abordagem primária para trabalhar com o grupo. A abordagem integrativa inclui uma visão holística da vida, integrando corpo, mente e espírito. Nesse sentido, temas bíblicos que apontam para a visão holística da vida podem ser atraentes e úteis para o estudo com os Nones.

É significativo lembrar que a forma como temas fundamentais do Antigo Testamento, como o sábado, o Jubileu, o *Shalom* e a esperança messiânica, são desenvolvidos no Novo Testamento, mostra a direção de Deus no estabelecimento do holismo como um meio de atender às necessidades humanas. Gonçalves também sugere que a presença real dos membros na comunidade, através de um ministério encarnacional, e os relacionamentos que produzem confiança são uma abordagem integrativa por excelência.[872]

Finalmente, Berger esclarece que os Nones, afetados pelo pluralismo religioso, com experiências variadas, relativamente ao conteúdo da fé, tendem a rejeitar o dogmatismo religioso. Por outro lado, diz ele, o grupo também pode vivenciar muita insegurança diante de um mundo confuso e cheio de possibilidades interpretativas. Aqueles com essa segunda perspectiva podem procurar apoio em comunidades livres de divergências cognitivas, oferecendo certeza através de doutrinas sólidas e códigos de comportamento.[873]

Portanto, o conteúdo bíblico é de natureza missionária e, se usado adequadamente, alcançará as pessoas, inclusive os Nones, no contexto em que vivem. Como salienta N. T. Wright, a Bíblia não foi escrita com o propósito principal de dar às pessoas um conjunto coerente de ideias, embora o faça. Em vez disso, as Escrituras foram produzidas para apoiar e dirigir a vida missionária da igreja. O autor observa que o texto do NT sustentou, conduziu e energizou a igreja primitiva, enquanto esta cumpria a missão de revelar o amor e o poder de Deus ao mundo a ser salvo.[874]

Religião institucionalizada

Os Nones, tanto no Brasil quanto nos Estados Unidos, demonstram uma atitude de repulsa em relação à religião institucionalizada,[875] mas alguns deles estão abertos à espiritualidade em nível individual e sub-

---

[872] GONÇALVES, 2012, p. 133.
[873] BERGER; LUCKMANN, 1995, p. 54.
[874] WRIGHT, N. T. Reading the New Testament Missionally. *In*: GOHEEN, Michael W. (ed.). *Reading the Bible Missionally*. Grand Rapids, MI: Eerdmans, 2016, p. 176.
[875] WEBER, 2001, p. 105-112; WILSON, 2016, p. 14; LUCKMANN, 1967, p. 26-30; WALLIS, 1984, p. 57-60.

jetivo, guiados por escolhas pessoais, sem interferências institucionais. Estes são os chamados sem igreja ou "espirituais, mas não religiosos".[876] Propõe-se que a abordagem missiológica para este grupo siga o "modelo de evangelismo do sal" em vez do "modelo de evangelismo da fortaleza", bem como o princípio dos pequenos grupos relacionais. No modelo fortaleza, as pessoas são convidadas a entrar na igreja para conhecer temas bíblicos e ser evangelizadas. Devido ao preconceito dos Nones, esta abordagem terá pouco sucesso em atraí-los. No modelo do sal, os membros da igreja, como discípulos, vão para o mundo onde as pessoas vivem e, tal como o sal, tornam o ambiente melhor com a sua presença. É um modelo encarnacional. Tal como o sal se mistura com os alimentos e lhes confere sabor, os membros da igreja podem influenciar positivamente o seu ambiente no trabalho, na escola e com os familiares e vizinhos.[877] Como salienta Schnabel, assim como o sal é um ingrediente indispensável para conferir sabor aos alimentos, o testemunho dos discípulos de Cristo é insubstituível como transmissor de significado para a vida daqueles que os rodeiam. Ele enfatiza que, da mesma forma que o sal, cujo propósito é dar sabor e preservar a alimentação, os discípulos não vivem para benefício próprio, mas para abençoar e salvar os outros.[878] A vida do discípulo está focada na interação produtiva através da ação *hesed*, eliminando barreiras, quebrando preconceitos e demonstrando o Evangelho através da experiência de vida na prática. Apesar da sua suspeita em relação às instituições tradicionais e à Bíblia, os Nones estão abertos à fé e prática pessoal, bem como a discussões espirituais com aqueles que conhecem a Deus.

Ponderando o impacto do testemunho pessoal na missão, Moltmann salienta que a igreja não tem uma missão, a missão é que possui a igreja para cumprir o propósito salvador de Deus, através de Seus discípulos. É a missão que cria a igreja, e não o contrário.[879] No livro *Revolution*, Barna descreve "cristãos revolucionários" que hoje procuram viver um estilo de vida semelhante ao do cristianismo do primeiro século, marcado por um compromisso com a Bíblia e manifestado pela fidelidade, bondade, amor, generosidade e simplicidade, entre outras características. Barna descreve este grupo como interdenominacional, formado por pastores,

---

[876] Ver TAYLOR, 2007, p. 512-531, 538; TAYLOR, 2003, p. 25, 26, 36, 39, 46, 50, 65, 74, 82; TAYLOR, 2013.
[877] Ver PAULIEN, 2004, p. 6.
[878] SCHNABEL, Eckhard J. *Early Christian Mission*: Jesus and the Twelve. Downers Grove, IL: InterVarsity Press, 2004, p. 314.
[879] MOLTMANN, Jürgen. *The Church in the Power of the Spirit*. New York: Harper and Row, 1977, p. 10.

líderes de igreja e membros comuns, muitos dos quais frequentam regularmente a igreja e outros que a frequentam com menos regularidade. O seu denominador comum é o compromisso com a Bíblia, a fidelidade a Deus e o serviço aos outros. Para Barna, o modo de vida deste grupo é o único antídoto viável para o estilo de vida disfuncional dos americanos contemporâneos, marcado por padrões morais insustentáveis, relações disfuncionais, excessos materiais, abuso de poder e uso inadequado de talentos e conhecimentos.[880] Seguindo o raciocínio anterior, tais cristãos revolucionários podem exercer uma influência positiva sobre os Nones, expressando a atitude *ḥesed* como um estilo de vida, seguindo uma abordagem encarnacional e praticando o evangelismo guiado pela amizade.

Esse estudo também propõe os pequenos grupos relacionais como uma abordagem recomendada para o trabalho com os Nones. Tal como já descrito na seção anterior, esta abordagem pode ser útil porque os grupos reúnem-se nas casas das pessoas, em vez de nas igrejas, e envolvem a participação de amigos e familiares, o que também constitui uma barreira contra o preconceito. Um ambiente de oração e de satisfação das necessidades das pessoas pode ajudar a ganhar o interesse e a confiança dos participantes. Seguindo este princípio, os temas de estudo devem seguir um formato relacional, aplicado à vida prática das pessoas.[881]

Além disso, o ambiente de um pequeno grupo relacional é construído para que as pessoas se sintam aceitas e incluídas. Um lugar de acolhimento, onde as pessoas têm a oportunidade de abrir o coração sem ser julgadas, é um atrativo para os Nones. Como já visto, eles são tolerantes com as diferenças e inclusivos, e, como explica J. E. White, a missão para os Nones precisa ser inclusiva e fundamentada na cultura da aceitação. Contudo, o autor enfatiza que aceitação não significa afirmação de comportamentos, mas sim um abraço acolhedor, uma expressão de amor e carinho, criando um ambiente propício para levar as pessoas à cruz, e às mudanças decorrentes.[882]

Por fim, propõe-se o princípio da aproximação à identidade cristã. No seu estudo sobre como alcançar e reter os Nones entre os 18 e os 25 anos de idade – a faixa etária que representa a maior percentagem de Nones, Beth Seversen defende a aproximação do grupo com pessoas que

---

[880] BARNA, George. *Revolution*. Wheaton, IL: Tyndale House, 2005, p. 12.
[881] Ver OOSTERWAL, 1985, p. 60.
[882] WHITE, J., 2014, p.154.

representem positivamente a identidade cristã, como sendo um princípio missiológico sólido para trabalhar com eles.[883] A proposta é coerente, principalmente porque os jovens ainda estão definindo seus valores e escolhas nos âmbitos profissional, sentimental e espiritual. A vida deles é guiada por escolhas pessoais, e não mais por decisões dos pais. Por isso, viver com uma identidade cristã, através do relacionamento com pessoas que testemunham positivamente o evangelho, pode despertar neles o desejo de pertencer à comunidade cristã. Lindório chama essa experiência de "igreja martírica", ou evangelismo pela revelação do caráter de Cristo, por meio da experiência de vida.[884]

Outro fator relevante para os jovens adultos Nones é sua característica proativa de busca pela autorrealização. Robert Wuthnow associou este grupo ao termo "bricolagem".[885] Baseado nos estudos do antropólogo francês Claude Lévi-Strauss, o termo alude à realização de pequenos trabalhos e atividades sem o uso de serviços profissionais: isto é, fazer o trabalho por si mesmo, utilizando as ferramentas, materiais e instruções disponíveis – "uma construção improvisada de múltiplas fontes".[886] Os jovens tendem a construir sua religiosidade a partir de suas próprias experiências e dos produtos que lhes são acessíveis – algo como remendos espirituais, na linguagem de Seversen.[887] Para ele, é preciso permitir que eles "experimentem" e "reexperimentem" a identidade participando e contribuindo com os espaços. Este tipo de participação e contribuição leva-os a experimentar a identidade cristã antes de decidir se ela é desejável.[888]

Outro conceito que ajuda a compreender a necessidade de experimentação dos jovens adultos é o da "moratória social". Cunhada pelo inglês Karl Mannheim no final da década de 1950, a expressão definia que a juventude era um momento especial para experimentar, desenvolver a criatividade, e definir valores.[889] Seguindo este raciocínio, os Nones

---

[883] SEVERSEN, Beth. *Not Done Yet: Reaching and Keeping Unchurched Emerging Adults*. Downers Grove, IL: InterVarsity Press, 2020, p. 22-23.

[884] LINDÓRIO, Ronaldo. A teologia bíblica da contextualização. *In*: BURNS, Barbara Helen (ed.). *Contextualização missionária: desafios, questões e diretrizes*, São Paulo: Vida Nova, 2023, p. 8.

[885] WUTHNOW, 2007, p. 15.

[886] WUTHNOW, 2007, p. 14.

[887] Ver SEVERSEN, 2020, p. 22.

[888] SEVERSEN, 2020, p. 23.

[889] GROPPO, Luís Antonio. O funcionalismo e a tese da moratória social na análise das rebeldias juvenis. *Estudos de Sociologia*, v. 14, n. 26, 2009, p. 41, 46.

desta faixa etária deveriam ter a oportunidade de explorar e experimentar a identidade cristã através da pertença a comunidades – programas de oração, pequenos grupos, grupos de serviço social –, o que cria uma oportunidade positiva para decidir pela fé cristã.

Considerando a forma como os Nones rejeitam as instituições religiosas e a sua procura por uma fé individualizada, naturalmente surgem questões sobre o papel da igreja local, e se esta é necessária no processo de formação religiosa. Nessa perspectiva, Spencer previu que chegaria o dia em que o único culto de adoração que resistiria seria aquele em que cada pessoa praticasse livremente dentro de si.[890] Em sua análise sobre a influência da secularização na manifestação religiosa, Durkheim, ao contrário de Spencer, previu que a religião permaneceria não apenas através do elemento da fé, uma atitude individual, mas também através do elemento do culto, uma perspectiva mais coletiva.[891] No entanto, ele acrescentou que a religião responderia primeiro às aspirações individuais e apenas secundariamente às aspirações coletivas. Assim, para ele, a igreja permaneceria, mas com menor controle sobre os adeptos, devido à relativização do sistema de crenças.[892]

A posição de Barna sobre a relevância da igreja local no seu livro *Revolution* parece duvidosa. Por um lado, a instituição diz que a igreja cristã tem um legado de mais de dois mil anos e que não há nada de errado em estar envolvido com a igreja local.[893] Diz também que a revolução não tem nada a ver com a eliminação da congregação local. Por outro lado, Barna afirma que a maioria dos membros da igreja na América do Norte não leva o estilo de vida de um cristão revolucionário e, para conseguir isso, poderão ter que parar de frequentar a igreja.[894] No entanto, a análise mais aprofundada do livro mostra que Barna não considera a congregação local desnecessária ou mesmo um impedimento à construção do tipo de cristão revolucionário necessário para enfrentar os desafios da sociedade contemporânea.

A ênfase central de Barna é que ser membro de uma igreja e participar apenas nos cultos de adoração não faz de uma pessoa um cristão espiritualmente comprometido, fiel e revolucionário. É necessário mais!

---

[890] SPENCER, 1886, chap. 16, pt. VI.
[891] DURKHEIM, 1912, p. 429.
[892] DURKHEIM, 1912, p. 175.
[893] BARNA, 2005, p. 35, 36, 38.
[894] BARNA, 2005, p. 115, 117.

Os cristãos revolucionários são zelosos e têm um relacionamento íntimo com Deus, conhecem profundamente a Bíblia, representam o amor de Jesus na convivência com os outros, e lidam com as decisões e embates da vida, de acordo com a vontade de Deus. Barna desafia as igrejas locais a almejarem a experiência revolucionária dos seus membros, e desafia também cada crente com a ideia de que o chamado cristão não se resume à frequência aos cultos, mas, sobretudo, significa ser a igreja em um processo de vida diária.[895] Tudo a ver com o conceito de sal da terra e luz do mundo defendido por Cristo (Mt 5:13-14).

Embora Luckmann reconheça que uma pessoa desejosa de praticar a religiosidade privada possa receber o suporte de uma outra pessoa, da família ou de amigos,[896] ele defende que é apenas no seio da comunidade religiosa, a "Eclésia", que a conversão pode ser eficazmente mantida.[897] Para o autor, o remédio para o pluralismo moderno, e para a consequente crise de sentido, é resgatar a ideia de comunidade.[898]

Portanto, a maioria dos autores citados reconhece que a congregação local tem um papel primordial na formação espiritual e na manutenção da fé dos crentes, o que está em linha com o aviso do autor de Hebreus aos membros da igreja de que não deixassem de congregar. O autor inspirado sugere que o crescimento espiritual, a vitória sobre o pecado e a manutenção da fé estão relacionados à experiência individual com Deus e à adoração na comunidade de fé (Hb 10:19-39). Cerca de um terço dos americanos Nones também pensa que é essencial pertencer a uma comunidade de pessoas que partilham valores e crenças.[899]

Nessa perspectiva, ao trabalhar com os Nones, as congregações locais devem preparar os membros para uma abordagem pessoal através dos princípios do evangelismo da amizade, do modelo de evangelismo sal, da atitude ḥesed, e de pequenos grupos relacionais, seguindo a experiência do próprio Cristo. No entanto, esta abordagem não substitui o papel da congregação; no devido tempo, quando superarem o seu preconceito, os Nones se juntarão ao culto coletivo proporcionado pela igreja.

---

[895] BARNA, 2005, p. 14, 15, 32-34.
[896] LUCKMANN, 1967, p. 106.
[897] BERGER; LUCKMANN, 1966, p. 177-178.
[898] LUCKMANN, 1967, p. 106.
[899] Ver PEW RESEARCH CENTER, 2012c.

Necessidade de relacionamento e comunidade

Muitos dos Nones, afetados pela influência pós-moderna, acreditam que a verdade não é encontrada na igreja, na Bíblia, ou através da cognição lógica, ou da ciência, mas nos relacionamentos.[900] Além disso, os Nones tendem a valorizar muito a humildade, a honestidade e a autenticidade nas relações pessoais.[901] E como eles também valorizam a vida comunitária, o relacionamento proporcionado pelos grupos ganha destaque em seu meio.[902] Portanto, propõe-se o princípio do evangelismo da amizade para trabalhar com eles. Oosterwal observa que o evangelismo da amizade, através dos membros da igreja que usam os dons do Espírito em situações cotidianas, pode ser útil para os Nones, pois eles mantêm relacionamentos em alta conta.[903] O autor lembra que Deus fornece aos seus discípulos dons e habilidades para testemunhar nos lugares onde vivem, incluindo seus bairros, locais de trabalho e famílias, com base na amizade e no companheirismo.[904]

Sugere-se também o princípio da "Alteridade" – a ideia de que todo o ser humano é social, interage e é interdependente do outro, tal como sugerido na conferência mundial de Edimburgo de junho de 2010, com o objetivo de evangelizar as pessoas influenciadas pelo pós-modernismo,[905] que inclui uma parte dos Nones.

Para contrapor à alienação e à solidão decorrentes do modernismo, o pós-modernismo valoriza os relacionamentos e a vida comunitária. Assim, a missão com os Nones pode explorar a cosmovisão bíblica sobre o "outro". Como atesta Gonçalves, a Bíblia mostra que o ser humano se expressa em sua relação com Deus, com a natureza, consigo mesmo e com os outros.[906] Nesse sentido, o autor propõe que temas bíblicos com ênfase

---

[900] Eles dizem que a verdade é encontrada nos relacionamentos e nas narrativas. O segundo aspecto será abordado em seção seguinte. Veja PAULIEN, 2004, p. 3.
[901] PAULIEN, 2004, p. 4.
[902] PAULIEN, 2004, p. 4-5.
[903] OOSTERWAL, 1985, p. 60.
[904] OOSTERWAL, 1985, p. 60.
[905] A conferência mundial de Edimburgo, realizada em junho de 2010, comemorou o centenário do mesmo encontro realizado na cidade em 1910. Naquela ocasião, representantes do cristianismo de todo o mundo se reuniram para estudar e propor formas de testemunhar o cristianismo no século XXI. Veja mais informações em http://www.edinburgh2010.org.
[906] EDINBURGH 2010 MISSION CONFERENCE. Theme Three: Mission and Postmodernities. *Edinburgh 2010 II – Witnessing to Christ Today*. Disponível em: http://www.edinburgh2010.org/en/study-themes/main-study-themes/mission-and-postmodernitiesccc9.pdf.

na restauração do relacionamento com Deus e com o próximo podem ser pontes de acesso aos pós-modernos. Os ensinamentos de Jesus sobre quem é o próximo, como se relacionar com os inimigos, e a igreja como uma comunidade de fé, reunindo pessoas de todas as culturas e raças, são alguns temas indicados relacionados a esse assunto.[907]

No contexto do evangelismo através da amizade e do testemunho baseado em relacionamentos, a formação dos membros da igreja é essencial. A ênfase na necessidade de formação de leigos para o ministério aponta para o "modelo de seminário", em vez do "modelo de voluntariado" de mobilização. O modelo de voluntariado argumenta que as pessoas saberão em que ministério devem se alistar, intuitivamente ou através do Espírito Santo, e devem fazê-lo voluntariamente, sem a intervenção dos líderes da igreja. O modelo de seminário salienta que muitas pessoas precisam de mais ou melhor autopercepção antes de estarem prontas para se comprometerem com um ministério. A formação seguindo este modelo, com ferramentas de autoavaliação, pode ajudar as pessoas a melhorar a sua autopercepção, e a descobrir os seus dons espirituais, tornando-se conscientemente comprometidas com o ministério.[908] Cincala salienta que a igreja precisa mostrar um interesse genuíno na salvação das pessoas perdidas, algo que é importante para Deus. Deve ser dedicado esforço para ajudar os membros a tornarem-se discípulos de Cristo, ativamente envolvidos no ministério e na missão.[909]

O exemplo de Cristo ao recrutar e treinar os doze apóstolos e setenta discípulos, através da oração e do ensino teórico e prático (Lucas 6:12; 9:1-6; 10:1-20), demonstra que o modelo de seminário, aplicado de forma equilibrada, longe de obscurecer a ação intuitiva do Espírito Santo, serve para complementar a obra do agente divino, que chama e empodera os membros para o ministério.

Em seu livro *O plano diretor de evangelismo*, Coleman descreve o modelo que Jesus usou para recrutar e preparar seus discípulos, composto por oito etapas: seleção, associação, consagração, imputação, demonstração, delegação, supervisão e reprodução. Para Coleman, seguindo o exemplo de Cristo, a prioridade para os líderes da igreja deveria ser treinar

---

[907] Ver GONÇALVES, 2012, p. 127-130, 132-133.
[908] Ver HUNTER, George G. II. *Church for the Unchurched*. Nashville, TN: Abingdon Press, 1996, p. 127.
[909] CINCALA, Petr. *Towards Healing the Wounds of Czech Churching*: A Sociological Approach with Implications for the S.D.A. Church. Artigo não publicado, Seventh-day Adventist Theological Seminary, Andrews University, 1999, p. 47, 49.

pessoas para alcançar outras pessoas com o Evangelho. Ele sugere começar com alguns, conviver com eles, formar um grupo de ação e deixá-los expressar o que estão aprendendo. Além disso, devem ser supervisionados no exercício do seu ministério, para ajudá-los a carregar os seus fardos e enfrentar os problemas decorrentes da sua ação ministerial, bem como apoiá-los na sua experiência espiritual pessoal.[910]

A atitude ḥesed também é proposta como um princípio de missão entre os Nones. Na prática, a atitude ḥesed promove relacionamentos confiáveis, assumindo que Deus manifesta uma atitude ḥesed para com os seres humanos, e seus representantes devem fazer o mesmo. Nessa perspectiva, os missionários devem viver uma experiência de fé com Deus e conhecer o seu caráter para se tornarem instrumentos de Deus e revelarem o seu caráter aos Nones através da mesma atitude ḥesed. O objetivo é levar as pessoas ao conhecimento de Deus como a fonte de ḥesed, manifestada através de seus representantes. Relacionamentos profundos, respeitosos, desinteressados e intencionais fazem parte da ação ḥesed com os Nones.[911] Canale define este processo como "Ser-em-missão", através do qual o Cristo da Escritura é elevado diante das pessoas através da experiência de vida dos discípulos. Para ele, os missionários compartilham a experiência como "porta-vozes da esperança", revelando os princípios bíblicos que atestam o caráter de Deus ao conviver com aqueles que os rodeiam.[912]

Por fim, propõe-se que o trabalho com os Nones envolva o princípio comunal (*koinonia*), seguindo o padrão do NT. É bom lembrar que os Nones valorizam mais os benefícios práticos do que a lógica cognitiva da mensagem cristã. Além disso, há de se lembrar o exemplo de Cristo, que não escreveu um livro, mas se dedicou à formação de uma comunidade,[913] e do próprio cristianismo, que, longe de ser apenas uma fé intelectual e interna, é uma experiência vivida em comunidade.[914] Nesse sentido, a formação de pequenos grupos familiares, com ênfase no apoio mútuo, e no estudo relacional da Bíblia, pode ser um atrativo para os Nones.[915]

---

[910] COLEMAN, Robert E. *The Master Plan of Evangelism*. Grand Rapids, MI: Baker, 1993, p. 28-145, Apple Books.
[911] Ver TOMPKINS, 2012, p. 51.
[912] CANALE, Fernando. The Message and the Mission of the Remnant: A Methodological Approach. *In:* RODRIGUEZ, Ángel Manuel (ed.). *Message, Mission, and Unity of the Church*. Silver Springs, MD: Biblical Research Institute, 2013, p. 286.
[913] NEWBIGIN, Lesslie. *The Gospel in a Pluralist Society*. Grand Rapids, MI: Eerdmans, 1989, p. 227.
[914] YANCEY, Philip. *Church: Why Bother? My Personal Pilgrimage*. Grand Rapids, MI: Zondervan, 1998.
[915] Ver PAULIEN, 2004, p. 5.

O papel social da religião

Os Nones tendem a reconhecer a função social da religião e a simpatizar com instituições religiosas que desempenham um papel social importante. E, refletindo a tendência pós-moderna de intenso interesse numa "vida com propósito", querem que as suas vidas tenham um sentido de missão e propósito.[916] Portanto, recomenda-se que a missão a eles seja baseada no princípio da ação solidária. A maioria dos americanos sem filiação religiosa pensa que as igrejas e outras instituições religiosas beneficiam a sociedade, fortalecendo os laços comunitários e ajudando os pobres.[917] Oosterwal enfatiza o valor das "igrejas solidárias", mostrando que, longe de mitigar apenas as necessidades físicas da comunidade, este tipo de igreja tem uma visão holística das necessidades humanas. Para ele, as necessidades primárias das pessoas seculares que a igreja deve satisfazer incluem companheirismo, comunidade, sentido de vida, certeza e segurança, valores, dignidade pessoal, vida saudável, justiça social, aceitação e liberdade.[918]

Além disso, J. E. White diz que os Nones simpatizam com ações que beneficiam a sociedade e os direitos das minorias e tendem a envolver-se em projetos desta natureza, mesmo que promovidos por instituições religiosas. Ele observa que o grupo está disposto a envolver-se numa "causa" que lhes dê um sentido de propósito na vida e que tenha um impacto social valioso.[919] White ressalta que a metodologia evangelística para alcançar a mente secularizada tem seguido, nas últimas décadas, o seguinte padrão:[920]

- Décadas de 1950 a 1980 – Sem Igreja – Cristo – Comunidade – Causa
- Décadas de 1990 a 2000 – Sem Igreja – Comunidade – Cristo – Causa
- Década de 2010 – Nones – Causa – Comunidade – Cristo

O aspecto social do Evangelho segue o próprio exemplo de Cristo. Ele defendeu o ministério aos necessitados como o símbolo da fé que salva no dia do julgamento (Mateus 25:31-41). Além disso, acima de tudo, Ele conquistou a confiança das pessoas, envolvendo-se com elas e atendendo

---

[916] Ver PAULIEN, 2004, p. 4.
[917] PEW RESEARCH CENTER, 2012c.
[918] OOSTERWAL, 1985, p. 59.
[919] WHITE, J., 2014, p. 99-109.
[920] WHITE, J., 2014, p. 101.

às suas necessidades.[921] O ministério social entre os Nones pode ser um princípio missiológico útil, pois irá captar a sua confiança e envolvimento, abrindo a oportunidade para uma abordagem prática, para a formação de uma comunidade relacional e de instrução bíblica.

O princípio da encarnação também é proposto como forma de abordagem dos Nones. A presença real da igreja na comunidade, através dos seus membros, numa atitude de serviço, cumprindo o que os missiólogos chamam de ministério encarnacional, desperta a simpatia dos Nones e cria uma ponte de reaproximação. A atitude da igreja em tornar-se parte da comunidade e comunicar o Evangelho numa linguagem que os Nones compreendem ganha a sua confiança e respeito. Primeiro, porque destaca o papel social da religião, algo atrativo para eles. Segundo, porque os Nones são atraídos muito mais pelo exemplo do que pelo ensino teórico, e admiram o altruísmo e o testemunho da experiência prática de vida. A fé cristã é confirmada quando é observada no serviço altruísta. Finalmente, os Nones são atraídos para um ministério encarnacional porque procuram sentir-se úteis e necessários, contribuindo para uma causa humanitária e alcançando um sentido de propósito na vida.[922]

Barreiras transculturais

Trabalhar com os Nones é uma missão transcultural, devido à diferença entre a cosmovisão do grupo e a cosmovisão bíblico-cristã. Assim, propõe-se que o esforço missionário com este grupo obedeça ao princípio da contextualização. Defendendo o fato de que todo o texto bíblico, incluindo o AT e o NT, é de natureza missional – tanto no propósito de Deus quanto nos múltiplos contextos em que foi formado. Christopher Wright aponta que a contextualização já é uma qualidade intrínseca do texto bíblico, não algo adicionado para dar significado real ao texto. Em outras palavras, a contextualização é um projeto missional baseado na própria Escritura e tem feito parte da missão do povo de Deus ao longo de sua existência.[923]

Como se vê no discurso de Paulo no Areópago de Atenas, a exposição do Evangelho num contexto transcultural precisa estar ligada a princípios que facilitem a comunicação. O objetivo é preservar o

---
[921] Ver WHITE, Ellen G. *The Ministry of Health and Healing*. Silver Spring, MD: Ellen G. White Estate, 2017e, p. 92.
[922] Ver GONÇALVES, 2012, p. 133-134.
[923] WRIGHT, Christopher J. H. Reading the Old Testament Missionally. In: GOHEEN, Michael W. (ed.). *Reading the Bible Missionally*. Grand Rapids, MI: Eerdmans, 2016, p. 109-110.

conteúdo bíblico e ao mesmo tempo torná-lo atraente e compreensível para os ouvintes. Nesse sentido, os temas devem ser adaptados às necessidades do público.

No caso dos Nones, os princípios essenciais da comunicação contextualizada incluem o uso de ilustrações que lhes são familiares, a exposição narrativa em que os temas aparecem ao longo das histórias em vez de serem apresentados de forma sistemática e cognitiva, um tom conciliatório e a apresentação dos temas de forma relacional e como realidade funcional. J. E. White aponta que o ambiente visual, a linguagem e a música também são elementos críticos na contextualização do Evangelho para os Nones.[924] Assim como foi importante para o público de Paulo, a contextualização da comunicação é especialmente apropriada para os Nones nos EUA e no Brasil mais afetados pelo desencanto previsto na teoria da secularização de Weber, especialmente aqueles que se declaram ateus ou agnósticos. Como lembra White, é necessário adaptar o trabalho evangelístico à condição do público.[925]

Pluralidade cultural e religiosa

A maioria dos Nones nas culturas em estudo confirma a teoria de Durkheim da natureza permanente e ao mesmo tempo mutável da religião – eles mantêm a crença religiosa, mas estão constantemente à procura de novas formas de experiências espirituais.[926] Considerando essa busca por novas experiências religiosas, e o pluralismo das sociedades brasileira e americana em que vivem os Nones, propõe-se utilizar o princípio da diversidade de abordagens para alcançar os diversos grupos distintos que compõem os Nones, em conformidade com a sua experiência religiosa diversificada. A diversidade cultural e religiosa e o pluralismo dos Nones exigem que a missão para eles também seja multidimensional e pluriforme.[927]

Wuthnow, pesquisador da Universidade de Princeton, aponta, por exemplo, a deficiência da sociedade americana em atender às necessidades dos jovens adultos entre vinte e trinta anos no país. Ele observa que crianças, adolescentes e jovens contam com uma rede de instituições de apoio que envolve creches, escolas de ensino fundamental e médio,

---

[924] WHITE, J., 2014, p. 155-156.
[925] WHITE, Ellen G. *Evangelism*. Silver Spring, MD: Ellen G. White Estate, 2014, p. 57.
[926] DURKHEIM, 1912, p. 429, 432.
[927] OOSTERWAL, 1985, p. 59.

faculdades, universidades, exército e igrejas. Após concluírem a faculdade, no entanto, os jovens enfrentam vácuo no apoio institucional. De acordo com Wuthnow, decisões de como criar os filhos, onde viver e como gerir a carreira estão sendo tomadas com base na improvisação, com elevados níveis de endividamento, divórcio, abuso infantil e individualismo entre pessoas nessa faixa etária.[928]

O autor argumenta que as congregações podem ser um apoio valioso para os jovens adultos, suprindo a carência deixada pelas instituições governamentais, mas é preciso utilizar uma abordagem apropriada, ele lembra. Este grupo se caracteriza por olhar a vida de forma prática, e não aceitar apenas uma forma de fazer as coisas. Eles improvisam, usam ideias e habilidades para inovar e fazem contato com quem pode lhes dar as informações de que precisam. Para eles, os problemas não são resolvidos com soluções predefinidas.[929]

Exemplificando pelo aspecto espiritual, Wuthnow diz que os jovens adultos adotam uma abordagem de "remendos", o que significa que eles criam a sua vida religiosa a partir das habilidades, ideias e recursos anteriormente disponíveis para eles. Eles possuem uma perspectiva que envolve uma religiosidade prática sem fórmulas padronizadas e institucionalizadas. O autor explica que a espiritualidade dos jovens pode ser classificada como "bricolagem", o que implica a união de componentes aparentemente inconsistentes e díspares, formando um mosaico diversificado de acordo com o gosto do indivíduo. É uma abordagem relativista em que cada indivíduo é um consertador, reivindicando a sua verdade no tema da salvação, na moralidade e na civilidade. Wuthnow também os descreve como "buscadores espirituais", ou pessoas que procuram respostas num contexto de incerteza. Assim, o desafio das instituições religiosas é compreender os jovens adultos em termos práticos, com base nas mudanças nos fatores sociais que envolvem este grupo, tais como o casamento, a criação dos filhos, a gestão da carreira profissional e o estilo de prática espiritual.[930] Conforme observado nos capítulos anteriores, a maioria dos Nones são jovens,[931] e a pesquisa de Wuthnow aponta para a necessidade de uma série de abordagens que atendam às demandas do grupo com base nesses fatores sociais.

---

[928] WUTHNOW, 2007, p. 12, 13, 17.
[929] WUTHNOW, 2007, p. 13.
[930] WUTHNOW, 2007, p. 13-15.
[931] Ver PEW RESEARCH CENTER, 2015d; PEW RESEARCH CENTER, 2012c; WHITE, J. 2014.

Em geral, com base nas considerações anteriores, entre as diversas abordagens identificadas como significativas para trabalhar com os Nones estão a educação das crianças, causas sociais, comunidades, estilo de vida saudável, uma abordagem integracional, pequenos grupos relacionais, grupos de apoio, ministérios leigos ou evangelismo em redes sociais, linguagem contextualizada e música, gerenciamento de carreira profissional e espiritualidade prática.[932]

Comunicação de massa/tecnologia[933]

Os Nones em ambas as culturas têm uma visão crítica da comunicação religiosa de massa. Por um lado, acreditam que as igrejas a utilizam para competir por membros, espalhar o charlatanismo, procurar poder político e acumular riqueza para os líderes religiosos. Por outro lado, muitos deles beneficiam-se dos produtos religiosos amplamente acessíveis através dos meios de comunicação social.[934] Portanto, propõe-se o princípio do uso criterioso dos meios de comunicação de massa. Isso significa não utilizar a mídia para fins político-eleitorais e outras atividades que envolvam ganho pessoal para líderes religiosos. Um princípio adicional proposto é a utilização equilibrada dos meios de comunicação social para assuntos comerciais, tais como a venda de produtos ou cam-

---

[932] Ver WHITE, J. 2014, p. 155-156; HUNTER, 1996, p. 32, 103, 157; WUTHNOW, 2007, p. 13-15.

[933] Esta pesquisa analisou a perspectiva dos Nones sobre a disseminação religiosa através dos meios de comunicação de massa, principalmente TV, rádio e internet. Notou-se a falta de trabalhos envolvendo o impacto das mídias sociais sobre os Nones no Brasil e nos Estados Unidos. A ausência de pesquisas que relacionem esses dois vetores – Nones e mídias sociais – é uma lacuna significativa, considerando que a faixa etária mais representativa dos Nones é a que mais consome mídias sociais – os jovens adultos. No outro extremo, a menor representação etária dos Nones ocorre entre as pessoas com 65 anos ou mais, que apresentam o menor consumo de redes sociais. Uma pesquisa do Pew Research Center descobriu que 50% dos americanos com idades entre 18 e 29 anos recebem notícias *on-line*, contra 27% da TV, 14% do rádio e 5% através de notícias impressas. Por outro lado, entre os americanos com 65 anos ou mais, apenas 20% recebiam notícias *on-line*, em comparação com 85% da televisão, 24% do rádio e 48% através de notícias impressas. Alguns dos valores centrais defendidos pelos Nones – relacionamentos e causas humanitárias/sociais – estão entre as principais razões pelas quais as pessoas usam as redes sociais. De acordo com o Consumer Insight Group do New York Times, 84% das pessoas partilham informações nas redes sociais para apoiar causas ou questões de grande valor para elas, e 78% para cultivar relacionamentos. O impacto das mídias sociais em aspectos vitais da sociedade, como política, negócios, cultura, educação, carreiras profissionais e inovação, parece indicar que os Nones nas culturas brasileira e americana sofrem algum impacto deste fenômeno emergente. Consulte PEW RESEARCH CENTER. *The Modern News Consumer*: News Attitudes and Practices in the Digital Era. 7 jul. 2016c. Disponível em: https://www.journalism.org/2016/07/07/the-modern-news-consumer/; TEXT EX MACHINA. *New York Times Study*: The Psychology of Sharing: Why Do People Share Online? 18 jul. 2011. Disponível em: http://text-ex-machina.co.uk/blog/new-york-times-estudo.html; SIMPLILEARN. *Understanding the Impacts of Social Media*: Pros and Cons. 22 set. 2020. Disponível em: https://www.simplilearn.com/real-impact-social-media-article.

[934] Ver SANTANA, 2005, p. 67; WEBER, 2001, p. 105-112.

panhas de angariação de fundos. De acordo com o Pew Research Center, o conceito de separação entre Igreja e Estado leva os Nones a repudiar o envolvimento religioso em partidos políticos ou funções que consideram legítimas para o Estado.[935] No Brasil, a maioria dos jovens se opõe à ideia de um líder religioso concorrer a cargos políticos, bem como a políticos fazendo discursos em espaços religiosos.[936]

Um terceiro princípio proposto é a adequação no uso dos meios de comunicação de massa para discutir temas bíblicos. Isso significa abordar temas que apelam diretamente aos Nones, como já visto em seção anterior deste capítulo. White sublinha que os meios de comunicação de massa devem ser vistos como uma oportunidade e devem ser utilizados para levar o Evangelho a um amplo alcance, uma vez que a instrução bíblica, neste contexto, produzirá raízes e preciosos frutos espirituais.[937] Os Nones valorizam a liberdade de escolha, o espírito eclético e o acesso aos produtos religiosos dos meios de comunicação de massa.[938]

Considerando que os Nones também simpatizam com iniciativas de entidades religiosas que promovam o bem-estar social e o cuidado com o meio ambiente,[939] propõe-se que os meios de comunicação de massa sejam utilizados pelas instituições religiosas para promover e discutir causas humanitárias, justiça social, bem-estar físico-emocional, serviço ao próximo, cuidado familiar e causas ambientais.[940]

Resumo

As implicações culturais e missionais discutidas aqui para trabalhar com os Nones no Brasil e na América refletem as informações dos capítulos anteriores. O estudo propôs oito áreas consideradas sensíveis para o relacionamento missional com o grupo em ambas as culturas. Algumas delas podem ser consideradas críticas e outras como uma oportunidade para a missão. As áreas são a identidade de Deus, a Bíblia como fonte da

---

[935] PEW RESEARCH CENTER, 2016d; PEW RESEARCH CENTER, 2012b.
[936] FUNDAÇÃO PERSEU ABRAMO. Percepções e valores políticos nas periferias de São Paulo, Pesquisas de percepção social e opinião pública. *FPA*, 5 abr. 2017. Disponível em: https://fpabramo.org.br/publicacoes/publicacao/percepcoes-e-valores-politicos-nasperiferias-de-sao-paulo/. Acesso em: 10 fev. 2020.
[937] WHITE, 2017a, p. 47.
[938] PEW RESEARCH CENTER, 2012a.
[939] PEW RESEARCH CENTER, 2012c.
[940] Ver RODRIGUES, 2007, p. 51; WHITE, J. 2014, p. 143-148.

verdade, a religião institucional, os relacionamentos e a comunidade, o papel social da religião, as barreiras transculturais, o pluralismo cultural e religioso e a comunicação de massa.

Foram apresentadas as características dos Nones relacionadas a cada área e, em seguida, foram sugeridos princípios missiológicos e sociológicos para preencher as lacunas nas respectivas áreas, formando uma ponte de contato com os Nones. A Tabela 1 lista as áreas e princípios correspondentes.

Tabela 1 – Áreas sensíveis e princípios

Áreas sensíveis para os Nones	Princípios sugeridos
A identidade de Deus	• Abordagem que enfatiza o caráter pessoal, amoroso e poderoso de Deus • A manifestação do poder salvador de Deus • A expressão da energia de Deus • Jesus como a revelação perfeita de Deus
A Bíblia como a fonte da verdade	• Narração de histórias • Adequação • Relacional/aplicativo • Lógica hebraica • Funcional • Missão integral
Religião institucional	• Modelo sal de evangelismo • Pequenos grupos relacionais • Aproximação da identidade cristã
Relacionamento e comunidade	• Evangelismo de amizade • Alteridade • Atitude ḥesed • Comunal (koinonia)
O papel social da religião	• Ação solidária • Ministério encarnacional
Barreiras transculturais	• Contextualização
Pluralismo cultural e religioso	• Diversidade de abordagens

Áreas sensíveis para os Nones	Princípios sugeridos
Comunicação de massa/tecnologia	• Uso criterioso/apolítico • Equilíbrio em matéria comercial • Adequação ao interesse do ouvinte • Causas humanitárias e socioambientais

CAPÍTULO VI

RESUMO, CONCLUSÃO E RECOMENDAÇÕES

Resumo

Esta pesquisa teve como objetivo estudar os Nones no Brasil e nos Estados Unidos à luz das teorias da secularização, sob a perspectiva da sociologia da religião, fornecendo uma base conceitual que oferecesse *insights* e princípios missiológicos para trabalhar com os Nones. No primeiro capítulo, foi fornecido um breve histórico da pesquisa, o problema e o propósito foram estabelecidos, e a metodologia e a estrutura conceitual foram explicadas. Os principais termos da pesquisa foram definidos na primeira vez que apareceram no texto, dispensando uma seção exclusiva para esse fim.

O segundo capítulo explorou doze características da secularização teorizadas pelos pais da sociologia da religião, Max Weber e Émile Durkheim, e sete de seus seguidores, bem como três estudiosos independentes do mesmo ramo da sociologia: Peter Berger, Charles Taylor e Talal Asad. Ficou claro que esses elementos, evocados a partir dos pressupostos iluministas do período moderno, alcançaram sua consolidação mais significativa com o pós-modernismo, enfraquecendo alguns aspectos da religião e fortalecendo outros.

O terceiro capítulo apresentou uma análise dos Nones nas duas culturas em estudo, à luz dos elementos de secularização discutidos no capítulo anterior, classificados em seis categorias. Esses elementos refletem-se na experiência dos diferentes grupos que compõem os Nones, levando à conclusão de que estes são um produto das influências modernas e pós-modernas da secularização contemporânea.

O quarto capítulo explorou uma estrutura bíblica para o trabalho missional com os Nones baseado em duas narrativas do AT e duas do NT. Essas narrativas demonstram evidências da Missio Dei em favor dos estrangeiros, permitindo a extração de princípios missiológicos que lançam luz sobre a missão transcultural entre os diferentes grupos de Nones contemporâneos nas sociedades brasileira e americana.

Com base no estudo dos capítulos anteriores, o quinto capítulo identificou e analisou algumas das implicações mais críticas para a missão entre os Nones das culturas em estudo. A pesquisa propôs oito áreas sensíveis, algumas críticas e outras que apresentam oportunidades de trabalho com o grupo. O estudo considerou as características de cada área e, em seguida, foram sugeridos princípios missiológicos e sociológicos para preencher as lacunas daquela área e cumprir a missão com os Nones.

Conclusão

O processo de secularização nas sociedades contemporâneas tem sido latente e deliberado. O aspecto latente pode ser observado à medida que os diversos subsistemas da sociedade, como a economia, a educação e a medicina, tornam-se mais especializados e profissionalizantes, diminuindo gradativamente a influência da religião. Simultaneamente, na era moderna, foram criadas políticas deliberadas para reduzir a influência da religião em áreas específicas, como governo e educação. Contudo, as previsões sobre o desaparecimento da religião não se concretizaram e não foi encontrada nenhuma sociedade inteiramente secular. A religião não só persistiu, mas, em muitos casos, cresceu e assumiu um papel de liderança nas sociedades contemporâneas, mascarada pela globalização dinâmica.

A análise das teorias da secularização, baseadas nos pressupostos iluministas do modernismo e reforçadas pelos pressupostos do pós-modernismo, permite-nos concluir que os Nones são um produto das influências modernas e pós-modernas da secularização contemporânea. Nesse sentido, pode-se dizer que as principais causas para o fenômeno dos Nones estão associadas ao desenvolvimento do pensamento humano desde o movimento iluminista até os dias atuais. Entre os principais legados do Iluminismo moderno refletidos hoje nos Nones está o princípio da separação entre Igreja e Estado e a autonomia do indivíduo, descrito por Taylor como "ética da autenticidade", segundo a qual todos os seres humanos são ontologicamente autônomos. Ou seja, nesta visão, cada pessoa deve realizar a humanidade de uma forma específica e pessoal.[941]

Entre as principais causas do fenômeno Nones associadas ao pós-modernismo estão o relativismo e o aspecto funcional da religião – o cardápio religioso é construído individualmente, seguindo o critério do

---

[941] TAYLOR, 2003, p. 50.

gosto pessoal e da funcionalidade.[942] Outras influências causais para o fenômeno dos Nones são a ênfase na comunicação direta com o transcendente, sem mediação institucional, e a religiosidade metafísica, subjetiva e existencialista – sem parâmetro dogmático, trazida à tona pelo espiritismo moderno originado no final do século XIX.[943] Finalmente, o avanço científico e tecnológico é também um fator causal para o fenômeno dos Nones, na medida em que promove o secularismo, refletido especialmente nos Nones classificados como ateus e agnósticos, e também por facilitar o pluralismo, enfraquecendo as fronteiras institucionais, e promovendo a mudança religiosa, culminando nos Nones, como última etapa do processo.

Como os jovens são os mais susceptíveis à mudança social, os Nones estão mais substancialmente representados nessa faixa etária, nas duas sociedades estudadas. Apesar de ser o grupo no Brasil e nos Estados Unidos mais afetado pelo desencanto religioso, conforme previsto por Weber e seus discípulos, através do aspecto de secularização da legislação ou da consciência, a maioria dos Nones continua a acreditar em Deus e a praticar alguma espiritualidade pessoal e subjetiva.

Conclui-se também que os EMNRs são o grupo de Nones mais acessível porque, apesar de sua aversão à religião institucional, estão abertos à discussão espiritual e buscam uma experiência espiritual que os satisfaça, como os tementes a Deus no NT. A sua tendência para uma espiritualidade subjetiva e fluida, e a sua rejeição da religião dogmática, estão enraizadas no espiritualismo moderno que surgiu no final do século XIX.

Conclui-se que, embora os Nones brasileiros sejam geralmente menos secularizados que os Nones americanos, diversas características os unem em ambas as culturas: defendem a separação entre Igreja e Estado e a privatização da religião, valorizam o papel social da religião e do pluralismo religioso, rejeitam a religião institucional e relativizam o conteúdo da fé.

Como atestado por Berger, o pluralismo religioso gera um aumento na desfiliação religiosa e contribui para o crescimento dos Nones, especialmente aqueles que se declaram ateus, agnósticos, indiferentes e EMNRs. Da mesma forma, a natureza permanente e mutável da religião, percebida por Durkheim, contribuiu para o aumento do número de Nones em ambas as culturas. As transformações sociais e o pluralismo geraram um movimento religioso em direção aos Nones. Na América, o movimento

---

[942] ERICKSON, 2001, p. 111-182.
[943] Ver FULLER, 2001, p. 38-44; HILL, 1919, p. 30-43; CARROLL, 1977, p. 3, 16-34; BRAUDE, 1989, p. 10-12, 169-172.

tende a passar do cristianismo tradicional – catolicismo, protestantismo tradicional, igrejas protestantes negras históricas – para o protestantismo evangélico, e daí para os Nones. No Brasil, as pessoas tendem a passar das denominações tradicionais para o pentecostalismo, para o neopentecostalismo, depois para igrejas evangélicas independentes e, finalmente, para os Nones. Ou seja, em ambos os países, a maior parte da população manteve a religiosidade, mas mudou a forma de expressá-la.

O "secular contemporâneo" descrito por Asad, que ecoa os escritos de Davis e Luckmann, é possivelmente a imagem mais apropriada para descrever a maioria dos Nones nas duas culturas em estudo. Esta figura assimila os princípios da sociedade moderna e pós-moderna – liberdade, individualidade, relativismo, sincretismo e aceitação das diferenças (alteridade), entre outros – ao mesmo tempo que mantém os valores espirituais numa base subjetiva.

Conclui-se que o estudo das narrativas bíblicas que atestam a *Missio Dei* entre os estrangeiros, tanto no AT quanto no NT, pode contribuir com princípios e *insights* para a missão transcultural entre os Nones contemporâneos. As narrativas da conversão de Naamã e Rute, a conversão de Cornélio e sua família e amigos, e o discurso de Paulo no Areópago em Atenas forneceram os seguintes princípios para a missão transcultural: missão baseada na manifestação do poder salvador de Deus, missão baseada no princípio da ação ḥesed, missão baseada na instrução bíblica e missão baseada na contextualização.

Embora os Nones rejeitem as instituições religiosas como mediadoras da sua relação com o transcendente, conclui-se, com base neste estudo, que a congregação local ainda desempenha um papel importante no desenvolvimento espiritual dos membros e na formação das comunidades. Além disso, a congregação desempenha um papel significativo no desenvolvimento e discipulado dos membros da igreja para cumprir a missão cristã. Contudo, os Nones devem ser alcançados através de uma abordagem pessoal, incorporando o evangelismo da amizade, o modelo de evangelismo do sal, a atitude ḥesed e pequenos grupos relacionais. No momento certo, os Nones superarão o seu preconceito contra as instituições e esperançosamente se juntarão ao culto coletivo da igreja.

Por fim, conclui-se que há pelo menos oito áreas consideradas sensíveis na relação missional com os Nones nas duas culturas em estudo. Algumas dessas áreas são críticas ou difíceis de relacionar a partir de uma perspectiva missional. A primeira área é a identidade de Deus. A maioria dos Nones rejeita a religião, mas não Deus. Contudo, poucos deles acreditam no Deus descrito pela Bíblia; a maioria vê Deus como uma força ou energia. O trabalho missional baseado no poder salvador de Deus, o foco do NT na energia de Deus, e o estudo da pessoa de Cristo como a revelação perfeita de Deus podem ajudar este grupo de Nones a ter um encontro real com Deus.

A segunda área crítica no relacionamento com os Nones é a Bíblia como fonte da verdade. Afetados pela influência pós-moderna, os Nones relativizam o conteúdo da fé, reduzindo a verdade ao nível individual. Narração de histórias, adequação, estudo relacional/aplicativo, lógica hebraica, foco funcional e missão integral são os princípios sugeridos para aproximar esses Nones do texto bíblico.

A terceira área crítica é a religião institucional. Os Nones rejeitam as instituições religiosas, vendo-as como um símbolo de opressão e poder. Assim, o modelo sal de evangelismo, e os pequenos grupos relacionais são sugeridos como formas de alcançá-los, em vez de abordagens baseadas na congregação. A quarta área crítica são as barreiras transculturais, decorrentes da diferença entre a cosmovisão dos Nones e a cosmovisão bíblica. O princípio da contextualização, sugerido nesta pesquisa, pode ajudar a superar essas barreiras.

Três áreas apresentam oportunidades no relacionamento missional com os Nones, ou casos em que o Evangelho pode oferecer o que eles desejam. O primeiro deles é o pluralismo cultural/religioso. Os Nones apreciam o acesso aos produtos religiosos, o sincretismo e a liberdade proporcionada pelo pluralismo, embora critiquem a competição por membros e a natureza comercial da fé incentivada pelo mesmo pluralismo. A diversidade de abordagens é um princípio sugerido para lidar com os Nones numa sociedade pluralista. Isso inclui experiências de adoração multissensoriais para que os Nones sejam expostos a Jesus e ao poder salvador de Deus.

A segunda área de oportunidade é o relacionamento e a comunidade. Como visto, os Nones valorizam relacionamentos e experiência comunitária. Esta pesquisa sugere evangelismo de amizade, alteridade, atitude *hesed* e *koinonia* (comunidade) como princípios práticos para o relacionamento missional com os Nones nesta área. O objetivo é desenvolver comunidades nas quais eles se sintam aceitos antes de tomarem uma decisão cognitiva.

A terceira área de oportunidade é o papel social da religião. Os Nones acolhem instituições que prestam serviços sociais em benefício das pessoas necessitadas e do meio ambiente. Os princípios da ação solidária e do ministério encarnacional podem demonstrar o papel social da religião, e mostrar a autenticidade da comunidade cristã para com os Nones.

Finalmente, a área de comunicação/tecnologia de massa representa tanto uma relação crítica como uma oportunidade com os Nones. Eles apreciam os produtos religiosos acessíveis através dos meios de comunicação social, mas criticam o fato de as igrejas utilizarem os meios de comunicação para a conquista de membros, exercerem influência política e obterem benefícios financeiros. Portanto, alguns princípios recomendados para a comunicação de massa no relacionamento missional com os Nones envolvem o uso criterioso/apolítico dos meios de comunicação, o equilíbrio em questões de natureza comercial, a garantia de que o conteúdo seja relevante para o interesse dos ouvintes, e a sensibilização para questões humanitárias e causas socioambientais.

Os *insights* e princípios missiológicos para abordar os Nones em cada uma das áreas discutidas baseiam-se no estudo deste grupo no Brasil e nos Estados Unidos. A base conceitual para este estudo foi construída à luz das teorias da secularização e do enquadramento bíblico apresentado (ver Tabela 2). A aplicação desses *insights* facilitará a aproximação com pessoas que se identificam como Nones. Este estudo também aponta a responsabilidade e o privilégio que os discípulos de Cristo vivenciam, vendo a onda cultural de mudança contemporânea como uma das oportunidades mais significativas para alcançar os Nones para Cristo.

Tabela 2 – Diagrama teórico conceitual

Doze elementos selecionados que caracterizam as teorias da secularização resumidas em seis categorias (Capítulos II e III)	Quatro princípios bíblicos para a *Missio Dei* entre estrangeiros (Capítulo IV)
1. Desencanto religioso.	1. Missão baseada em relacionamentos ou na atitude *ḥesed* (Noemi e Rute – livro de Rute).
2. Enfraquecimento da influência pública da religião e, como consequência, a transferência da religião da esfera pública para a esfera privada, bem como uma atitude negativa em relação às instituições religiosas.	2. Missão baseada no poder salvador de Deus (Naamã – 2Rs 5:1–19).
3. Pluralismo religioso em ambiente de mercado e multiplicação de grupos religiosos, relativismo do conteúdo da fé, sincretismo religioso e atitude de acreditar sem pertencer.	3. Missão baseada na instrução bíblica (Cornélio – Atos 10). 4. Missão baseada na contextualização (discurso de Paulo em Atenas – Atos 17).
4. A natureza mutável e permanente da religião.	
5. O secular contemporâneo que defende valores e princípios de fé modernos e pós-modernos.	
6. A influência dos avanços tecnológicos e da comunicação de massa.	

Bases Conceituais
↓

Áreas sensíveis para os Nones (Capítulo V)	Princípios sugestivos para a missão entre os Nones (Capítulo V)
A identidade de Deus.	• Uma abordagem que enfatiza o caráter pessoal, amoroso e poderoso de Deus. • A manifestação do poder salvador de Deus. • A expressão da energia de Deus. • Jesus como a revelação perfeita de Deus.
A Bíblia como a fonte da verdade.	• Ensinar através de histórias. • Adequação. • Relacional/aplicativo. • Lógica hebraica. • Funcional. • Missão integral.

Religião institucional.	• Modelo sal de evangelismo. • Pequenos grupos relacionais. • Aproximação da identidade cristã.
Relacionamento e comunidade.	• Evangelismo de amizade. • Alteridade. • Atitude ḥesed. • Comunhão (*koinonia*).
O papel social da religião.	• Ação solidária. • Ministério encarnacional.
Barreiras transculturais.	• Contextualização.
Pluralismo cultural e religioso.	• Diversidade de abordagens.
Comunicação de massa/tecnologia.	• Uso criterioso/apolítico. • Equilíbrio em matéria comercial. • Adequação ao interesse do ouvinte. • Causas humanitárias e socioambientais.

Recomendações

Este estudo investigou os Nones à luz das teorias de secularização do campo da sociologia da religião. Contudo, o estudo da missão da igreja para este grupo específico está longe de estar completo. Esta pesquisa revelou várias áreas de preocupação que precisam ser abordadas. Recomenda-se uma investigação mais aprofundada e avaliação das aplicações práticas dos princípios sugeridos. Além disso, são recomendados estudos e investigações dos Nones em contextos específicos das culturas brasileira e americana para melhor compreender e abordar características culturais específicas. A pesquisa de campo com cristãos que anteriormente foram identificados como Nones também pode fornecer informações e princípios úteis para o trabalho missionário com os atuais Nones.

Dada a ausência de pesquisas sobre o impacto das mídias sociais nos Nones, recomenda-se fortemente mais pesquisas sobre este assunto. Como visto no capítulo anterior, há evidências que apontam para alguma afinidade entre esses temas. Os maiores consumidores de redes sociais, os jovens adultos, são também o grupo mais representativo dos Nones. Além disso, Nones e consumidores de redes sociais partilham um interesse em relacionamentos e causas de valor social e humanitário.

Recomenda-se uma ação intencional e planejada por parte da igreja para promover a missão entre os Nones. Tal projeto pode envolver educação teológica, agências missionárias e formação em abordagens práticas, entre outros elementos. O crescimento do número de Nones nas últimas décadas exige um esforço proporcional por parte da igreja para alcançá-los para Cristo.

REFERÊNCIAS

AGÊNCIA NACIONAL DO CINEMA. *Ancine divulga informe sobre programação na TV aberta do ano de 2015*. 17 jun. 2016. Disponível em: https://www.ancine.gov.br/pt-br/sala-imprensa/noticias/ancine-divulga-informe-sobre-programa-o-da-tv-aberta. Acesso em: 2 jan. 2025.

ALMEIDA, Ronaldo A.; MONTEIRO, Paula. Trânsito religioso no Brasil. *Scielo Analytics*, São Paulo Perspectiva 15, n. 3, p. 92-101, 2001. Disponível em: http://www.scielo.br/scielo.php?script=sci_arttext&pid=S0102-88392001000300012. Acesso em: 2 jan. 2025.

ALMEIDA, Ronaldo; BARBOSA, Rogério Gerônimo. Transição religiosa no Brasil. *In*: ARRETCHE, Marta (ed.). *Trajetórias das desigualdades*: Como o Brasil mudou nos últimos cinquenta anos. São Paulo: Editora Unesp, 2015. p. 335-365.

ALVES, José Eustáquio Diniz. A transição religiosa na América Latina e no Brasil. *EcoDebate*, 31 maio 2017a. Disponível em: https://www.ecodebate.com.br/2017/05/31/transicao-religiosa-na-america-latina-e-no-brasil-artigo-de-jose-eustaquio-diniz-alves/. Acesso em: 2 jan. 2025.

ALVES, José Eustáquio Diniz. Uma projeção linear da transição religiosa no Brasil: 1991–2040. *EcoDebate*, 11 jan. 2017b. Disponível em: https://www.ecodebate.com.br/2017/01/11/uma-projecao-linear-da-transicao-religiosa-no-brasil-1991-2040-artigo-de-jose-eustaquio-diniz-alves/. Acesso em: 2 jan. 2025.

ALVES, José Eustáquio Diniz. Transição religiosa – católicos abaixo de 50% até 2022 e abaixo do percentual de evangélicos até 2032. *EcoDebate*, 5 dez. 2018. Disponível em: https://www.ecodebate.com.br/2018/12/05/transicao-religiosa-catolicos-abaixo-de-50-ate-2022-e-abaixo-do-percentual-de-evangelicos-ate-2032-artigo-de-jose-eustaquio-diniz-alves/. Acesso em: 2 jan. 2025.

ALVES, José Eustáquio Diniz; NOVELLINO, Maria Salet F. A dinâmica das filiações religiosas no Rio de Janeiro (1991-2000): um recorte por educação, cor, geração e gênero. *In*: PATARRA, N. *et al.* (ed.). *A Ence aos 50 anos, um olhar sobre o Rio de Janeiro*. Rio de Janeiro: ENCE/IBGE, 2006. v. 1, p. 275-308.

ALVES, José Eustáquio Diniz; BARROS, Luiz Felipe Walter; CAVENAGHI, Suzana. A dinâmica das filiações religiosas no Brasil entre 2000 e 2010: diversificação e processo de mudança de hegemonia. *Rever*, v. 12, n. 2, p. 145-174, jul./dez. 2012.

ALVES, José Eustáquio Diniz; CAVENAGHI, Suzana; BARROS, Luiz Felipe Walter; CARVALHO, Angelita A. de. Distribuição espacial da transição religiosa no Brasil. *Tempo Social*, v. 29, n. 2, p. 215-242, ago. 2017.

AMADO, Jorge. *Jubiabá*. 40. ed. Rio de Janeiro: Record, 1981.

ANTONIAZZI, Alberto. As religiões no Brasil segundo o censo de 2000. *Rever*, n. 2, p. 75-80, 2003.

ANTUNES, Anderson. The Richest Pastors in Brazil. *Forbes.com*, 17 jan. 2013. Disponível em: https://www.forbes.com/sites/andersonantunes/2013/01/17/the-richest-pastors-in-brazil/Acesso em: 2 jan. 2025.

ARATUS. Phaenomena. *Theoi Classical Texts Library*. Disponível em: https://www.theoi.com/Text/AratusPhaenomena.html.

ARISTOTLE. *The Art of Rhetoric*. Translated by J. H. Freese. Loeb Classical Library 193. Cambridge, MA: Harvard University Press, 2020.

ARMSTRONG, Ben. *The Electric Church*. Nashville, TN: Thomas Nelson, 1979.

ASAD, Talal. Religion, Nation-State, Secularism. *In*: VEER, Peter van der; LEHMANN, Hartmut (ed.). *Nation and Religion*: Perspectives on Europe and Asia. Princeton, NJ: Princeton University Press, 1999.

ASAD, Talal. *Formations of the Secular*: Christianity, Islam, Modernity. Stanford, CA: Stanford University Press, 2003.

ASAD, Talal. Responses. *In*: SCOTT, David; HIRSCHKIND, Charles (ed.). *Powers of Secular Modern: Talal Asad and His Interlocutors*. Stanford, CA: Stanford University Press, 2006.

ASAD, Talal. Secularism, Hegemony, and Fullness. *The Immanent Frame: Secularism, Religion, and the Public Sphere* (blog), November 17, 2007. Disponível em: http://blogs.ssrc.org/tif/2007/11/17/secularism-hegemony-and-fullness/. Acesso em: 15 ago. 2024.

ASSMAN, Hugo. *A igreja eletrônica e seu impacto na América Latina*: convite a um estudo. Petrópolis: Vozes, 1986.

AULD, Graeme A. *I & II Kings*: Daily Study Bible Series. Philadelphia: Westminster Press, 1986.

AZZI, Corry; EHRENBERG, Ronald G. Household Allocation of Time and Church Attendance. *Journal of Political Economy*, v. 83, n. 1, p. 27-56, 1975.

BAKER, Joseph O.; SMITH, Buster G. *American Secular:* Cultural Contours of Nonreligious Belief Systems. New York: New York University, 2015.

BARNA, George. *Revolution*. Wheaton, IL: Tyndale House, 2005.

BARRETT, Charles Kingsley. *Acts 1–14*. International Critical Commentary. Edinburgh: T&T Clark, 1994.

BARRETT, David B.; JOHNSON, Todd M. *World Christian Trends AD 30–AD 2200*: Interpreting the Annual Christian Megacensus. Pasadena, CA: William Carey Library, 2003.

BARTZ, Alessandro. Trânsito religioso no Brasil: mudanças e tendências contemporâneas. *In*: CONGRESSO INTERNACIONAL DA FACULDADES EST, 1., 2012, p. 258-273. Disponível em: http://anais.est.edu.br/index.php/congresso/article/view/27. Acesso em: 15 ago. 2024.

BASSLER, Jouette. Luke and Paul on Impartiality. *Biblica*, n. 66, p. 546-552, 1985.

BAUMAN, Zygmunt. *Modernidade líquida*. Rio de Janeiro: Jorge Zahar, 2001.

BAYLOR UNIVERSITY. *Wave III of the Baylor Religion Survey Examines How Religion Affects Individuals Outlook and Well-Being in Tumultuous Times*. September 20, 2011. Disponível em: https://www.baylor.edu/mediacommunications/news.php?action=story&story=100503. Acesso em: 15 ago. 2024.

BERGER, Peter Ludwig. *The Sacred Canopy*: Elements of a Sociological Theory of Religion. Garden City, NY: Anchor/Doubleday, 1966.

BERGER, Peter Ludwig. A Bleak Outlook Is Seen for Religion. *New York Times*, April 25, 1968.

BERGER, Peter Ludwig. *Una gloria remota. Avere fede nell'epoca del pluralismo*. Bologna: Il Mulino, 1994.

BERGER, Peter Ludwig. Epistemological Modesty: An Interview with Peter Berger. *Christian Century*, n. 114, 1997.

BERGER, Peter Ludwig. *Questions of Faith*: A Skeptical Affirmation of Christianity. Malden, MA: Blackwell, 2004.

BERGER, Peter Ludwig. *The Many Altars of Modernity*: Toward a Paradigm for Religion in a Pluralist Age. Boston, MA: Walter de Gruyter, 2014.

BERGER, Peter Ludwig.; LUCKMANN, Thomas. *The Social Construction of Reality: A Treatise in the Sociology of Knowledge*. London: Penguin Books, 1966.

BERGER, Peter Ludwig; LUCKMANN, Thomas. *Modernity, Pluralism and the Crisis of Meaning: The Orientation of Modern Man*. Gütersloh: Bertelsmann Foundation, 1995.

BERGER, Peter Ludwig; ZIJDERVELD, Anton. *In Praise of Doubt*: How to Have Convictions Without Becoming a Fanatic. New York: Harper Collins, 2009.

BEVANS, Stephen B. *Models of Contextual Theology*. New York: Orbis Books, 2002.

BLOCK, Daniel Isaac. *Judges, Ruth*. New American Bible Commentary. Nashville: Broadman & Holman, 1999.

BOCK, Darrell Lynn. *Acts*. Baker Exegetical Commentary on the New Testament. Grand Rapids, MI: Baker Academic, 2007. iBooks.

BLOMBERG, Craig. *Matthew*. New American Commentary 22. Nashville: Broadman & Holman Publishers, 1992.

BONHOEFFER, Dietrich. *Prisoner for God*: Letters and Papers from Prison. New York: Macmillan, 1953.

BORIS, Fausto. *História do Brasil*. São Paulo: Edusp, 1995.

BOSCH, David Jacobus. *Transforming Mission*: Paradigm Shifts in Theology of Mission. Maryknoll, NY: Orbis Books, 2004.

BRANDÃO, Carlos Rodrigues. Ser católico: dimensões brasileiras – um estudo sobre a atribuição da identidade através da religião. *In*: DAMATTA, Roberto; FERNANDES, Rubem César (org.). *Brasil e EUA*: Religião e identidade nacional. Rio de Janeiro: Graal, 1988. p. 2-58. Rio de Janeiro: Graal, 1988.

BRASIL. Instituto Cidadania. *Projeto juventude*: documento de conclusão. 2004. Disponível em: https://registrojuventude.files.wordpress.com/2011/02/dicas--projeto-juventude-final-1.pdf. Acesso em: 15 ago. 2024.

BRAUDE, Ann. *Radical Spirits*: Spiritualism and Women's Rights in Nineteenth--Century America. Boston: Beacon Press, 1989.

BRAUDE, William Gordon. *Jewish Proselyting in the First Five Centuries of the Common Era*: The Age of the Tannaim and Amoraim. Providence: Brown University Press, 1940.

BRODIE, Thomas L. *The Gospel According to John*: A Literary and Theological Commentary. New York: Oxford University Press, 1993.

BRUCE, Frederick Fyvie. *The Book of the Acts*. New International Commentary on the New Testament. Grand Rapids, MI: Eerdmans, 1998.

BULL, Robert John. A Mithraic Medallion from Caesarea. *Israel Exploration Journal*, v. 24, n. 3-4, p. 187-190, 1974.

CALVIN, John. *1 John 1*. Bible Hub. Disponível em: https://biblehub.com/commentaries/calvin/1_john/1.htm. Acesso em: [insira a data de acesso]. Acesso em: 15 ago. 2024.

CAMARGOS, Malco (ed.). *Transcrição da gravação dos grupos dos sem religião*. Belo Horizonte: Vertex Pesquisa, 2012.

CAMPBELL, Edward Farrar, Jr. *Ruth*. Garden City: Doubleday, 1975.

CAMPOS, Leonildo Silveira. Evangélicos, pentecostais e carismáticos na mídia radiofônica e televisiva. *Revista USP*, n. 61, p. 146-163, mar./maio 2004.

CAMURÇA, Marcelo. O Brasil religioso que emerge do censo 2010: consolidações, tendências e perplexidades. *In*: TEIXEIRA, Faustino; MENEZES, Renata (org.). *Religiões em movimento*: o censo de 2010. Petrópolis: Vozes, 2012. p. 63-87.

CAMURÇA, Marcelo. O futuro das religiões no Brasil: O enfoque das ciências da religião. *In*: ARAGÃO, Gilbraz; CABRAL, Newton (ed.). *Anais do IV Congresso da ANPTECRE: Associação Nacional de Pós-graduação e Pesquisa em Teologia e Ciências da Religião*. São Paulo: ANPTECRE, 2013. p. 71-80.

CANALE, Fernando. The Message and the Mission of the Remnant: A Methodological Approach. *In*: RODRIGUEZ, Ángel Manuel (ed.). *Message, Mission, and Unity of the Church*. Silver Springs, MD: Biblical Research Institute, 2013. p. 261-286.

CARDOSO, Rodrigo. O novo retrato da fé no Brasil: pesquisas indicam o aumento da migração religiosa entre os brasileiros, o surgimento dos evangélicos não praticantes e o crescimento dos adeptos ao islã. *IstoÉ*, 24 ago. 2011.

CARPENTER, Holly M. Blackwelder. *A Comprehensive Narrative Analysis of the Book of Ruth*. Master's thesis, Andrews University, Berrien Springs, MI, 2005.

CARROLL, Bret. *Spiritualism in Antebellum America*. Bloomington, IN: Indiana University Press, 1977.

CARSON, Donald A. *The Gagging of God: Christianity Confronts Pluralism*. Grand Rapids, MI: Zondervan, 1996.

CARVALHO, Leonardo D. *Jorge Amado e o candomblé em "Jubiabá"*: o sincretismo como estratégia para a manutenção da religiosidade Afro-Brasileira na Bahia (1930–1935). Disponível em: http://www.assis.unesp.br/Home/PosGraduacao/Letras/ColoquioLetras/leonardodallacqua.pdf. Acesso em: 17 mar. 2018. Acesso em: 15 ago. 2024.

CHAPELL, Bryan. *Christ-Centered Preaching*: Redeeming the Expository Sermon. Grand Rapids, MI: Baker Academic, 2018.

CHASE, Frederic Henry. *The Credibility of the Book of the Acts of the Apostles*. Eugene, OR: Wipf and Stock, 2005.

CHAVES, Jolivê R. *Evangelismo integrado na Divisão Sul-Americana da Igreja Adventista do Sétimo Dia*: uma descrição. Tese (Doutorado em Teologia Pastoral) – Centro Universitário Adventista de São Paulo, São Paulo, 2014.

CINCALA, Petr. *Towards Healing the Wounds of Czech Churching*: A Sociological Approach with Implications for the S.D.A. Church. Unpublished article, Seventh-day Adventist Theological Seminary, Andrews University, 1999.

CLEMENT of Alexandria. The Stromata, or Miscellanies: Book 1. *Early Christian Writings*. Disponível em: http://www.earlychristianwritings.com/text/clement-stromata-book1.html. Acesso em: 15 ago. 2024.

COGAN, Mordechai; TADMOR, Hayim. *II Kings, Anchor Bible 11*. New York: Doubleday, 1988.

COHEN, Shaye Jacob David. The Beginnings of Jewishness: Boundaries, Varieties, Uncertainties. Berkeley: University of California Press, 1999.

COLEMAN, Robert E. *The Master Plan of Evangelism*. Grand Rapids, MI: Baker, 1993. Apple Books.

COMTE, Augusto. *Discurso preliminar sobre o Espirito Positivo*. São Paulo, SP: Ridendo Castigate Mores, 2002.

CONSTITUTION OF THE EMPIRE OF BRAZIL. Disponível em: https://en.wikisource.org/wiki/Constitution_of_the_Empire_of_Brazil. Acesso em: 18 jun. 2020. Acesso em: 15 ago. 2024.

CORBI, Marià. *Hacia una espiritualidad laica, sin creencias, sin religions, sin dioses*. Barcelona: Herder, 2007.

CORNTHWAITE, Christopher J. Wayward Jews, God-Fearing Gentiles, or Curious Pagans? Jewish Normativity and the Sambathions. *Journal for the Study of Judaism*, n. 48, p. 277-297, 2017.

CORRIGAN, John; HUDSON, Winthrop S. *Religion in America*. 9th ed. New York: Routledge, 2018.

CORWIN, Gary. Revising Assumptions About Resistant. *In*: WOODBERRY, Dudley. *Reaching the Resistant*: Barriers and Bridges for Mission. Pasadena, CA: William Carey Library, 1998. p. 11-21.

COX, Daniel. Religious Diversity May Be Making America Less Religious. *FiveThirtyEight* (blog), August 23, 2016. Disponível em: https://fivethirtyeight.com/features/religious-diversity-may-be-making-america-less-religious/. Acesso em: 15 ago. 2024.

COX, Daniel; DIONNE JR., E. J.; NAVARRO-RIVERA, Juhem; JONES, Robert P.; GALSTON, William. 2012 Pre-Election American Values Survey. *PRRI*, October 22, 2012. Disponível em: https://www.prri.org/research/american-values-survey-2012/. Acesso em: 15 ago. 2024.

COX, Daniel; NAVARRO-RIVERA, Juhem; JONES, Robert P. Race, Religion, and Political Affiliation of Americans' Core Social Networks. *PRRI*, August 3, 2016. Disponível em: https://www.prri.org/research/poll-race-religion-politics-americans-social-networks/. Acesso em: 2 jul. 2024.

COX, Harvey; IKEDA, Daisaku. *The Persistence of Religion*: Comparative Perspectives on Modern Spirituality. New York: I. B. Taurus, 2009.

COX, Harvey. *The Secular City*: Secularization and Urbanization in Theological Perspective. Princeton, NJ: Princeton University Press, 2013.

CRENSHAW, James Luther. *Story and Faith: A Guide to the Old Testament*. New York: Macmillan, 1986.

CROY, Nijay Chandran. Hellenistic Philosophies and the Preaching of Resurrection. *Novum Testamentum*, n. 39, p. 21-39, 1997.

CUNHA, Magali do Nascimento. O conceito de religiosidade midiática como atualização do conceito de Igreja Eletrônica em tempos de cultura "gospel". Disponível em: http://intercom.org.br/papers/nacionais/2002/Congresso2002_Anais/2002_NP1cunha.pdf. Acesso em: 2 jul. 2024.

CUNHA, Olívia Maria Gomes. *Fazendo a "coisa certa"*: reggae, rastas e pentecostais em Salvador. 1991. Disponível em: http://www.anpocs.org.br/portal/publicacoes/rbcs_00_23/rbcs23_09.htm. Acesso em: 17 mar. 2018. Acesso em: 2 jul. 2024.

D`ANTONIO, Michael. *Heaven on Earth*: Dispatches from America's Spiritual Frontier. New York: Crown, 1992.

DARWIN, Charles. *The Origin of Species*: By Means of Natural Selection. New York: Cambridge University Press, 2009.

DATAFOLHA. *Perfil e opinião dos evangélicos no Brasil*. 7-8 dez. 2016. Disponível em: http://www.pesquisas.org.br/wp-content/uploads/2017/08/perfil_e_opiniao_dos_evangelicos_no_brasil.pdf. Acesso em: 2 jul. 2024.

DATAFOLHA. *Além da sua atual religião, você frequenta cultos ou serviços religiosos de alguma outra – de qual ou quais religiões?* 2017. Disponível em: http://media.folha.uol.com.br/datafolha/2013/05/02/religiao_03052007_1.pdf. Acesso em: 2 jul. 2024.

DATESMAN, Maryanne Kearny; CRANDALL, Joann; KEARNY, Edward N. *American Ways*: An Introduction to American Culture. White Plains, NY: Pearson Education, 2014.

DAVIE, Grace. Believing without Belonging: Is This the Future of Religion in Britain? *Social Compass*, v. 37, n. 4, p. 455-469, 1990.

DAVIE, Grace. *Religion in Britain Since 1945*. Cambridge: Blackwell, 1994.

DAVIE, Grace. *Religion in Modern Europe*: A Memory Mutates. New York: Oxford University Press, 2000.

DAVIE, Grace. Patterns of Religion in Western Europe: An Exceptional Case. In: FENN, R. K. (ed.). *The Blackwell Companion to Sociology of Religion*. Oxford: Blackwell, 2001a.

DAVIE, Grace. The Persistence of Institutional Religion in Modern Europe. *In*: WOODHEAD, L. (ed.). *Peter Berger and the Study of Religion*. London: Routledge, 2001b.

DAVIE, Grace. *The Sociology of Religion*. Los Angeles: SAGE, 2007.

DAVIS, Andrew Jackson. *The Great Harmonia*. v. 2. Boston: Mussey, 1852.

DAVIS, Andrew Jackson. *The Magic Staff*: An Autobiography of Andrew Jackson Davis. New York: J. S. Brown, 1857.

DECCOL, René. Imigração internacional e mudança religiosa no Brasil. *USSP*, 2001. Disponível em: http://www.abep.nepo.unicamp.br/iussp2001/cd/GT_Migr_Deccol_Text.pdf. Acesso em: 2 jul. 2024.

DIAS, Arlindo Pereira. *Domingão do cristão*: estratégias de comunicação da Igreja Católica. São Paulo: Salesiana, 2001.

DIBELIUS, Martin. Paul on the Areopagus. In: DIBELIUS, Martin. Studies in the Acts of the Apostles. New York: Charles Scribner's Sons, 1956. p. 26-79.

DOBBELAERE, Karel. *Secularization*: An Analysis at Three Levels. New York: P.I.E.-Peter Lang, 2002.

DONAHUE, Bill; ROBINSON, Russ. *Edificando uma igreja de pequenos grupos*. São Paulo: Vida, 2003.

DONALDSON, Thomas Luther. Judaism and the Gentiles: Patterns of Universalism. Waco: Baylor University Press, 2008.

DOSS, Gordon Ray. Too Far or Not Far Enough: Reaching out to Muslim People. *Ministry*, February 2005.

DOSS, Gordon Ray. Introduction to Adventist Mission. Silver Springs, MD: Institute of World Mission, General Conference of the Seventh-day Adventist Church, 2018.

DRAPER, Scott; SMITH, Buster G.; FROESE, Paul. Religious Pluralism and the Individual: The Effects and Meaning of Inter-Religious Contact. *Journal of Social Science Studies*, v. 2, n. 1, p. 234-249, December 3, 2014.

DURKHEIM, Émile. *The Elementary Forms of the Religious Life*. New York: The Free Press, 1912.

DURKHEIM, Émile. *Suicide*: A Study in Sociology. New York: The Free Press, 1951.

DURKHEIM, Émile. *The Rules of Sociological Method*. New York: The Free Press, 1982.

DURKHEIM, Émile. *The Division of Labor in Society*. New York: The Free Press, 1984.

DURKHEIM, Émile. *Professional Ethics and Civic Morals*. London: Routledge, 1992.

EDINBURGH 2010 MISSION CONFERENCE. Theme Three: Mission and Postmodernities. *Edinburgh 2010 II – Witnessing to Christ Today*. Disponível em: http://www.edinburgh2010.org/en/study-themes/main-study-themes/mission-and-postmodernitiesccc9.pdf. Acesso em: 2 jul. 2024.

EHRENBERG, Ronald Gene. Household Allocation of Time and Religiosity: Replication and Extension. Journal of Political Economy, v. 85, n. 2, p. 415-423,

ELLISTON, Edgar J. *Introduction to Missiological Research Design*. Pasadena, CA: William Carey Library, 2011.

ENGELSVIKEN, Tormod. Spiritual Conflict: A Challenge for the Church in the West with a View to Future. In: VAN ENGEN, Charles E.; WHITEMAN, Darrel; WOODBERRY, J. Dudley (ed.). *Paradigm Shifts in Christian Witness*: Insights from Anthropology, Communication, and Spiritual Power. Maryknoll, NY: Orbis Books, 2008. p. 116-125.

ENGEN, Charles Vernon. Reflecting Theologically About Resistant. In: WOODBERRY, Dudley (ed). *Reaching the Resistant: Barriers and Bridges for Mission*. Pasadena, CA: William Carey Library, 1998. p. 22-78.

ERICKSON, Millard John. *Truth or Consequences: The Promise and Perils of Postmodernism*. Downers Grove, IL: Intervarsity Press, 2001.

FELDMAN, Louis Henry. *Jew and Gentile in the Ancient World: Attitudes and Interactions from Alexander to Justinian*. Princeton: Princeton University Press, 1993.

FERNANDES, Sílvia Regina Alves. Renovação carismática e o demônio: notas do monitoramento da Revista Jesus Vive e é o Senhor. *Mneme-Revista de Humanidades*, v. 3, n. 6, p. 1-16, nov. 2002.

FERNANDES, Sílvia Regina Alves. Review of Igreja in concert: padres cantores, mídia e marketing by André Ricardo de Souza, Centro de Estatística Religiosa e Investigações Sociais – Brasil. *Horizontes Antropológicos*, v. 12, n. 25, p. 311-315, jan./jun. 2006a.

FERNANDES, Silvia Regina Alves. Sem religião: a identidade pela falta? *In*: FERNANDES, Silvia Regina Alves. *Mudança de religião no Brasil*: desenvolvendo sentidos e motivações. São Paulo: Palavra e Prece, 2006b. p. 107-118.

FERNANDES, Silvia Regina Alves. *Novas formas de crer*: católicos, evangélicos e sem religião nas cidades. São Paulo: CERIS-Promocat, 2009.

FERNANDES, Silvia Regina Alves. A (re)construção da identidade religiosa inclui dupla ou tripla pertença. *IHU Online,* 7 jul. 2012. Disponível em: http://www.ihu.unisinos.br/entrevistas. Acesso em: 2 jul. 2024.

FERNANDES, Silvia Regina Alves. Trajetórias religiosas de jovens sem religião: algumas implicações para o debate sobre desinstitucionalização. *Interseções*, v. 20, n. 2, p. 369-387, 2018. DOI: https://doi.org/10.12957/irei.2018.39029. Acesso em: 2 jul. 2024.

FINKE, Roger; STARK, Rodney. *The Churching of America 1776-2005*: Winners and Losers in Our Religious Economy. New Brunswick, NJ: Rutgers University Press, 2005

LOSI, Fábio Silva. Father Landell de Moura — Radio Broadcasting Pioneer. Philatelia Chimica et Physica, v. 34, n. 1, p. 18-26, 2012.

FORE, William Franklin. The Electronic Church. *Ministry*, p. 4-7, January 1979.

FOX, Judith. Secularization. In: HINNELLS, John Richard (ed.). Routledge Companion to the Study of Religion. New York: Routledge, 2010. p. 306-322.

FRANCE, Richard Thomas. *The Gospel of Matthew*. The New International Commentary on the New Testament. Grand Rapids, MI: Eerdmans, 2007.

FRENCH, Rebecca. Shopping for Religion: The Change in Everyday Religious Practice and Its Importance to the Law. *Buffalo Law Review*, v. 127, p. 133-136, 2003.

FREUD, Sigmund. *Moses and Monotheism*. Great Britain: The Hogarth Press and The Institute of Psychoanalysis, 1939.

FREUD, Sigmund. *The Future of an Illusion*. New York: W. W. Norton, 1961.

FREUD, Sigmund. *O futuro de uma ilusão*. Porto Alegre, RS: L&PM Editores, 2010.

FRIGERIO, Alejandro. O paradigma da escolha racional: mercado regulado e pluralismo religioso. *Tempo Social*, v. 20, n. 2, p. 17-39, nov. 2008.

FRITZSCHE, Peter (ed.). *Nietzsche and the Death of God*. Long Grove, IL: Waveland Press, 2007.

FULLER, Robert Charles. Spiritual, but Not Religious: Understanding Unchurched America. New York: Oxford University, 2001.

FUNDAÇÃO PERSEU ABRAMO. Percepções e valores políticos nas periferias de São Paulo, Pesquisas de percepção social e opinião pública. *FPA*, 5 abr. 2017. Disponível em: https://fpabramo.org.br/publicacoes/publicacao/percepcoes-e--valores-politicos-nasperiferias-de-sao-paulo/. Acesso em: 10 fev. 2020. Acesso em: 2 jul. 2024.

GALLUP. *Mississippi Retains Standing as Most Religious State*. February 8, 2017, Disponível em: https://news.gallup.com/poll/203747/mississippi-retains-standing-religious-state.aspx?version=print. Acesso em: 2 jul. 2024.

GALLUP. *Religião*. 2019. Disponível em: https://news.gallup.com/poll/1690/religion.aspx?version=print. Acesso em: 2 jul. 2024.

GAVENTA, Beverly Roberts. Acts. Abingdon New Testament Commentaries. Nashville: Abingdon, 2003.

GEDICKS, Frederick Mark. Spirituality, Fundamentalism, Liberty: Religion at the End of Modernity. *De Paul Law Review*, v. 54, n. 1, p. 1197-1208, 2005.

GENERAL CONFERENCE OF SEVENTH-DAY ADVENTISTS, OFFICE OF ARCHIVES AND STATISTICS. *Annual Statistical Reports*. Silver Spring, MD: General Conference of Seventh-day Adventists, 2017.

GIDDENS, Anthony. *As consequências da modernidade*. São Paulo: Editora da Unesp, 1991.

GIORDAN, Giovanni. The Body between Religion and Spirituality. *Social Compass*, v. 56, n. 2, p. 226-236, 2009.

GLUECK, Nelson. *Khesed in the Bible*. Cincinnati, OH: Hebrew Union College Press, 1967.

GODINHO, Jones. *A individualização da espiritualidade como fruto da desfiliação religiosa*: os sem religião. Disponível em: https://www.academia.edu/28152352/A_individualização_da_espiritualidade_como_fruto_da_desfiliação_religiosa_os_sem_religião. Acesso em: 15 nov. 2018. Acesso em: 2 jul. 2024.

GOMES, José Ozean. Diversidade religiosa e mídia radiofônica: O uso das rádios comunitárias por instituições evangélicas no Brasil. *2020 Azusa – Revista de Estudos Pentecostais*, v. 4, n. 2, p. 187-191, 2013.

GIORDAN, Giovanni. The Body between Religion and Spirituality. *Social Compass*, v. 56, n. 2, p. 226-236, 2009.

GONÇALVES, Kleber de Oliveira. *A Critique of the Urban Mission of the Church in the Light of an Emerging Postmodern Condition*. PhD diss., Andrews University, Berrien Springs, MI, 2005.

GONÇALVES, Kleber de Oliveira. Witnessing to Christ in a Secular, Post-Christian, Postmodern Context. *In*: BAUER, Bruce L.; GONÇALVES, Kleber de Oliveira (ed.). *Revisiting Postmodernism*: An Old Debate on a New Era. Benton Harbor, MI: Patterson, 2012. p. 119-141.

GOW, Murray David. *The Book of Ruth: Its Structure, Theme and Purpose*. Edmonds, WA: Apollos Press, 1992.

GRAY, John. *I & II Kings*. 2nd ed. The Old Testament Library. Philadelphia: Westminster Press, 1970.

GROPPO, Luís Antonio. O funcionalismo e a tese da moratória social na análise das rebeldias juvenis. *Estudos de Sociologia*, v. 14, n. 26, p. 37-50, 2009.

GRUDEM, Wayne. *Teologia sistemática atual e exaustiva*. São Paulo: Vida Nova, 2009.

GULLEY, Norman R. *Systematic Theology*: Prolegomena. Berrien Springs, MI: Andrews University Press, 2003.

HAGNER, Donald Alfred. *Matthew 14-28*. Word Bible Commentary 33B. Dallas: Word, 1998.

BEN-SASSON, Haim Hillel. Galut. *In*: *Encyclopaedia Judaica*. 2nd ed. v. 7. New York: Macmillan, 2007.

HALS, Ronald Morris. *The Theology of the Book of Ruth*. Philadelphia: Fortress Press, 1969.

HASEL, Gerard. The Meaning of 'Let Us' in Gen. 1:26. *Andrews University Seminary Studies*, n. 13, p. 58-66, 1975.

HEEHS, Peter. *Spirituality without God*: A Global History of Thought and Practice. New York: Bloomsbury Academic, 2019.

HEELAS, Paul. The Spiritual Revolution: From Religion to Spirituality. *In*: WOO-DHEAD, Linda *et al. Religions in the Modern World: Traditions and Transformations*. London: Routledge, 2005. p. 412-436.

HEELAS, Paul. The Spiritual Revolution of Northern Europe: Personal Beliefs. *Nordic Journal of Religion and Society*, v. 20, n. 1, p. 1-28, 2007.

HEELAS, Paul; WOODHEAD, Linda. *The Spiritual Revolution*: Why Religion Is Giving Way to Spirituality. Oxford: Blackwell, 2007.

HEGEL, Georg Wilhelm Friedrich. *The Philosophy of History*. Buffalo, NY: Prometheus Books, 1991.

HENRY, Matthew. *Matthew Henry's Concise Commentary on the Bible*. Grand Rapids, MI: Christian Classics Ethereal Library, 1922.

HIEBERT, Paul. *Anthropological Insights for Missionaries*. Grand Rapids, MI: Baker Academic, 1985.

HIEBERT, Paul. Critical Contextualization. *IBMR*, v. 11, n. 3, 1987.

HIEBERT, Paul. *Anthropological Reflexions on Missiological Issues*. Grand Rapids, MI: Baker Books, 1994.

HIEBERT, Paul G. Spiritual Warfare and Worldview. *Direction: A Mennonite Brethren Forum*, v. 29, n. 2, p. 114-124, 2000.

HIEBERT, Paul. *Transforming Worldview*: An Anthropological Understanding of How People Change. Grand Rapids, MI: Baker Academic, 2008.

HIEBERT, Paul. *The Gospel in Human Contexts*: Anthropological Explorations for Contemporary Missions. Grand Rapids, MI: Baker Academic, 2009.

HILL, J. Arthur. *Spiritualism, Its History, Phenomena and Doctrine*. New York: George H. Doran, 1919.

HIRSCHLE, Jochen. "Secularization of Consciousness" or Alternative Opportunities? The Impact of Economic Growth on Religious Belief and Practice in 13 European Countries. *Journal for the Scientific Study of Religion*, v. 52, n. 2, p. 410-424, 2013.

HOBBS, Thomas Robert. *2 Kings*. Word Biblical Commentary 13. Grand Rapids, MI: Zondervan, 1986.

HORTON, Michael Scott. *Pilgrim Theology: Core Doctrines for Christian Disciples*. Grand Rapids, MI: Zondervan, 2012.

HOUT, Michael; FISCHER, Claude Samuel. Why More Americans Have No Religious Preference: Politics and Generations. *American Sociological Review*, n. 67, 2002.

HOUT, Michael; FISCHER, Claude Samuel. Explaining Why More Americans Have No Religious Preference: Political Backlash and Generational Succession, 1987-2012. *Sociological Science*, n. 1, p. 423-447, 2014. Disponível em: https://www.sociologicalscience.com/download/volume%201/october/SocSci_v1_423to447.pdf. Acesso em: 2 jul. 2024.

HUBBARD JR., Robert Lee. *The Book of Ruth*. Grand Rapids, MI: Eerdmans, 1943.

HUNTER, George Gregg II. *Church for the Unchurched*. Nashville, TN: Abingdon Press, 1996.

IANNACCONE, Laurence Richard. The Consequences of Religious Market Structure: Adam Smith and the Economics of Religion. Sage Journals: Rationality and Society, v. 3, n. 2, p. 156-177, abril 1991.

IANNACCONE, Laurence Richard. Religious Markets and the Economics of Religion. *Social Compass*, v. 39, n. 1, p. 123-131, March 1992.

IANNACCONE, Laurence Richard. Deregulating Religion: The Economics of Church and State. *Economic Inquiry*, n. 35, p. 350-364, April 1997.

IANNACCONE, Laurence Richard. Introduction to the Economics of Religion. *Journal of Economic Literature*, v. 36, 1465-1496, September 1998.

IANNACCONE, Laurence Richard; FINKE, Roger; STARK, Rodney. Deregulating Religion: The Economics of Church and State. *Economic Inquiry*, n. 35, April 1997.

INSTITUTO BRASILEIRO DE GEOGRAFIA E ESTATÍSTICA. Características gerais da população, religião. *In:* Censos demográficos 1940-2010. Rio de Janeiro: IBGE, 2010.

INSTITUTO BRASILEIRO DE GEOGRAFIA E ESTATÍSTICA. *Religião*: Séries históricas e estatísticas, população por religião; população presente e residente. Rio de Janeiro: IBGE, 2004. Disponível em: https://seriesestatisticas.ibge.gov.br/series.aspx?vcodigo=POP60. Acesso em: 13 fev. 2018.

INSTITUTO BRASILEIRO DE GEOGRAFIA E ESTATÍSTICA. *Censo demográfico 2010*: características gerais da população, religião e pessoas com deficiência. Rio de

Janeiro: IBGE, 2012. Disponível em: https://biblioteca.ibge.gov.br/visualizacao/periodicos/94/cd_2010_religiao_deficiencia.pdf. Acesso em: 13 fev. 2018.

INSTITUTO BRASILEIRO DE GEOGRAFIA E ESTATÍSTICA. População residente, por situação do domicílio e sexo, segundo a religião – Brasil, Tabela 1.1.2. Censo 2000.. Disponível em: https://ftp.ibge.gov.br/Censos/Censo_Demografico_2000/Primeiros_Resultados_Amostra/Tabelas_pdf/brasil/tabela_1_1_2.pdf. Acesso em: 13 fev. 2018.

INSTITUTO BRASILEIRO DE GEOGRAFIA E ESTATÍSTICA. *Religião*: distribuição relativa da população residente, por religião declarada. Brasil 1950/2000. Gráfico 5. Disponível em: https://seriesestatisticas.ibge.gov.br/series.aspx?vcodigo=POP60. Acesso em: 13 fev. 2018. Acesso em: 13 fev. 2018.

ISAÍAS, Artur Cesar. A hierarquia Católica Brasileira e o passado português. *In*: SZESZ, Christiane Marques et al. *Portugal-Brasil no século XX*: sociedade, cultura e ideologia. Bauru: Edusc, 2003. p. 233-253.

ISHO` DAD OF MERV. *Horae Semiticae n. X*: The Commentaries of Isho'Dad of Merv. Cambridge, UK: Cambridge University Press, 1913.

JACOB, Cesar Romero et al. *Atlas da filiação religiosa e indicadores sociais no Brasil*. Rio de Janeiro, RJ: Editora PUC-Rio, 2003.

JEFFERSON, Thomas. Jefferson's Letter to the Danbury Baptists. *Library of Congress*, January 1, 1802. Disponível em: https://www.loc.gov/loc/lcib/9806/danpre.html. Acesso em: 18 maio 2020.

JENKINS, Richard. Disenchantment, Enchantment and Re-Enchantment: Max Weber at the Millennium. *Max Weber Studies*, n. 1, p. 11-32, 2000. Disponível em: http://www.jstor.org/stable/24579711. Acesso em: 18 maio 2020.

JEREMIAS, Joaquim. *New Testament Theology*. New York: Scribner` s, 1971.

JONES, Gwilym Hugh. *First and Second Kings*. New Century Bible Commentary. Grand Rapids, MI: Eerdmans, 1984.

JONES, Robert Patrick; COX, Daniel. Most Americans Believe Protests Make the Country Better; Support Decreases Dramatically among Whites If Protesters Are Identified as Black. *PRRI*, 2015. Disponível em: http://www.prri.org/research/survey-americans-believe-protests-make-country-better-support-decreases--dramatically-protesters-identified-black/. Acesso em: 18 maio 2020.

JOSEPHUS, Flavius. *Antiquities*. Tradução em latim. In: POLLARD, R. M.; TIMMERMANN, J.; DI GREGORIO, J.; LAPRADE, M.; AUBÉ-PRONCE, J.-F. (eds.). 2013-2019. Disponível em: https://sites.google.com/site/latinjosephus. Acesso em: 22 jan. 2025.

JOSEPHUS, Flavius. *Bellum Judaicum*. In: CARDWELL, Edward; POLLARD, Robert McQueen (eds.). *The Latin Josephus Project*, book 7, chap. 45. 2017. Disponível em: https://sites.google.com/site/latinjosephus/. Acesso em: 22 jan. 2025.

MARINHO JÚNIOR, James Muniz; ALMEIDA, Maria Suely Cruz de. O reconhecimento e dissolução de União Estável no Brasil e o meio processual cabível nas hipóteses de companheiros com ou sem filho menor de idade. *Âmbito Jurídico*, 3 out. 2019. Disponível em: https://ambitojuridico.com.br/cadernos/direito-civil/o-reconhecimento-e-dissolucao-de-uniao-estavel-no-brasil-e-o-meio-processual-cabivel-nas-hipoteses-de-companheiros-com-ou-sem-filho-menor-de-idade/. Acesso em: 18 maio 2020.

KAISER JR., Walter Clarence. *Toward Rediscovering the Old Testament*. Grand Rapids, MI: Zondervan, 1987.

KAISER JR., Walter Clarence. Salvation in the Old Testament: With Special Emphasis on the Object and Content of Personal Belief. *Jian Dao*: A Journal of Bible and Theology, v. 2, p. 1-18, 1994.

KAISER JR., Walter Clarence. *The Messiah in the Old Testament*. Grand Rapids, MI: Zondervan, 1995.

KAISER JR., Walter Clarence. *Mission in the Old Testament*: Israel as a Light to the Nations. Grand Rapids, MI: Baker Books, 2000.

KANT, Immanuel. *Religion within the Bounds of Bare Reason*. Indianapolis, IN: Hackett, 2009.

KARR, Eldyn. Voice of Prophecy, Historic Adventist Media Outreach, Relocating to Colorado. *Adventist Review*, January 7, 2014. Disponível em: https://www.adventistreview.org/church-news/voice-of-prophecy,-historic-adventist-media-outreach,-relocating-to-colorado. Acesso em: 18 maio 2020.

KEENER, Craig Stephen. *The Gospel of John: A Commentary*. Vol. 1. Grand Rapids, MI: Baker Academic, 2003.

KEENER, Craig Stephen. *Acts*: An Exegetical Commentary. Vol. 2. Grand Rapids, MI: Baker Academic, 2013.

KEMPER, Thomas. The Missio Dei in Contemporary Context. *International Bulletin of Missionary Research*, v. 38, n. 4, p. 188-190, 2014.

KIM, Sung Ik. *Proclamation in Cross-Cultural Context*: Missiological Implications of the Book of Daniel. PhD diss., Andrews University, Berrien Springs, MI, 2005.

KITTEL, Gerhard (ed.). *Theologisches Wörterbuch zum Neuen Testament*. Stuttgart, Germany: W. Kohlhammer, 1935. v. 2.

KLOCKNER, Luciano; CACHAFEIRO, Manolo Silveiro (ed.). *Por que o Pe. Roberto Landell de Moura foi inovador? Conhecimento, fé e ciência*. Porto Alegre, RS: Edipucrs, 2012.

KOVALIK, Adam. Efeito civil do casamento religioso no Brasil ontem e hoje. *Âmbito Jurídico*, 31 maio 2007. Disponível em: https://ambitojuridico.com.br/edicoes/revista-41/efeito-civil-do-casamento-religioso-no-brasil-ontem-e-hoje/. Acesso em: 18 maio 2020.

KRAABEL, Albert Thomas. The Disappearance of the God-Fearers. In: OVERMAN, J. Andrew; MACLENNAN, Robert S. (ed.). Diaspora Jews and Judaism: Essays in Honour of, and in Dialogue with, A. Thomas Kraabel. Atlanta, GA: Scholars Press, 1992. p. 119-130.

KRAFT, Charles Harold. *Christianity in Culture*: A Study in Dynamic Biblical Theologizing in Cross-Cultural Perspective. Maryknoll, NY: Orbis, 1979.

KRAFT, Charles Harold. *Christianity with Power*: Your Worldview and Your Experience of the Supernatural. Ann Arbor, MI: Vine Books, 1989.

KRAFT, Charles Harold. Culture, Worldview and Contextualization. In: WINTER, Ralph David; HAWTHORNE, Steven Craig (ed.). Perspectives on the World Christian Movement. Pasadena, CA: William Carey Library, 2009. p. 400–406.

KUHN, Wagner. Understanding Religious Syncretism in Brazil: Cases in Dual Allegiance with Implications for Adventist Mission. *Revista Hermeneutica*, n. 7, p. 19-37, 2007. Disponível em: http://www.seeradventista.com.br/ojs/index.php/hermeneutica/article/view/205/198. Acesso em: 18 maio 2020.

LACOCQUE, André. *Ruth*: A Continental Commentary. Minneapolis, MN: Fortress Press, 2004.

LAERTIUS, Diogenes. *Lives of Eminent Philosophers*. v. 1. Trans. R. D. Hicks. Loeb Classical Library 184. Cambridge, MA: Harvard University Press, 1925.

LAMBDIN, Thomas Oberlin. *Introduction to Biblical Hebrew*. New York: Charles Scribner's Sons, 1971.

LE BEAU, Bryan Francis. *A History of Religion in America: From the End of the Civil War to the Twenty-First Century*. New York: Routledge, 2018.

LEASE, Gary. The Caesarea Mithraeum: A Preliminary Announcement. *Biblical Archaeologist*, v. 38, n. 1, p. 2-10, 1975.

LEE, Lois. Non-Religion. *In*: STAUSBERG, Michael; ENGLER, Steven. (ed.). *The Oxford Handbook*: The Study of Religion. Oxford: Oxford University Press, 2016. p. 84-94.

LEVINSKAYA, Irina. *The Book of Acts in its First Century Setting*: Diaspora Setting. v. 5. Grand Rapids, MI: Eerdmans, 1996.

LIBRARY OF CONGRESS. *The State Becomes the Church*: Jefferson and Madison. June 4, 1998. Disponível em: https://loc.gov/exhibits/religion/rel06-2.html. Acesso em: 18 maio 2020.

LINDÓRIO, Ronaldo. A teologia bíblica da contextualização. In: BURNS, Barbara Helen (ed.). Contextualização missionária: desafios, questões e diretrizes. São Paulo: Vida Nova, 2023.

LOCKE, John. *Two Treatises of Government and A Letter Concerning Toleration*. New Haven, CT: Yale University Press, 2003.

LOWE, Chuck. *Territorial Spirits and World Evangelisation?* Borough Green, Kent, Great Britain: Mentor/OMF, 1998.

LUCKMANN, Thomas. *Das Problem der Religion in der modernen Gesellschaft*: Institution, Person und Weltanschauung. Freiburg: Rombach, 1963.

LUCKMANN, Thomas. *The Invisible Religion*: The Problem of Religion in Modern Society. New York: Macmillan, 1967.

LUIZ, Ronaldo Rodrigues. A religiosidade dos sem religião. Ciências Sociais e Religião, v. 15, n. 19, p. 73-88, jul./dez. 2013. Disponível em: http://www.seer.ufrgs.br/CienciasSociaiseReligiao/article/view/44576. Acesso em: 18 maio 2020.

LUMBY, John. The Second Book of the Kings. Cambridge Bible for Schools and Colleges. Cambridge: Cambridge University, 1892.

MACLENNAN, Robert Samuel; KRAABEL, Albert Thomas. The God-Fearers–A Literary and Theological Invention. *In*: OVERMAN, John Andrew; MACLENNAN, Robert Samuel (ed.). Diaspora Jews and Judaism: Essays in Honour of, and in Dialogue with, A. Thomas Kraabel. Atlanta, GA: Scholars Press, 1992. p. 131-143.

MAIER, Walter A. III. The Healing of Naaman in Missiological Perspective. *Concordia Theological Quarterly*, v. 61, p. 177-196, 1997.

MARIANO, Ricardo. Efeitos da secularização do estado, do pluralismo e do estado religioso sobre as igrejas Pentecostais. *Civitas*: Revista de Ciencias Sociais, v. 3, n. 1, p. 112-125, 2003. Disponível em: https://www.researchgate.net/publication/228657209_Efeitos_da_secularizac_ao_do_Estado_do_pluralismo_e_do_mercado_religioso_sobre_as_igrejas_pentecostais. Acesso em: 18 maio 2020.

MARIZ, Cecília. Católicos da libertação, Católicos renovados e Neopentecostais – estudo de caso no Rio de Janeiro. *Cadernos CERIS*, v. 1, n. 2, p. 17–42, 2001.

MARIZ, Cecilia; MACHADO, Maria das Dores Campos. Mudanças recentes no campo religioso brasileiro. *Antropolítica*, v. 5, p. 21-39, 1998.

MARTELLI, Stefano. *A religião na sociedade pós-moderna*. São Paulo: Paulinas, 1995.

MARTIN, David. *A General Theory of Secularization*. New York: Harper & Row, 1979.

MARX, Karl. Contribution to the Critique of Hegel's Philosophy of Law: Introduction. *In*: MARX, Karl; ENGELS, Frederick. *Collected Works*. New York: International Publishers, 1843-1844/1975. v. 3, p. 175-187.

MARX, Karl. *Capital*: A Critique of Political Economy. Das Kapital 1. London: Penguin, 2004.

MARX, Karl; ENGELS, Frederick. *Manifesto of the Communist Party*. Peking: Foreign Languages Press, 1970.

MAY, Stan. Ugly Americans or Ambassadors of Christ?. *Evangelical Missions Quarterly*, v. 41, n. 3, p. 346-352, 2005.

MEDIA OWNERSHIP MONITOR BRASIL. *Brazilian Churches as Media Owners*. Disponível em: https://brazil.mom-rsf.org. Acesso em: 5 abr. 2020.

MERINO, Stephen Michael. Religious Diversity in a 'Christian Nation': The Effects of Theological Exclusivity and Interreligious Contact on the Acceptance of Religious Diversity. Journal for the Scientific Study of Religion, v. 49, n. 2, p. 231-246, 2010.

MILLER, Courtney. Spiritual but Not Religious: Rethinking the Legal Definition of Religion. *Virginia Law Review*, v. 102, n. 3, p. 833-894, 2016.

MINISTÉRIO DA SAÚDE. Centro Brasileiro de Análises e Planejamento. *Pesquisa sobre o comportamento sexual da população brasileira e percepções do HIV/AIDS*. 20 mar. 2006. Disponível em: http://www.aids.gov.br/avalia4/home.htm. Acesso em: 5 abr. 2020.

MOBILIDADE RELIGIOSA NO BRASIL. *Testemunho: Região episcopal Sé*. 4 fev. 2006. Disponível em: http://www.regiaose.org.br/testem/06_fev_04.pdf. Acesso em: 5 abr. 2020.

MOLTMANN, Jürgen. *The Church in the Power of the Spirit*. New York: Harper and Row, 1977.

MOORE, Rick David. God Saves: Lessons from the Elisha Stories. Journal for the Study of the Old Testament Supplement Series 95. Sheffield, England: JSOT, 1990.

MOREAU, Andrew Scott. Contextualization in World Mission: Mapping and Assessing Evangelical Models. Grand Rapids, MI: Kregel, 2012.

MOSKALA, Jiri. A missão e a obra de Deus entre os gentios no Antigo Testamento. *In:* SOUZA, Elias Brasil de (ed.). *Teologia e metodologia da missão*. Cachoeira, BA: CePLiB, 2011. p. 31-58.

MÜLLER, Ekkehardt. Contextualization in the New Testament. *In:* KLINGBEIL, Gerald (ed.). *Misión y Contextualizacion: Llevar el Mensaje Bíblico a un Mundo Multicultural*. Libertador San Martín, Entre Ríos, Argentina: Editorial Las Américas, 2005.

NERI, Marcelo Caetano. (ed.). A economia das religiões: mudanças recentes. Rio de Janeiro: FGV/IBRE, CPS, 2007.

NEUMAN, Shoshana. Religious Observance within the Human Capital Framework: Theory and Application. *Applied Economics*, v. 18, n. 11, p. 1193-1202, 1986.

NEWBIGIN, Lesslie. *The Gospel in a Pluralist Society*. Grand Rapids, MI: Eerdmans, 1989.

NICOLINI, Marcos Henrique de Oliveira. *Religião e cidade*: a precariedade dos 'sem religião' como contestação da exclusão social em São Paulo. Tese (Doutorado em Ciência da Religião) – Universidade Metodista de São Paulo, São Paulo, 2012.

NIETZSCHE, Friedrich. *Beyond Good and Evil*. New York: Vintage Books, 1966.

NORMANS, Jeremy. Reginald Fessenden Conducts the First Audio Radio Broadcast of Entertainment and Music. *Historyofinformation.com* (blog). Disponível em: http://www.historyofinformation.com/detail.php?entryid=1639. Acesso em: 4 abr. 2020. Acesso em: 5 abr. 2020

NORRIS, Pippa; INGLEHART, Ronald. *Sacred and Secular*: Religion and Politics Worldwide. New York: Cambridge University Press, 2011.

NOVAES, Regina. Os jovens sem religião: ventos secularizastes, espírito de época e novos sincretismos. Notas preliminares. *Estudos Avançados*, v. 18, n. 52, p. 321-330, 2004. Disponível em: http://www.scielo.br/pdf/ea/v18n52/a20v1852.pdf. Acesso em: 5 abr. 2020

NOVAES, Regina; MELLO, Cecília. Jovens do Rio: circuitos, crenças, acessos. *Comunicações do ISER*, v. 21, n. 57, p. 30-37, 2002.

OOSTERLEY, William Oscar Emil. *The Jewish Background of the Christian Liturgy*. Oxford: Clarendon, 1925.

OLIVEIRA, Pedro Ribeiro. A desafeição religiosa de jovens e adolescentes, entrevista especial com Pedro Ribeiro de Oliveira. *Instituto Humanitas Unisinos*, 5 jul. 2012. Disponível em: http://www.ihu.unisinos.br/entrevistas/511180-desafeicao-religiosa-esse-conceito-seria-central-para-entendermos-os-sem-religiao-entrevista-especial-com-pedro-ribeiro-de-oliveira. Acesso em: 5 abr. 2020.

OOSTERWAL, Gottfried. The Process of Secularization. *In*: RASI, Humberto M. R.; GUY, Fritz. (ed.). *Meeting the Secular Mind*: Some Adventist Perspectives. Berrien Springs, MI: Andrews University Press, 1985. p. 43-62.

OVERMAN, John Andrew. The God-Fearers: Some Neglected Features. In: OVERMAN, John Andrew; MACLENNAN, Robert Samuel (ed.). Diaspora Jews and Judaism: Essays in Honour of, and in Dialogue with, A. Thomas Kraabel. Atlanta, GA: Scholars Press, 1992. p. 145-152.

PAINE, Thomas. *Age of Reason*. Grand Rapids, MI: Michigan Legal, 2014.

PANASIEWICZ, Roberlei. Religião e Catolicismo em Belo Horizonte: dados de pesquisa e leitura teológico-pastoral. *Horizonte*, v. 10, n. 28, p. 1255-1279, 2012.

PANASIEWICZ, Roberlei; RIBEIRO, Cláudio de Oliveira; ARAGÃO, Gilbraz de Souza. Espiritualidades contemporâneas, pluralidade religiosa e diálogo. *In*: ARAGÃO, Gilbraz; CABRAL, Newton (ed.). *Anais do IV Congresso da Associação*

Nacional de Pós-Graduação e Pesquisa em Teologia e Ciências da Religião. São Paulo: ANPTECRE, 2013.

PANKAU, Matthias; SIEMON-NETTO, Uwe. The Other Iranian Revolution. *Christianity Today*, p. 44-47, July 2012.

PARSONS, Williams B. (ed.). *Being Spiritual but Not Religious*: Past, Present, Future. New York: Routledge, 2018.

PATRIOTA, Karla Regina Macena Pereira. O show da fé: a religião na sociedade do espetáculo: um estudo sobre a Igreja Internacional da Graça de Deus e o entretenimento religioso brasileiro na esfera midiática. Tese (Doutorado em Ciências da Religião) – Universidade Federal de Pernambuco, Recife, 2008.

PATTERSON, Richard Dwight; AUSTEL, Hermann Joseph. 1 Kings–2 Kings. The Expositor's Bible Commentary 3. Grand Rapids, MI: Zondervan, 2009.

PAULIEN, Jon. The Post-Modern Acts of God. *Scribd*, November 18, 2004. Disponível em: https://www.scribd.com/document/7240142/The-Post-Modern-Acts-of-God. Acesso em: 5 abr. 2020.

PAUSANIAS. *Description of Greece*. New York: G. P. Putnam's Sons, 1918.

VAN PEURSEN, Cornelis Adrianus. Man, and Reality — the History of Human Thought. Student World, n. 1, p. 13-21, 1963.

PEW RESEARCH CENTER. *About the Pew Internet & American Life Project*. June 27, 2007a. Disponível em: https://www.pewresearch.org/internet/2007/06/27/about-the-pew-internet-american-life-project/. Acesso em: 5 abr. 2020.

PEW RESEARCH CENTER. *World Publics Welcome Global Trade — But Not Immigration*. October 4, 2007b. Disponível em: https://www.pewresearch.org/global/2007/10/04/world-publics-welcome-global-trade-but-not-immigration/. Acesso em: 5 abr. 2020.

PEW RESEARCH CENTER. *Values and American Exceptionalism*. October 4, 2007c. Disponível em: https://www.pewresearch.org/global/2007/10/04/chapter-4-values-and-american-exceptionalism/. Acesso em: 5 abr. 2020.

PEW RESEARCH CENTER. *U.S. Religious Landscape Survey*: Religious Beliefs and Practices. June 1, 2008. Disponível em: https://www.pewforum.org/2008/06/01/u-s-religious-landscape-survey-religious-beliefs-and-practices/. Acesso em: 5 abr. 2020.

Pew Research Center. *Religion Among the Millennials*: Introduction and Overview. February 17, 2010. Disponível em: https://www.pewforum.org/2010/02/17/religion-among-the-millennials/. Acesso em: 5 abr. 2020.

PEW RESEARCH CENTER. *The Civic and Community Engagement of Religiously Active Americans*. December 23, 2011. Disponível em: https://www.pewresearch.org/internet/2011/12/23/the-civic-and-community-engagement-of-religiously-active-americans/. Acesso em: 5 abr. 2020.

PEW RESEARCH CENTER. *More See "Too Much" Religious Talk by Politicians*. March 23, 2012a. Disponível em: https://www.pewforum.org/2012/03/21/more-see-too-much-religious-talk-by-politicians. Acesso em: 5 abr. 2020.

PEW RESEARCH CENTER. *Little Voter Discomfort with Romney's Mormon Religion*. July 26, 2012b. Disponível em: https://www.pewforum.org/2012/07/26/2012-romney-mormonism-obamas-religion/. Acesso em: 5 abr. 2020.

PEW RESEARCH CENTER. *Nones on the Rise*. October 9, 2012c. Disponível em: http://www.pewforum.org/2012/10/09/nones-on-the-rise/. Acesso em: 5 abr. 2020.

PEW RESEARCH CENTER. *The Global Religious Landscape*. December 18, 2012d. Disponível em: http://www.pewforum.org/global-religious-landscape.aspx). Acesso em: 28 fev. 2018. Acesso em: 5 abr. 2020.

PEW RESEARCH CENTER. *Religiously Unaffiliated*. December 18, 2012e. Disponível em: http://www.pewforum.org/2012/12/18/global-religious-landscape-unaffiliated/. Acesso em: 5 abr. 2020.

PEW RESEARCH CENTER. *Brazil's Changing Religious Landscape*. July 18, 2013. Disponível em: https://www.pewforum.org/2013/07/18/brazils-changing-religious-landscape/. Acesso em: 5 abr. 2020.

PEW RESEARCH CENTER. *U.S. Public Has Warmest Feeling for Jews, Catholics and Evangelicals*. July 16, 2014a. Disponível em: https://www.pewforum.org/2014/07/16/how-americans-feel-about-religious-groups/pf_14-07-16_interreligiousrelations_totalratings1/. Acesso em: 5 abr. 2020.

PEW RESEARCH CENTER. *Religion in Latin America*: Widespread Change in a Historically Catholic Region. November 1, 2014b. Disponível em: https://www.pewforum.org/2014/11/13/religion-in-latin-america/. Acesso em: 3 maio 2020.

PEW RESEARCH CENTER. *Religion in Electronic Media*: One-in-Five Americans Share Their Faith Online. November 6, 2014c. Disponível em: https://www.pewforum.org/2014/11/06/religion-and-electronic-media/. Acesso em: 3 maio 2020.

PEW RESEARCH CENTER. *Religion in Latin America*. November 13, 2014d. Disponível em: http://www.pewforum.org/2014/11/13/religion-in-latin-america/. Acesso em: 3 maio 2020.

PEW RESEARCH CENTER. *The Future of World Religions*: Population Growth Projections, 2010-2050: Latin America and the Caribbean. April 2, 2015a. Disponível em: https://www.pewforum.org/2015/04/02/latin-america-and-the-caribbean/. Acesso em: 3 maio 2020.

PEW RESEARCH CENTER. *Unaffiliated Population by Region, 2010 and 2050*. April 2, 2015b. Disponível em: http://www.pewforum.org/2015/04/02/religiously-unaffiliated/pf_15-04-02_projectionstables82b/. Acesso em: 3 maio 2020.

PEW RESEARCH CENTER. *Millennials Increasingly Are Driving Growth of 'Nones'*. May 12, 2015c. Disponível em: http://www.pewresearch.org/fact-tank/2015/05/12/millennials-increasingly-are-driving-growth-of-nones/. Acesso em: 3 maio 2020.

PEW RESEARCH CENTER. *A Closer Look at America's Rapidly Growing Religious Nones*. May 13, 2015d. Disponível em: https://www.pewresearch.org/fact-tank/2015/05/13/a-closer-look-at-americas-rapidly-growing-religious-nones/. Acesso em: 3 maio 2020.

PEW RESEARCH CENTER. *Interfaith Marriage Is Common in U.S., Particularly Among the Recently Wed*. June 2, 2015e. Disponível em: https://www.pewresearch.org/fact-tank/2015/06/02/interfaith-marriage/. Acesso em: 3 maio 2020.

PEW RESEARCH CENTER. *5 Key Findings About Religiosity in the U.S. — and How It's Changing*. November 3, 2015f. Disponível em: https://www.pewresearch.org/fact-tank/2015/11/03/5-key-findings-about-religiosity-in-the-u-s-and-how-its-changing/. Acesso em: 3 maio 2020.

PEW RESEARCH CENTER. *U.S. Public Becoming Less Religious*. November 3, 2015g. Disponível em: https://www.pewforum.org/2015/11/03/u-s-public-becoming-less-religious/. Acesso em: 3 maio 2020.

PEW RESEARCH CENTER. *Religious Nones Are Not Only Growing, They're Becoming More Secular*. November 11, 2015h. Disponível em: http://www.pewresearch.org/

fact-tank/2015/11/11/religious-nones-are-not-only-growing- theyre-becoming--more-secular/. Acesso em: 3 maio 2020.

PEW RESEARCH CENTER. *Q&A*: Why Millennials are Less Religious than Older Americans. January 8, 2016a. Disponível em: http://www.pewresearch.org/fact--tank/2016/01/08/qa-why-millennials-are-less-religious-than-older-americans/. Acesso em: 3 maio 2020.

PEW RESEARCH CENTER. *How Religious Is Your State*. February 29, 2016b. Disponível em: https://www.pewresearch.org/fact-tank/2016/02/29/how-religious-is-your-state/?state=alabama. Acesso em: 2 maio 2022.

PEW RESEARCH CENTER. *The Modern News Consumer*: News Attitudes and Practices in the Digital Era. 7 jul. 2016c. Disponível em: https://www.journalism.org/2016/07/07/the-modern-news-consumer/. Acesso em: 2 maio 2022.

PEW RESEARCH CENTER. *Why America's 'Nones' Left Religion Behind*. October 24, 2016d. Disponível em: http://www.pewresearch.org/fact-tank/2016/08/24/why-americas-nones-left-religion-behind/. Acesso em: 2 maio 2022.

PEW RESEARCH CENTER. *Christians Remain World`s Largest Religious Group, but They Are Declining in Europe*. April 5, 2017a. Disponível em: https://www.pewresearch.org/fact-tank/2017/04/05/christians- remain-worlds-largest--religious-group-but-they-are-declining-in-europe/. Acesso em: 2 maio 2022.

PEW RESEARCH CENTER. *More Americans Now Say They're Spiritual but Not Religious*. September 6, 2017b. Disponível em: https://www.pewresearch.org/fact-tank/2017/09/06/more-americans-now-say-theyre-spiritual-but-not-religious/. Acesso em: 2 maio 2022.

PEW RESEARCH CENTER. *When Americans Say They Believe in God, What Do They Mean?* April 25, 2018a. Disponível em: http://www.pewforum.org/2018/04/25/when-americans- say-they-believe-in-god-what-do-they-mean/. Acesso em: 2 maio 2022.

PEW RESEARCH CENTER. *Why America's 'Nones' Don't Identify with a Religion*. August 8, 2018b. Disponível em: https://www.pewresearch.org/fact--tank/2018/08/08/why-americas-nones-dont-identify-with-a-religion/. Acesso em: 2 maio 2022.

PEW RESEARCH CENTER. *With High Levels of Prayer, U.S. Is an Outlier Among Wealthy Nations*. May 1, 2019a. Disponível em: https://www.pewresearch.org/

fact-tank/2019/05/01/with-high-levels-of-prayer-u-s-is-an-outlier-among-wealthy-nations/. Acesso em: 3 abr. 2020.

PEW RESEARCH CENTER. *In U.S., Decline of Christianity Continues at Rapid Pace*: An Update on America's Changing Religious Landscape. October 17, 2019b. Disponível em: https://www.pewforum.org/2019/10/17/in-u-s-decline-of-christianity-continues-at-rapid-pace/. Acesso em: 3 abr. 2020.

PEW RESEARCH CENTER. *Religious Landscape Study*: Marital Status. Disponível em: https://www.pewforum.org/religious-landscape-study/marital-status/. Acesso em: 26 mar. 2020a. Acesso em: 3 abr. 2020.

PEW RESEARCH CENTER. *Religious Landscape Study*: Adults Who Believe in God with Absolute Certainty Who Are Unaffiliated (Religious Nones). Disponível em: https://www.pewforum.org/religious-landscape-study/religious-tradition/unaffiliated-religious-nones/belief-in-god/believe-in-god-absolutely-certain/. Acesso em: 30 mar. 2020b. Acesso em: 3 abr. 2020.

PEW RESEARCH CENTER. *Religious Landscape Study*: Frequency of Prayer. Disponível em: https://www.pewforum.org/religious-landscape-study/frequency-of-prayer/. Acesso em: 11 maio 2020c. Acesso em: 3 abr. 2020.

PHILO. *Legatio ad Gaium*. Trans. E. M. Smallwood. Leiden: E.J. Brill, 1961.

PHILO. *On Abraham. On Joseph. On Moses*. Trans. F. H. Colson. Loeb Classical Library 289. Cambridge, MA: Harvard University Press, 1935.

PHILOSTRATUS. *The Life of Apollonius of Tyana*: The Epistles of Apollonius and the Treatise of Eusebius. New York: G. P. Putnam's Sons, 1921.

PIERUCCI, Antônio Flavio. Secularização em Max Weber: da contemporânea serventia de voltarmos a acessar aquele velho sentido. *Revista Brasileira de Ciências Sociais*, v. 13, n. 37, p. 43-73, 1998.

PIERUCCI, Antônio Flavio. Secularização e declínio do Catolicismo. *In:* SOUZA, Beatriz Muniz de; MARTINO, Luiz Mauro Sá (ed.). *Sociologia da religião e mudança social*: católicos, protestantes e novos movimentos religiosos no Brasil. São Paulo: Paulus, 2004.

PIERUCCI, Antônio Flavio. De olho na modernidade religiosa. *Tempo Social*, v. 2, n. 20, p. 9-16, 2008.

PIERUCCI, Antônio Flávio; PRANDI, Reginaldo. *A realidade social das religiões no Brasil*. São Paulo: Hucitec, 1996.

POCOCK, Michael. Raising Questions About the Resistant. *In:* WOODBERRY, Dudley (ed.). *Reaching the Resistant*: Barriers and Bridges for Mission. Pasadena, CA: William Carey Library, 1998. p. 3-10.

POE, Harry L. *Christian Witness in a Postmodern World*. Nashville, TN: Abingdon, 2001.

POLHILL, John B. *Acts*. New American Commentary 26. Nashville: Broadman, 1992.

PORTELA, Antônio Narcélio Machado. *Os primeiros protestantes no Brasil colonial: séculos XVI e XVII*. Monografias Brasil Escola: História, 2018. Disponível em: https://monografias.brasilescola.uol.com.br/historia/os-primeiros-protestantes-no-brasil-colonial-seculos-xvi-xvii.htm. Acesso em: 17 mar. 2018. Acesso em: 3 abr. 2020.

POWLISON, David. *Power Encounters*: Reclaiming Spiritual Warfare. Grand Rapids, MI: Baker Books, 1995.

PRANDI, Rogerio. Converter indivíduos, mudar culturas. *Tempo Social*, v. 2, n. 2, p. 155-172, 2008.

PRATA, Nair; LOPEZ, Debora Cristina; CAMPELO, Wanir. *Panorama do rádio religioso no Brasil*. Disponível em: http://www.intercom.org.br/papers/nacionais/2014/resumos/R9-0548-1.pdf. Acesso em: 23 abr. 2020. Acesso em: 3 abr. 2020.

PRATES, Marco. As capitais mais [e menos] evangélicas do Brasil. *Exame*, 13 set. 2016. Disponível em: https://exame.abril.com.br/brasil/as-capitais-mais-e-menos-evangelicas-do-brasil/). Acesso em: 3 abr. 2020.

PUTNAM, Robert David. *Bowling Alone: The Collapse and Revival of American Community*. New York: Simon & Schuster, 2000.

PUTNAM, Robert David; CAMPBELL, David E. *American Grace*: How Religion Divides and Unites Us. New York: Simon & Schuster, 2010.

RAINES, John (ed.). *Marx on Religion*. Philadelphia: Temple University Press, 2002.

RELIGIOUS BROADCASTING. Disponível em: https://transition.fcc.gov/osp/inc-report/INoC-11-Religious-Broadcasting.pdf. Acesso em: 17 nov. 2020. Acesso em: 3 abr. 2020.

RENDERS, Helmut. A experiência religiosa pós-moderna e o fenômeno da aceleração em comparação com as temporalidades pré-moderna e moderna. *Revista Horizonte*, v. 37, n. 13, p. 428-445, 2015.

THE REX HUMBARD FOUNDATION. Disponível em: http://www.rexhumbard.org.

REYNOLDS, John; TANNENBAUM, Robert. *Jews and Godfearers at Aphrodisias*: Greek Inscriptions with Commentary. Cambridge: Cambridge Philological Society, 1987.

RIBEIRO, Flávio Augusto Senra. Os sem religião por eles mesmos. *In:* MOREIRA, Alberto da Silva *et al.* (ed.). *A religião entre o espetáculo e a intimidade*: VII Congresso Internacional em Ciências da Religião. Goiânia, GO: PUC Goiás, 2014. p. 51-58.

RICHARDSON, Don. *Eternity in Their Hearts*: Startling Evidence of Belief in the One True God in Hundreds of Cultures Throughout the World. Bloomington, MN: Bethany House, 2005. Kindle.

RIDDERBOS, Herman N. *The Gospel of John*: A Theological Commentary. Grand Rapids, MI: Eerdmans, 1997.

RIEDINGER, Edward Albert. Landell de Moura, Father Roberto 1861-1928 Brazilian Wireless Pioneer. In: STERLING, Christopher (ed.). Encyclopedia of Radio. 3 v. New York: Routledge, 2003.

RIESEBRODT, Martin; KONIECZNY, Mary Ellen. Sociology of Religion. *In:* HINNELS, John (ed.). *The Routledge Companion to the Study of Religion*. New York: Routledge, 2010.

RODRIGUES, Denise Silva. *Os sem religião e a crise do pertencimento institucional no Brasil*: o caso Fluminense. Tese (Doutorado em Ciências Sociais) – Universidade Federal do Rio de Janeiro, Rio de Janeiro, 2009.

RODRIGUES, Denise Silva. Religiosos sem igreja: um mergulho na categoria censitária dos sem religião. *Rever*, p. 31-56, dez. 2007. Disponível em: http://www.pucsp.br/rever/rv4_2007/t_rodrigues.pdf. Acesso em: 5 abr. 2020.

RODRIGUEZ, Ángel Manuel. Oneness on the Church in Message and Mission: Its Ground. *In:* RODRIGUEZ, Ángel Manuel (ed.). *Message, Mission, and Unity of the Church*. Silver Springs, MD: Biblical Research Institute, 2013. p. 243-259.

ROOF, Wade Clark (ed.). *Contemporary American Religion*. New York: Macmillan Reference USA, 2000.

ROOF, Wade Clark. *A Generation of Seekers*. New York: Harper Collins, 1993.

ROOF, Wade Clark. *Spiritual Marketplace*: Baby Boomers and the Remaking of American Religion. Princeton, NJ: Princeton University Press, 1999.

ROOP, Eugene Frederick. Believers Church Bible Commentary: Ruth, Jonah, Esther. Scottdale, PA: Herald Press, 2002.

ROTTERDAN, Sandson. A religião em xeque: os sem religião no Brasil. *Senso,* 7 set. 2017. Disponível em: https://revistasenso.com.br/2017/09/07/religiao-em-xeque-os-sem-religiao-no-brasil/. Acesso em: 3 abr. 2020.

RÖWER, Basílio. *Páginas de história franciscana no Brasil.* Petrópolis: Vozes, 1941.

RUSSO-NETZER, Pninit; MAYSELESS, Ofra. Spiritual Identity outside Institutional Religion: A Phenomenological Exploration. *Identity,* v. 14, n. 1, p. 19-42, 2014. DOI: https://doi.org/10.1080/15283488.2013.858224. Acesso em: 3 abr. 2020.

SAKENFELD, Katharine Doob. *The Meaning of Hesed in the Hebrew Bible.* Missoula, MT: Scholars Press, 1978.

SAKENFELD, Katharine Doob. *Faithfulness in Action*: Loyalty in Biblical Perspective. Philadelphia: Fortress, 1985.

SAKENFELD, Katharine Doob. *Ruth.* Louisville: Westminster John Knox Press, 1999.

SALVADOR DESTINATION. *Origens da cultura popular e religiosidade em Salvador*: Terra da magia e das folhas sagradas, abençoada por todos os santos. 2018. Disponível em: https://salvadordestination.com/pagina/20/Origens-da-cultura-popular-e-da-religiosidade-em-Salvador. Acesso em: 3 abr. 2020.

SAMPSON, Philip; SAMUEL, Vinay; SUGDEN, Chris. Introduction. *In*: SAMPSON, Philip; SAMUEL, Vinay; SUGDEN, Chris (ed.). *Faith and Modernity.* Oxford: Regnum, 1994.

SANCHEZ, Wagner Lopes. (Des)encontro dos deuses: CNBB e pluralismo religioso no Brasil, um debate a partir dos Encontros Intereclesiais de Base de CEBs (1992-1997). 2001. Tese (Doutorado em Ciências da Religião) – Pontifícia Universidade Católica de São Paulo, São Paulo, 2001.

SANTANA, Luther King de Andrade. Religião e mercado: A mídia empresarial-religiosa. REVER, n. 1, p. 54-67, 2005.

SANTOS, Douglas Alessandro Souza. Não determinados? A pulverização evangélica e o problema metodológico do censo Brasileiro. *Diversidade Religiosa,* v. 8, n. 1, p. 3-23, 2018.

SANTOS, Elói Correa. Diversidade religiosa brasileira e as quatro matrizes. *ASSINTEC: Associação Inter-Religiosa de Educação*, n. 38, p. 2–5, 2016.

SANTOS, Silvano Barbosa. *Revelation and Contextualization: A Seventh-day Adventist Approach*. Disponível em: https://www.academia.edu/11050512/Revelation_and_Contextualization_A_Seventh_day_Adventist_Approach. Acesso em: 2 set. 2020.

SANTOS, Suzy dos; CAPPARELLI, Sérgio. Crescei e multiplicai-vos: a explosão religiosa na televisão brasileira. *Intexto*, v. 2, n. 11, p. 1-24, 2004.

SAXEGAARD, Kristin Moen. *Character Complexity in the Book of Ruth*. Tübingen: Mohr Siebeck, 2010.

SCHNABEL, Eckhard J. *Early Christian Mission*: Jesus and the Twelve. Downers Grove, IL: InterVarsity Press, 2004.

SCHÜRER, Emil, et al. *The History of the Jewish People in the Age of Jesus Christ (175 B.C.–A.D. 135)*. v. 3. Edinburgh: T. & T. Clark, 1973-1987.

SCHWARZ, Christian A. *God Is Indestructible*: 12 Responses to the Relevance Crisis of Christianity. Emmelsbüll, Germany: NCD Media, 2020a. Apple Books.

SCHWARZ, Christian A. *God's Energy*: Reclaiming a New Testament Reality. The Energy Trilogy 1. Emmelsbüll, Germany: NCD Media, 2020b. Apple Books.

SEOW, Choon Leong. *A Grammar for Biblical Hebrew*. Nashville: Abingdon Press, 1987.

SEVENTH-DAY ADVENTIST COLLEGE PRESIDENTS. *Education*: Sabbath School Bible Study Guide. Silver Springs, MD: Pacific Press, 2020.

SEVERSEN, Beth. *Not Done Yet*: Reaching and Keeping Unchurched Emerging Adults. Downers Grove, IL: InterVarsity Press, 2020.

SIM, David Craig; MCLAREN, James Stuart. Gentiles, God-Fearers and Proselytes. In: SIM, David Craig; MCLAREN, James Stuart (ed.). Attitudes to Gentiles in Ancient Judaism and Early Christianity. New York: Bloomsbury T&T Clark, 2013.

SIMPLILEARN. *Understanding the Impacts of Social Media*: Pros and Cons. September 22, 2020. Disponível em: https://www.simplilearn.com/real-impact-social-media article. Acesso em: 3 abr. 2020.

SMEDES, Lewis Bruce. (ed.). *Ministry and the Miraculous*: A Case Study at Fuller Theological Seminary. Pasadena, CA: Fuller Theological Seminary, 1987.

SMITH, Adam. *An Inquiry into the Nature and Causes of the Wealth of Nations*. New York: Modern Library, 1965.

SMITH, Tom William; DAVERN, Michael John; FREESE, Jeremy; MORGAN, Stephen Lawrence. General Social Surveys, 1972-2018. Chicago: NORC, 2018. Disponível em: http://www.gssdataexplorer.norc.org.

SOLSONA, Mayos Gonçal. El problema sujeto-objeto en Descartes, prisma de la modernidad. *Pensamiento*: Revista de investigación e información filosófica, v. 49, n. 193/195, p. 371-390, jul./sept. 1993. Disponível em: https://philpapers.org/rec/SOLEPS. Acesso em: 3 abr. 2020.

SOUTHEY, Robert. *The Life of Wesley*: And the Rise and Progress of Methodism. Vols. 1-2. New York: J. Seymour Print, 1820.

SOUZA, André Ricardo de. *Igreja in concert*: padres cantores, mídia e marketing. São Paulo: Annablume: Fabesp, 2005.

SOUZA, Elias Brasil de. Fundamentos bíblicos e teológicos do ministério de pequenos grupos. *In*: TORRES, Milton (ed.). *Pequenos grupos, grandes soluções*. Guarulhos, SP: Parma, 2007. p. 15-27.

SPENCER, Herbert. *The Study of Sociology*. London: Henry S, King, 1873.

SPENCER, Herbert. *The Principles of Sociology*. New York: D. Appleton, 1886.

SPENCER, Herbert. *A Theory of Religion*. New York: Peter Lang, 1987.

SPIES, Friedrich Wilhelm. A abertura de um novo campo. Revista Adventista, v. 6, n. 2, p. 2-3, 1911. Disponível em: http://acervo.revistaadventista.com.br/capas.cpb. Acesso em: 3 abr. 2020.

STACKHOUSE JR., John G. Postmodern Evangelism: Sharing the Gospel as a Nonviolent Metanarrative. *In:* BAUER, Bruce; GONÇALVES, Kleber (ed.). *Revisiting Postmodernism*: An Old Debate on a New Era. Benton Harbor, MI: Patterson, 2013. p. 31-41.

STARK, Rodney. Must All Religions be Supernatural? *In:* WILSON, Bryan (ed.). *The Social Impact of New Religious Movements*. New York: Rose of Sharon Press, 1981.

STARK, Rodney. Secularization, RIP. Sociology of Religion, v. 60, n. 3, p. 249-273, 1999. Disponível em: https://academic.oup.com/socrel/article/60/3/249/1658084. Acesso em: 3 abr. 2020.

STARK, Rodney; IANNACCONE, Laurence R. Supply-Side Reinterpretation of the "Secularization" of Europe. *Journal for the Scientific Study of Religion*, v. 33, n. 3, p. 230-252, 1994.

STARK, Rodney; FINKE, Roger. *Acts of Faith*: Explaining the Human Side of Religion. Berkeley, CA: University of California Press, 2000.

STARK, Rodney; BAINBRIDGE, William Sims. Networks of Faith: Interpersonal Bonds and Recruitment to Cults and Sects. *American Journal of Sociology*, v. 85, n. 6, p. 1376-1395, May 1980. Disponível em: https://www.jstor.org/stable/2778383. Acesso em: 3 abr. 2020.

STARK, Rodney; BAINBRIDGE, William Sims. Of Churches, Sects, and Cults: Preliminary Concepts for a Theory of Religious Movements. *Journal for the Scientific Study of Religion*, v. 18, n. 2, p. 117-131, June 1979. Disponível em: https://www.jstor.org/stable/1385935. Acesso em: 3 abr. 2020

STARK, Rodney; BAINBRIDGE, William Sims. *The Future of Religion*. Los Angeles, CA: University of California Press, 1985.

STARK, Rodney; BAINBRIDGE, William Sims. *A Theory of Religion*. New York: Peter Lang, 1987.

STEIL, Carlos Alberto. Pluralismo, modernidade e tradição: Transformações do campo religioso. *Ciências Sociais e Religião*, v. 3, n. 3, p. 115-129, 2001.

STOTT, John R. W. *The Message of Acts*. The Bible Speaks Today. Downers Grove, IL: InterVarsity, 1990.

STRONG, James. *Strong's Hebrew Dictionary*. Albany, OR: Ages Software, 1999.

SULLIVAN, Dennis H. Simultaneous Determination of Church Contributions and Church Attendance. *Economic Inquiry*, v. 23, n. 2, p. 309-320, 1985.

TAYLOR, Charles. Características e interfaces da secularização nos dias de hoje. *Instituto Humanitas Unisinos*, 2 maio 2013. Disponível em: http://www.ihu.unisinos.br/171-noticias-2013/519716-charles-taylor-caracteristicas-e-interfaces-da-secularizacao-nos-dias-de-hoje-. Acesso em: 3 abr. 2020.

TAYLOR, Charles. *The Ethics of Authenticity*. Cambridge, MA: Harvard University Press, 2003.

TAYLOR, Charles. *A Secular Age*. Cambridge, MA: Belknap Press, 2007.

TEIXEIRA, Faustino; MENEZES, Renata (ed.). *Religiões em movimento*: o censo de 2010. Petrópolis: Vozes, 2013.

TEXT EX MACHINA. *New York Times Study*: The Psychology of Sharing: Why Do People Share Online? July 18, 2011. Disponível em: http://text-ex-machina.co.uk/blog/new-york-times-study.html. Acesso em: 3 abr. 2020.

THOMSON-DEVEAUX, Amelia. Why Do Some Atheists Go to Church? *PRRI*, December 9, 2011. Disponível em: https://www.prri.org/spotlight/why-do-some-atheists-go-to-church/. Acesso em: 3 abr. 2020.

TIPPETT, Alan Richard. Introduction to Missiology. Pasadena, CA: William Carey Library, 1987.

TIPPETT, Alan Richard. *People Movements in Southern Polynesia*: Studies in the Dynamics of Church-Planting and Growth in Tahiti, New Zealand, Tonga, and Samoa. Chicago, IL: Moody Press, 1971.

TIPPETT, Alan Richard. *Solomon Islands Christianity*. London: Lutterworth, 1967.

TOLEDO, Diego. *Ateus 'saem do armário' religioso e reclamam de difícil aceitação no Brasil*. 21 jan. 2017. Disponível em: https://noticias.uol.com.br/cotidiano/ultimas-noticias/2017/01/21/ateus-saem-do-armario-religioso-e-reclamam-de-dificil-aceitacao-no-brasil.htm. Acesso em: 3 abr. 2020.

TOMPKINS, Andrew James. *God's Mission to the "Nations" and Hindus*: Three Old Testament Narrative Models. Master's thesis, Andrews University, 2012.

TOMPKINS, Andrew James. A More Appropriate Mission to Hindus: Another Look at Syncretism in Light of the Naaman Narrative. *Journal of Adventist Mission Studies*, v. 9, n. 1, 2013, p. 57-68.

TREBILCO, Paul. Jewish Communities in Asia Minor. Cambridge: Cambridge University Press, 1991.

TUFFANI, Mauricio. O verdadeiro inventor do rádio. *Unespciência*, nov. 2010. Disponível em: https://www.unesp.br/aci/revista/ed14/pontocritico. Acesso em: 3 abr. 2020.

ULBRICH, Holley; WALLACE, Myles. Church Attendance, Age, and Belief in the Afterlife: Some Additional Evidence. *Atlantic Economic Journal*, v. 11, n. 2, p. 44-51, 1983.

VATTIMO, Gianni. *After Christianity*. New York: Columbia University Press, 2002.

VAUS, David Allen. Workforce Participation and Sex Differences in Church Attendance. *Review of Religious Research*, v. 25, n. 3, 1984, p. 247-256, 1984.

VIEIRA, Jose Alves. Os sem religião: dados para estimular a reflexão sobre o fenômeno. *Horizonte*, v. 13, n. 37, p. 605-612, jan./mar. 2015. DOI: http://dx.doi.org/10.5752/P.2175-5841.2015v13n37p605. Acesso em: 3 abr. 2020.

VILHENA, Tony Welliton da Silva. Religião e novos movimentos sociais: A experiência organizativa do comitê inter-religioso do Pará. *In*: ARAGÃO, Gilbraz; CABRAL, Newton (ed.). *Anais do IV Congresso da Associação Nacional de Pós-Graduação e Pesquisa em Teologia e Ciências da Religião*. São Paulo: ANPTECRE, 2013. p. 1009-1029.

VILLASEÑOR, Rafael Lopez. Crise institucional: Os sem religião de religiosidade própria. *Revista Nures*, n. 17, 2011. Disponível em: https://revistas.pucsp.br/index.php/nures/article/view/5517. Acesso em: 3 abr. 2020.

VOICE OF PROPHECY. *About the Voice of Prophecy — Equipping the World for Christ to Come*. Disponível em: https://www.voiceofprophecy.com/about. Acesso em: 23 abr. 2020. Acesso em: 3 abr. 2020.

VOLTAIRE. *Treatise on Toleration*. London: Penguin, 2016.

WAGNER, Charles Peter. Territorial Spirits. In: WAGNER, Charles Peter; PENNOYER, Edward Franklin Douglas(ed.). Wrestling with Dark Angels: Toward a Deeper Understanding of the Supernatural Forces in Spiritual Warfare. Ventura, CA: Regal Books, 1990.

WAGNER, Charles. Peter. *Warfare Prayer*: How to Seek God's Power and Protection in the Battle to Build His Kingdom. Ventura, CA: Regal, 1992.

WAGNER, Charles. Peter. *Confronting the Powers*: How the New Testament Church Experienced the Power of Strategic-Level Warfare. Ventura, CA: Regal, 1996.

WAGNER, Charles. Peter. Missiology and Spiritual Power. *In:* VAN ENGEN, Charles E.; WHITEMAN, Darrel; WOODBERRY, J. Dudley (ed.). *Paradigm Shifts in Christian Witness*: Insights from Anthropology, Communication, and Spiritual Power. Maryknoll, NY: Orbis Books, 2008. p. 91-97.

WALLACE, Robert Michael. Progress, Secularization and Modernity: The Löwith-Blumenberg Debate. *New German Critique*, n. 22, p. 63-79, 1981.

WALLIS, Roy. *The Elementary Forms of the New Religious Life*. London: Routledge & Kegan Paul, 1984.

WALLIS, Roy; BRUCE, Steve. Secularization: The Orthodox Model. *In:* BRUCE, Steve (ed.). *Religion and Modernization*. Oxford: Clarence Press, 1992.

WARNER, Timothy Michael. The Power Encounter and World Evangelization, Part 4: The Missionary on the Attack. Palestras sobre Crescimento da Igreja, gravadas em áudio pelos Serviços de Mídia do Seminário Fuller, em 27 de outubro de 1988.

WEBER, Max. *The Religion of China*: Confucianism and Taoism. Glencoe, IL: The Free Press, 1951.

WEBER, Max. Essays in Sociology. New York: Oxford University Press, 1958a.

WEBER, Max. *The Religion of India*: The Sociology of Hinduism and Buddhism. Glencoe, IL: The Free Press, 1958b.

WEBER, Max. *El político y el científico*. Madrid: Alianza, 2000.

WEBER, Max. *The Protestant Ethic and the Spirit of Capitalism*. New York: Routledge, 2001.

WHITE, Ellen Gould. *Evangelism*. Silver Spring, MD: Ellen G. White Estate, 2014.

WHITE, Ellen Gould. *Prophets and Kings*. Silver Spring, MD: Ellen G. White Estate, 2017a.

WHITE, Ellen Gould. *The Acts of the Apostles*. Silver Spring, MD: Ellen G. White Estate, 2017b.

WHITE, Ellen Gould. *The Desire of Ages*. Silver Spring, MD: Ellen G. White Estate, 2017c.

WHITE, Ellen Gould. *The Great Controversy*. Silver Spring, MD: Ellen G. White Estate, 2017d.

WHITE, Ellen Gould. *The Ministry of Health and Healing*. Silver Spring, MD: Ellen G. White Estate, 2017e.

WHITE, James Emery. *The Rise of the Nones*: Understanding and Reaching the Religiously Unaffiliated. Grand Rapids, MI: Baker Books, 2014.

WILLIAMS, Margaret Harris. The Jews and Godfearers Inscription from Aphrodisias: A Case of Patriarchal Interference in Early 3rd Century Caria? Historia:

Zeitschrift für alte Geschichte, v. 41, n. 3, p. 297-310, 1992. Disponível em: http://www.jstor.org/stable/4436248. Acesso em: 15 jul. 2019.

WILSON, Bryan. An Analysis of Sect Development. *American Sociological Review*, v. 24, n. 1, p. 3-15, February 1959.

WILSON, Bryan. Aspects of Secularization in the West. *Japanese Journal of Religious Studies*, v. 3, n. 4, p. 259-276, December 1976a.

WILSON, Bryan. *Contemporary Transformation of Religion*. Oxford: Oxford University Press, 1976b.

WILSON, Bryan. *Religion in Sociological Perspective*. Oxford: Oxford University Press, 1984.

WILSON, Bryan. Secularization: The Inherited Model. *In*: HAMMOND, Phillip E. (ed.). *The Sacred in a Secular Age*: Toward Revision in the Scientific Study of Religion. Los Angeles: University of California Press, 1985.

WILSON, Bryan. *The Social Dimensions of Sectarianism*. Oxford: Oxford University Press, 1990.

WILSON, Bryan. The Persistence of Sects. *Diskus*, v. 2, 1993, p. 1-12.

WILSON, Bryan. *Religion in Secular Society*. Oxford: Oxford University Press, 2016.

WIMBER, John. Power Evangelism: Definitions and Directions. *In*: WAGNER, C. Peter; PENNOYER, E. F. Douglas (ed.). *Wrestling with Dark Angels*: Toward a Deeper Understanding of the Supernatural Forces in Spiritual Warfare. Ventura, CA: Regal Books, 1990.

WITHERINGTON, Ben III. *The Acts of the Apostles*: A Socio-Rhetorical Commentary. Grand Rapids, MI: Eerdmans, 1988.

WOGU, Chigemezi-Nnadozie. Constructs in Contexts: Models of Contextualizing Adventist Theology. *International Bulletin of Mission Research*, v. 43, n. 8, 2018, p. 1-13. DOI: https://doi.org/10.1177%2F2396939318754759. Acesso em: 15 jul. 2019.

WRIGHT, Christopher John Hargreaves. Reading the Old Testament Missionally. In: GOHEEN, Michael William (ed.). Reading the Bible Missionally. Grand Rapids, MI: Eerdmans, 2016. p. 107-123.

WRIGHT, Nicholas Thomas. Reading the New Testament Missionally. *In:* GOHEEN, Michael W. (ed.). *Reading the Bible Missionally*. Grand Rapids, MI: Eerdmans, 2016. p. 175-193.

WUTHNOW, Robert. *After the Baby Boomers*: How Twenty- and Thirty-Somethings Are Shaping the Future of American Religion. Princeton, NJ: Princeton University Press, 2007.

YANCEY, Philip. *Church*: Why Bother? My Personal Pilgrimage. Grand Rapids, MI: Zondervan, 1998.

ZEPEDA, José de Jesús Legorreta. Secularização ou ressacralização? O debate sociológico contemporâneo sobre a teoria da secularização. Revista Brasileira de Ciências Sociais, v. 25, n. 73, p. 129-141, June 2010.

ZOBEL, Hans-Jurgen. Khesed. *In:* BOTTERWECK, Gerhard Johannes; RINGGREN, Helmer (ed.). *Theological Dictionary of the Old Testament*. v. 5. Grand Rapids, MI: Eerdmans, 1986.